DE EMPREENDEDOR E LOUCO

TODO MUNDO TEM UM POUCO

CB047160

hsm

DE EMPREENDEDOR E LOUCO
TODO MUNDO TEM UM POUCO

Perder o juízo pode ser um bom caminho.

LINDA ROTTENBERG
COFUNDADORA DA ENDEAVOR

Copyright © 2014 HSM do Brasil S.A. para a presente edição
Copyright © 2014 by Linda Rottenberg

Publisher: Marcio Coelho
Tradução: Rosemarie Ziegelmaier
Edição: Oliva Editorial
Diagramação: Carolina Palharini e Carlos Borges Jr
Capa e projeto gráfico: Carolina Palharini

Todos os direitos reservados. Nenhum trecho desta obra pode ser reproduzido — por qualquer forma ou meio, mecânico ou eletrônico, fotocópia, gravação etc. —, nem estocado ou apropriado em sistema de imagens sem a expressa autorização da HSM do Brasil.

Crédito das imagens
Página 51: Cortesia de Rodrigo Jordan.
Página 130: Endeavor.
1ª edição

Dados Internacionais de Catalogação na Publicação (CIP)
Angélica Ilacqua CRB-8/7057

Rottenberg, Linda
  De empreendedor e louco todo mundo tem um pouco : perder o juízo pode ser um bom caminho / Linda Rottenberg ; tradução de Rosemarie Ziegelmaier. - São Paulo : HSM Editora, 2015.
  296 p.

  ISBN: 978-85-67389-32-5
  Título original: *Crazy is a compliment*

  1. Empreendedorismo 2. Liderança 3. Estratégia 4. Administração de pessoal I. Título II. Ziegelmaier, Rosemarie

15-0800   CDD 658.421
Índices para catálogo sistemático:

1. Empreendedorismo

hsm EDUCAÇÃO EXECUTIVA
Alameda Tocantins, 125 — 34º andar
Barueri-SP. 06455-020
Vendas Corporativas: (11) 4689-6494

*Para Bruce,
que acredita em todos os meus sonhos malucos
&
para Tybee e Eden,
que me inspiram a voltar para casa.*

SUMÁRIO

Introdução - *Por que todas as pessoas deveriam agir como empreendedores* 1

— PARTE I —
Começar

Capítulo 1 - O primeiro dia 21
Capítulo 2 - Os mitos sobre riscos 47
Capítulo 3 - O caos joga a seu favor 73

— PARTE II —
Crescer

Capítulo 4 - A personalidade do empreendedor 101
Capítulo 5 - O quadro branco 127
Capítulo 6 - Liderança 3.0 157
Capítulo 7 - Círculo de mentores 183

— PARTE III —
Voltar para casa

Capítulo 8 - Ambiente de trabalho voltado para os objetivos 209
Capítulo 9 - Cresça e apareça 236

Uma equipe maluca 258
Fontes 264
Índice Remissivo 283

INTRODUÇÃO

Por que todas as pessoas deveriam agir como empreendedores

Quero contar para vocês a história de Leila.

Leila Velez cresceu em uma favela carioca, sendo filha de empregada doméstica e de servente de pedreiro. No início da década de 1990, preparava hambúrgueres no McDonald's. Mas Leila tinha um sonho.

Uma de suas frustrações cotidianas era a falta de produtos específicos para os cabelos cacheados de mulheres negras brasileiras, como ela. "As pessoas pobres também querem se sentir bonitas", afirmou Leila à cunhada Zica, que trabalhava como cabeleireira. Em 1993, as duas curiosas transformaram o porão da casa de Leila em um espaço parecido com o laboratório de um cientista maluco. A dupla testou o primeiro produto no marido... e o resultado foi a queda imediata dos cabelos.

De volta aos testes, Leila e Zica aperfeiçoaram a fórmula e abriram um salão de cabeleireiros. Tratava-se de um espaço muito simples, no final de um corredor escuro e com uma área de cerca de 28 m². "Como alguém pode fazer sucesso em um lugar tão horrível?", perguntavam os amigos. Mas as duas não desistiram e não demorou para que a clientela formada por mulheres cariocas esperasse de quatro a seis horas por um atendimento no salão de Leila e Zica.

Para essas clientes, os produtos da dupla não se limitavam a melhorar a aparência dos cabelos: também aumentavam a autoestima.

Quando conto essa história a meus amigos, muitos comentam que "é mais um desses relatos bonitinhos sobre a atuação de mulheres no mundo das microfinanças". Só que não há nada de "micro" na trajetória da jovem carioca. Em poucos anos, os produtos da Beleza Natural, empresa de Leila, já eram vendidos para diversas "clínicas de cabelos" e, em 2013, o negócio atendia mensalmente cerca de cem mil clientes e já empregava 2.300 pessoas, gerando um faturamento anual de US$ 80 milhões.

Mas como Leila conseguiu fazer isso? Como foi possível passar da condição de funcionária horista do McDonald's à posição de proprietária de uma franquia multimilionária? E, de uma forma mais direta, quais lições outras pessoas podem aprender com a trajetória da jovem, a fim de agir com mais ousadia em suas próprias vidas?

Podemos aprender muitas coisas.

Em primeiro lugar, essa experiência pode nos lembrar a importância de enxergar o mundo com um olhar diferente. O lendário varejista norte-americano Sam Walton uma vez declarou que "se todo mundo age de maneira única, existe uma boa chance de encontrar um nicho se você apostar exatamente na direção oposta". Leila percebeu que todo mundo comercializava cosméticos para os cabelos e preferiu vender confiança. Definiu seu nicho de atuação como "psicologia do batom".

Várias das melhores ideias atendem a uma necessidade que ninguém mais sabe que existe. Em 1920, Earle Dickson tinha 28 anos e trabalhava como comprador de algodão para a Johnson & Johnson. Uma vez, sua esposa Josephine se cortou enquanto cozinhava e, para estancar o sangramento, recorreu à solução tradicional: amarrou um pedaço de pano sobre o ferimento. Só que o pedaço de pano não demorou a desprender e cair, e Earle começou a pensar em uma alternativa. Pouco tempo depois, apresentou para a esposa (e depois a seus superiores na J&J) uma nova opção: um curativo adesivo que incluía um pequeno chumaço de algodão. Apesar da ideia inovadora, os *band--aids*, como passaram a ser chamados, só se tornaram populares depois que a empresa distribuiu amostras grátis para açougueiros e escoteiros. Até hoje, foram vendidos mais de cem bilhões de unidades do invento de Earle.

Outra lição envolve o papel decisivo de nossa postura psicológica na resolução de correr riscos. As maiores barreiras para o sucesso não são de natureza estrutural ou cultural, mas sim de ordem mental e emocional. Em algum momento, o empreendedor vai ouvir de alguém (ou, o que é mais provável, de todo o mundo) que ele e sua ideia são "malucos". O desafio do inovador consiste em desconsiderar os descrentes e encontrar uma maneira de seguir em frente. Leila foi cautelosa e discreta, uma vez que não estava acostumada a movimentos ousados, confrontos ou discussões. Antes que pudesse fomentar a confiança nos outros, primeiro era preciso encontrar confiança em si mesma.

Finalmente, podemos aprender que quem corre riscos raramente está sozinho, pois todos os que se mostram dispostos a romper o status quo precisam de apoio – e não apenas financeiro, embora esse tipo de contribuição sempre ajude. Com grande frequência, o apoio pode vir na forma de conselhos sobre como lidar com o medo, como enfrentar decisões complicadas relacionadas ao crescimento do empreendimento ou como desmembrar uma tarefa assustadora em partes gerenciáveis. Quando Steve Jobs estava começando, procurou a orientação de Robert Noyce, um dos inventores do microchip e "prefeito não oficial" do Vale do Silício. Como em tudo o que fez, Jobs levou esse relacionamento ao extremo e aparecia de moto na casa de Noyce, sem ser convidado, ou telefonava ao amigo perto da meia-noite. Uma vez, cansado de tudo aquilo, Noyce confessou à esposa: "Se ele me ligar de novo, não vou mais atender o telefone!".

É claro, porém, que Noyce sempre atendeu às chamadas. Os empreendedores sempre encontram um caminho.

Mas onde Leila foi procurar o apoio de que precisava?

É aqui que minha história se cruza com a dela. Em 1997, fui uma das fundadoras de uma organização de fomento chamada Endeavor, destinada a prestar orientações a sonhadores como Leila. Em quase duas décadas, a Endeavor avaliou 40 mil candidatos e selecionou cerca de mil pessoas de mais de 600 empresas em crescimento rápido para fazer parte de nossa rede. Descobrimos esses agentes da inovação nos lugares mais improváveis: em cyber cafés na África do Sul, lanchonetes no México, academias de ginástica restritas a mulheres na Turquia, em redutos de gamers na Indonésia e em restaurantes especializados em ceviche nos Estados Unidos. Trabalhamos com criadores que atuavam nas áreas mais diversas, como escaneamento ocular biométrico, criação de *escargots*, franquias de farmácias e fabricação de turbinas eólicas. Ajudamos empreendedores ousados a atuar em ambientes desafiadores, como na Atenas então mergulhada na crise cambial, no Cairo em meio a uma revolução e na Miami recém-saída de uma recessão.

Definimos esses líderes empresariais como "empreendedores de alto impacto", expressão que a Endeavor cunhou 2004. O termo "alto impacto" designa indivíduos com melhores ideias, com o potencial mais provável para construir empreendimentos capazes de fazer a diferença e maior capacidade de inspirar outras pessoas. Convidamos esses líderes para integrar nossa rede e fizemos o que foi possível para ajudá-los a ter sucesso – desde a formação de conselhos consultivos até a busca de capital, passando pela contratação de talentos e pela "lapidação" de lideranças. Também incentivamos o "cultivo" e a orientação das próximas gerações.

Hoje, a Endeavor tem escritórios em 45 cidades do mundo, emprega 350 pessoas e reúne um *pool* formado por cinco mil voluntários. Embora alguns de nossos empreendimentos tenham perdido fôlego, a grande maioria das iniciativas cresceu em um ritmo impressionante. Em 2013, os empreendedores que apoiamos geraram uma receita próxima a US$ 7 bilhões e abriram mais de 400 mil postos de trabalho.

Minha experiência me ensinou que a capacidade de sonhar grande não é exclusiva de um país, de uma faixa etária ou de um gênero.

O desejo de tomar uma iniciativa, de se transformar no próprio patrão, de melhorar de vida e de contribuir para o progresso do mundo é universal – assim como as dificuldades.

Passei as últimas duas décadas tentando identificar os erros comuns e os obstáculos específicos enfrentados pelos inovadores na hora de transformar suas ideias em realidade. Tenho procurado isolar o mix de medidas concretas, apoio estratégico e estímulo emocional necessário para levar os projetos adiante e aprendi a diferenciar os momentos nos quais os agentes das mudanças precisam de um ombro para chorar ou de um pontapé no traseiro.

Quando conheci Leila, por exemplo, ela estava ansiosa para expandir o empreendimento, ao mesmo tempo em que lutava para conciliar o ritmo de produção com a demanda. Leila estava sobrecarregada. Com o intuito de ajudá-la, apresentamos a empreendedora a mentores que poderiam apoiar o crescimento da Beleza Natural e a incentivamos a criar um acordo societário com seus familiares. Quando se divorciou, Leila acabou encontrando um novo marido por meio de nossa rede – ela recebeu o que costumo chamar de "atendimento completo"!

Mas o mais importante é que mostramos a ela que, em vez de estar sozinha, Leila faz parte de um movimento mais amplo que acontece no mundo de hoje, de uma tendência vigorosa e impossível de ser detida para os indivíduos que querem melhorar sua vida e, ao mesmo tempo, contribuir para a melhora do mundo em que vivemos.

Leila é uma empreendedora.

— *O empreendedorismo não é mais exclusividade de poucas pessoas* —

Escrevi este livro porque acredito que todos temos uma "pequena Leila" dentro de nós.

Todos os dias, encontro pessoas que têm um sonho. Essas pessoas são como Leila – e como você. Talvez você esteja servindo café e sonhando em abrir uma microcervejaria ou então não frequentou a universidade e gostaria de montar seu próprio estúdio de design.

Ou pode estar sentado em seu escritório, divagando em busca de uma proposta inovadora o bastante para melhorar o meio ambiente. Talvez seja um profissional que decidiu se dedicar exclusivamente ao cuidado dos filhos e teve uma ideia para um novo aplicativo para dispositivos móveis, ou ainda, é um aposentado que gostaria de montar uma pousada.

Você tem um sonho, mas não sabe como transformá-lo em realidade. Ou já deu início a ele, mas tem dúvidas sobre como ampliar sua atuação e chegar à próxima etapa.

Este livro pode mostrar o caminho.

Neste volume, apresento as lições que aprendi ao ajudar Leila e milhares de outras pessoas como ela. Também revelo os resultados de uma ampla pesquisa realizada ao longo de vários anos pela equipe da Endeavor e por nossos parceiros da empresa de consultoria Bain & Company, além de expor os insights que nos últimos anos tenho levado às empresas que integram o índice *Fortune 500*, também interessadas em se tornar mais empreendedoras. Para finalizar, compartilho minha própria trajetória repleta de altos e baixos na história de construção (e, ocasionalmente, de reconstrução) de uma empresa de crescimento rápido e com estrutura híbrida, parte preocupada com os ganhos e parte com vocação para uma atuação sem fins lucrativos.

Acima de tudo, vou tentar mostrar que, não importa o que você esteja fazendo agora e quais sejam os sonhos que pretende realizar ou ampliar, essas lições são valiosas para você.

Você precisa pensar e agir mais como um empreendedor.

Quando fundamos a Endeavor no final da década de 1990, o termo "empreendedor" não estava muito disseminado e sequer era usado pela maioria das pessoas que dava início a um empreendimento. Palavra derivada do verbo francês *"entreprendre"* – que significa "empreender, colocar na prática" –, o empreendedorismo existia como um conceito acadêmico, mas a expressão (ou qualquer termo similar usado para designar a mesma coisa) era pouco conhecida na maior parte dos países. Até mesmo a maioria dos norte-americanos via o empreendedorismo como uma noção bastante vaga, aplicável somente aos fundadores das empresas de crescimento mais rápido (ou de fracasso mais imediato). E, correndo o risco de repetir o óbvio, esses líderes eram em sua maioria bastante jovens, atuantes sobretudo no setor de tecnologia e quase sempre do sexo masculino.

Esse estereótipo não existe mais. Hoje, empreender não remete necessariamente à iniciativa de montar uma empresa de tecnologia. Significa protagonizar qualquer iniciativa que cause impacto – desde a promoção de alguma melhoria no bairro onde mora, até a venda de artesanato na garagem de sua casa; da modernização de uma empresa familiar à apresentação de propostas novas dentro da organização em que trabalha. As técnicas envolvidas no aperfeiçoamento de sua ideia, driblando os críticos e procurando os parceiros capazes de contribuir, além da gestão dos obstáculos, podem ser aplicadas em quase todos os domínios do trabalho.

O empreendedorismo, definido como uma força ágil, criativamente destrutiva e otimista, tornou-se uma dinâmica técnica de resolução de problemas do século 21. Se a humanidade atravessou períodos propícios para diplomatas, homens de finanças, soldados ou políticos, hoje o momento está favorável aos empreendedores. E agora tudo isso pode soar um pouco grandioso, mas basta pesquisar na internet, avaliar os relatórios anuais das empresas, visitar o campus de uma universidade e escutar a conversa de pais e mães na porta de uma escola: todo o mundo está falando em ser uma força de ruptura, tentar uma abordagem nova e se transformar em um agente de mudanças. Alexis Ohanian, fundador do Reddit, definiu bem o fenômeno: "Dizer que tem uma startup equivale à antiga afirmação de que a pessoa entrou para uma banda". Até os escoteiros têm uma medalha pelo mérito empreendedor, e a Mattel lançou a Barbie empreendedora!

As razões que deram origem a essa mudança são complexas, mas apontam para uma realidade simples: vivemos em um momento de incerteza. Nossas economias, nossas empresas e nossos empregos não são mais estáveis ou garantidos e o único fator constante é a mudança.

Para sobreviver, todos precisamos das habilidades necessárias para nos reinventarmos o tempo todo. Todo mundo precisa correr algum risco ou está arriscado a ficar para trás.

Mas agora vem a boa notícia: hoje, qualquer um pode ser um agente de mudanças. Não existem critérios de admissão, *dress code* obrigatório nem voto secreto.

O empreendedorismo é para todos.

Bom, também preciso dar uma má notícia: não temos uma linguagem específica para descrever essa ampla faixa de profissionais que estão se tornando mais empreendedores.

A palavra "empreendedor", tão pouco adotada no passado, hoje corre o risco de ser utilizada de maneira pouco apropriada. Como resultado, muitas pessoas (entre as quais me incluo) começaram a usar esse termo "nebuloso" acrescido de todo o tipo de adjetivos, o que o deixava ainda mais impreciso. De repente, a designação de "empreendedor social" passou a descrever os envolvidos na construção de organizações movidas por uma missão que se concentram em todos os setores, dos direitos humanos ao meio ambiente; o termo "microempresário" começou a definir pessoas que deram início à *lifestyle businesses*; "intraempreendedores" virou um sinônimo dos profissionais que capitaneavam mudanças dentro de grandes corporações; "coempreendedores" designava os casais que fundavam empresas – além de termos específicos do idioma inglês, como "*mompreneurs*", "*dadpreneurs*" e "*kidpreneurs*". Esses termos se tornaram tão disseminados que no Twitter muitos usuários optaram pela simplificação e abreviaram a palavra "*entrepreneurs*", em inglês, para #treps.

@*#&!

Confiem em mim: na condição de alguém que participou de um zilhão de painéis dedicados à discussão do futuro do empreendedorismo, posso afirmar que é preciso desenvolver uma nova terminologia.

Neste livro, pretendo apresentar uma abordagem diferente, que espero que seja também mais clara e certamente mais divertida. Por isso, para cada um desses grupos escolhi um nome simples, de fácil compreensão e relacionado ao setor de atuação do grupo. As designações representam quatro espécies diferentes, todas dependentes de ajuda externa para concretizar seus sonhos. Uma dessas espécies com certeza vai se aplicar ao seu caso.

EMPREENDEDORES-GAZELA. Trata-se do empreendedor clássico tanto no mito como na realidade, alguém que funda um novo empreendimento com o objetivo de que rapidamente se torne um fenômeno explosivo, como Home Depot, Facebook, Jenny Craig, Under Armour e o Instagram. A meta é o crescimento acelerado. Os empreendedores da Endeavor com os quais trabalhei se encaixam nessa categoria – ou, pelo menos, tinham essa aspiração.

O termo "gazela" foi criado em 1994 pelo economista David Birch para designar as empresas de alto índice de crescimento, cujas vendas dobram a cada quatro anos. Embora nos Estados Unidos apenas de 2% a 4% das empresas se encaixem nesse modelo, esse grupo minúsculo é responsável por quase a totalidade da geração de empregos do setor privado. Quando políticos dizem que "pequenas empresas criam a maioria dos novos postos de trabalho" estão se referindo a organizações jovens e em crescimento. Estão falando das gazelas. Birch escolheu esses animais por causa do movimento rápido e da habilidade em dar saltos altos.

Você pode achar que os integrantes desse grupo já sabem como ser empreendedores de sucesso, mas minha experiência mostra que não é assim. Claro que essas pessoas sabem como começar um projeto, mas, infelizmente, continuam cometendo os mesmos erros o tempo todo: crescem rápido demais, perdem o foco, entram em atrito com os sócios e não conseguem abrir mão do controle. (Sim, também cometi todos esses erros e vou falar deles em detalhes mais adiante.) Depois de testemunhar essas armadilhas várias e várias vezes, desenvolvi uma lista dos equívocos mais comuns cometidos pelas gazelas e uma cartilha com os mecanismos para evitá-los, se você pretende que sua startup se transforme em uma grande empresa.

EMPREENDEDORES-GAMBÁ. O termo "intraempreendedor", surgido na década de 1970 e, na língua inglesa, registrado pela primeira vez no *American Heritage Dictionary* em 1992, designa as pessoas que, dentro de uma grande organização, assumem a responsabilidade de "transformar uma ideia em um produto rentável por meio da inovação e do risco consistentes". Embora a palavra continue pouco adotada, a ideia tornou-se bem mais disseminada: incentivar as pessoas a agir de forma mais independente e criativa dentro do ambiente profissional em que atuam revelou-se um clamor urgente.

Em 2013, fui convidada para participar de um painel sobre ruptura no evento Dell World. O fundador, Michael Dell, havia acabado de fechar o capital da empresa após longa batalha com os acionistas e declarou sua intenção de restaurar o DNA empreendedor da organização, levando-a de volta às suas raízes na Sala 2.713 do Dobie Center, da Universidade do Texas. Na abertura da conferência prestigiada por seis mil pessoas, Michael Dell saudou: "Bem-vindos à maior startup do mundo!".

Porém, ao mesmo tempo em que é simples estimular os colaboradores a assumirem mais riscos, fazer as pessoas seguirem em frente com os projetos não é nada fácil. "Algumas pessoas têm medo de mudanças", revelou Michael mais tarde. "Essa resistência é quase sempre um caminho para o desastre em qualquer organização que se transforma com velocidade". Segundo Michael Dell, existem dois grupos: o dos que agem rápido e o dos que morrem.

Michael não é o único líder corporativo em busca da recuperação do ímpeto empreendedor de sua empresa. A maioria dos principais CEOs do mundo percebe que é preciso romper com a estrutura de suas empresas antes que outras acabem com elas – mas, por algum motivo, essa mensagem não chega a muitos dos colaboradores. Se você trabalha hoje em uma grande empresa que oferece sistemas de benefícios e previdência privada, pode pensar que está seguro. Talvez ache que todo esse comprometimento empreendedor não é para você, mas essa é uma avaliação errada.

Ainda que começar algo novo envolva perigo, nos dias de hoje *não começar* é igualmente arriscado, se não for mais perigoso ainda. Fingir que seu emprego está a salvo e que a organização na qual trabalha é estável deixa as pessoas perigosamente desprotegidas. Se você acha que correr riscos é arriscado, fugir deles pode ser ainda mais.

Em primeiro lugar, sua empresa não está a salvo. A *topple rate* das grandes organizações, métrica que afere a frequência na qual perdem a posição de liderança, mais do que duplicou entre 1965 e 2008. Na década de 1920, uma empresa que chegava ao índice Standard&Poor's poderia esperar uma permanência no ranking de 75 anos, mas por volta de 2012 essa média caiu para 18 anos. Só nos últimos cinco anos, presenças constantes da S&P 500, como as empresas Heinz, Sprint, Sara Lee, RadioShack, Kodak, Office Depot e a New York Times Company, desapareceram do índice.

Ainda que sua empresa continue a prosperar, sua sobrevivência dentro dela depende de sua capacidade e disposição para inovar. Nos dias de hoje, a segurança no emprego está associada às mesmas qualidades que definem bons empreendedores: agilidade, imaginação, persistência e capacidade de executar. Em outras palavras, ou você se adapta a partir de dentro ou pode ser forçado a se adaptar fora da organização.

Torne-se um gambá. Peguei esse termo emprestado da Lockheed Corporation, que durante a Segunda Guerra Mundial montou uma divisão secreta para construir aviões do tipo caça. O grupo era chamado de *skunk works*. Apesar dos boatos de que o nome estava associado aos hábitos de higiene daqueles colaboradores sobrecarregados, na verdade ele vinha da "fábrica de luar" que aparecia na história em quadrinhos norte-americana *Li'l Abner*, no Brasil conhecida como *Ferdinando*. (Na tira, o luar era criado a partir da moagem de gambás mortos.) De qualquer forma, a mensagem é clara: empreendedores que atuam em grandes corporações extrapolam suas atribuições para "contaminar" o ambiente.

EMPREENDEDORES-GOLFINHO. Na última década aproximadamente, é grande o discurso "para inglês ver" sobre a necessidade de que o setor social se torne mais empreendedor. *As organizações sem fins lucrativos precisam adotar mais técnicas do mundo dos negócios. As instituições filantrópicas precisam ser mais inovadoras e pautadas por métricas.* Estou envolvida nesse movimento há 25 anos e, por sorte, tive a oportunidade de trabalhar com dois de seus pioneiros.

Em 1989, me ofereci para ajudar Wendy Kopp a recrutar universitários próximos a concluir o curso para participar da startup dela, a Teach For America. Quando Wendy propôs a criação de um corpo nacional de professores em sua tese na Universidade de Princeton, seu orientador diagnosticou: "senhorita Kopp, a senhorita está claramente perturbada". Mas Wendy não abandonou seu projeto. Hoje, o Teach For America recebe mais de 50 mil candidatos por ano e tem um orçamento anual de US$ 350 milhões.

Mais tarde fui trabalhar com Bill Drayton, o "padrinho do empreendedorismo social". Bill foi um dos primeiros a financiar empreendedores sociais por meio de sua organização, a Ashoka. Depois de apoiar mais de três mil inovadores sem fins lucrativos em todo o mundo, Bill defende a ideia de que qualquer pessoa, em qualquer lugar, pode ser um promotor de mudanças. "Todo o mundo pode participar", garantiu.

Apesar desses lançadores de tendências, muitas organizações sem fins lucrativos, grupos de comunidades e organizações de serviços sociais continuam longe da era da ruptura. Faltam líderes dispostos a implantar a gama de habilidades empreendedoras necessárias para expandir suas ideias e maximizar seu impacto na sociedade. Essas instituições precisam de mais golfinhos.

Golfinho é o nome que dei àqueles que, nas organizações sem fins lucrativos ou no setor público, se mostram dispostos a subverter as convenções de suas profissões e a promover uma mudança real. Por que golfinhos? Inteligentes e gregários (vivem em grupos cooperativos chamados de bandos), são um dos poucos animais que demonstram altruísmo em relação aos outros. Mas não são passivos: quem mexe com o bando precisa tomar cuidado. Hoje, até mesmo causas para as quais não existem soluções convincentes no setor privado estão receptivas para a transformação empreendedora. São os golfinhos provocando ondas.

EMPREENDEDORES-BORBOLETA. Existe ainda um último conjunto de empreendedores que precisam aprender essas lições e talvez esse seja o grupo que mais cresce entre todos. São os empreendedores de pequena escala ou *lifestyle entrepreneurs*.

Em primeiro lugar aparecem os que trabalham como autônomos, como os encanadores, professores de ioga, escritores freelancers, agricultores orgânicos e artistas. O U.S Census Bureau estima que a maioria das empresas norte-americanas não tem colaboradores contratados e 40% dos adultos que vivem no país já passaram uma parte de suas carreiras trabalhando por conta própria, ao mesmo tempo em que um contingente adicional de 24 milhões de profissionais deve passar a ganhar a vida como autônomos até 2018. Em termos mundiais, o número de profissionais de atuação autônoma deve chegar a 1,3 bilhão por volta de 2020. Esses espaços estão crescendo porque estão abertos a qualquer pessoa: mães, pais, avós, jovens de vinte e poucos anos e até adolescentes que "montam uma empresa" no porão de suas casas, dentro de um carro ou até no banheiro da residência da família (isso mesmo, as cervejas artesanais produzidas em banheiras voltaram à moda). Como ressaltou o *rapper* Jay-Z, "não sou um homem de negócios: sou um negócio, cara".

A segunda parte desse grupo tem apenas um número reduzido de colaboradores. Nos Estados Unidos, sete milhões de empresas contratam trabalhadores, das quais 90% empregam menos de 20 profissionais. Embora alguns desses empreendedores tenham o objetivo de se tornar gazelas de crescimento rápido, a maioria está satisfeita em preservar as dimensões reduzidas e manter sua atuação local.

Escolhi o nome borboleta para esse último grupo por causa da variedade (existem pelo menos 17.500 espécies distintas) e da orientação para a liberdade e o individualismo. Tanto na cultura oriental como ocidental, há muito tempo as borboletas simbolizam a alma, em especial uma alma que renasce depois de um período de existência dentro de um casulo. Além da metamorfose que protagonizam, esses insetos são vitais para seu habitat e funcionam como um indicador do bem-estar de um ambiente, uma vez que uma quantidade maior de borboletas indica um ecossistema saudável.

À primeira vista, esse grupo dificilmente seria candidato ao conjunto de habilidades de empreendedores inovadores. É realmente necessário ser inovador quando o que você faz é vender queijos caseiros no mercado da sua cidade? Resposta: é, sim, especialmente porque seu concorrente provavelmente coloca os produtos dele no Whole Foods, aceita pagamentos com cartão de crédito com um leitor Square e acaba de lançar uma animada operação on-line. A Etsy, um hub de criadores artísticos e artesanais, hoje reúne mais de um milhão de "fazedores" que vendem seus produtos diretamente aos consumidores. Até as borboletas precisam ampliar o alcance de suas asas.

Além disso, as borboletas são perfeitamente talhadas para esses tempos de ruptura. Segundo a teoria do caos, "efeito borboleta" é o termo que designa a ideia de que a mudança pode vir de qualquer lugar. As condições meteorológicas no Central Park podem ser afetadas pelo bater de asas de uma mariposa na América do Sul.

Pude comprovar em primeira mão a sensibilidade e a coragem dos empreendedores de pequena escala às vésperas da passagem do superfuracão Sandy, perto da minha casa, no Brooklyn. Tinha acabado de parar para comprar pão na minha padaria favorita, a Bien Cuit, e logo em seguida o prefeito anunciou as evacuações. "Acho que vocês vão ter de fechar as portas daqui a pouco", comentei com o homem atrás do balcão.

"De jeito nenhum", respondeu. "O bairro precisa de nós. Vamos ficar abertos durante a noite toda".

Não subestime a resistência de uma borboleta.

Hoje, quase duas décadas depois que comecei a "caça aos empreendedores", surgem inovadores de todos os tipos por toda parte.

Eles não esperam que as mudanças aconteçam, mas promovem-nas todos os dias.

Seja qual for sua paixão, escolha uma dessas espécies e comece a escrever sua história – ou arrisque-se a se transformar em um avestruz e viver com a cabeça enterrada no chão.

– *A fórmula secreta dos empreendedores* –

No entanto, se você abraçou a causa dos que geram transformações, como saber qual é o próximo passo a ser dado?

Mais uma vez, vou recorrer à minha experiência pessoal.

Gostaria de convidá-lo para vir ao meu quarto por um momento. Você vai encontrar várias coisas interessantes: uma colcha africana que trouxe de uma de minhas viagens e um poema que meu marido escreveu para mim quando me pediu em namoro. A mesa de cabeceira próxima ao meu lado da cama acomoda uma pilha de livros lidos até certo ponto. Todos os títulos falam sobre empreendedorismo.

Adoro esse assunto, mas não consigo gostar da literatura dedicada ao tema. Quando me sentei para trabalhar neste livro, fiz uma lista de tudo o que não queria que ele tivesse. Não queria que meu livro fosse um manual de instruções para quem quer escrever um plano de negócios, conceber uma estratégia de marketing ou decifrar um termo de compromisso de capital de risco. Não queria produzir uma cartilha acadêmica sobre a história do empreendedorismo nem um inspirador discurso de formatura repleto de estímulos para fazer o leitor se sentir bem. Também não queria produzir o relato da trajetória de alguém rumo ao sucesso. Caso seja isso o que você está procurando, leia títulos como *Dedique-se de coração*, de Howard Schultz, *Perdendo minha virgindade*, de Richard Branson, *Satisfação garantida – Entrega da felicidade*, de Tony Hsieh, ou *Steve Jobs*, de Walter Isaacson, alguns livros que li e dos quais gostei muito.

O que é este livro que escrevi? É a história das empreitadas empresariais de muitas pessoas (gazelas, gambás, golfinhos e borboletas) e das lições que todos nós podemos aprender com elas. É minha tentativa de dividir um processo que muitas vezes parece esmagador em uma série de etapas possíveis. Também funciona como minha resposta a uma pergunta: já que hoje todo mundo precisa correr riscos, como saber se estamos apostando nos riscos inteligentes?

Para responder a essa questão, dividi o livro em três partes: *Começar, Crescer* e *Voltar para casa*.

Na primeira parte, apresento um "roteiro" para se tornar um empreendedor: da luta contra o medo interior à "blindagem" ao ceticismo alheio, da busca de apoio à exploração do caos. O tema central dessa parte é a atitude: como achar a postura correta e fugir das atitudes prejudiciais.

Na parte seguinte, abordo a transição que consiste em ampliar a escala de uma ideia. Para isso, vou ajudá-lo a descobrir sua personalidade de empreendedor, a evitar os erros de principiantes, a encontrar os mentores certos e a aprender a liderar. Chamo de "liderança 3.0" o conjunto das novas habilidades necessárias para atrair e reter os talentos hiperconectados, muito bem-preparados e com sensibilidade apurada que existem hoje.

Finalmente, na última parte discuto o que significa viver de maneira empreendedora, o que inclui saber cultivar o sentido em seu local de trabalho e conciliar a vida profissional com a família. Se as duas primeiras partes estão mais associadas ao ofício de empreendedorismo, considero a terceira uma referência à vocação artística de quem empreende. Também é a parte mais pessoal para mim. Acredito profundamente que uma parcela dos méritos do empreendedorismo consiste em inspirar e ajudar os outros a seguir esse caminho. Além disso, na condição de mãe que dirige uma organização de grande porte, precisei batalhar arduamente para manter a harmonia entre minha vida profissional e meu universo familiar, e recomendo que minha equipe faça exatamente a mesma coisa.

Em conjunto, esses assuntos congregam o que aprendi em duas décadas vividas em meio aos altos e baixos no mundo empresarial.

Foi por isso que decidi escrever este livro, mas há mais uma razão que explica por que quis escrever isso agora.

– Você não precisa de um hoodie* para empreender –

Em 2012 visitei a Wilkes University, um animado campus situado em uma antiga cidade dedicada à mineração, no centro da Pensilvânia, para fazer uma palestra sobre empreendedorismo. Quando estava quase encerrando o tempo dedicado às perguntas da plateia, uma mão foi levantada no fundo da sala: "Adoro suas histórias sobre empreendedores", falou o aluno, "mas gostaria de saber se valem para mim. Nunca tive uma ideia genial, não conheço as 'pessoas certas' e também não moro no Vale do Silício".

Um pouco surpresa e ligeiramente distraída (sabia que minhas filhas de sete anos estavam em casa esperando por mim), respondi a primeira coisa que me veio à mente: "Não se preocupe. Você não precisa de um *hoodie* para ser um empreendedor. Qualquer pessoa pode ser um". A resposta satisfez o jovem, mas passei todo o trajeto de volta assombrada com aquela pergunta e cada vez mais decepcionada com a resposta simplista que havia dado.

Nos primeiros anos de trabalho na Endeavor, sempre que encontrava alguém que não entendia muito bem o que estávamos fazendo (o que representa a maioria das pessoas que eu conhecia na época), resumia a resposta: "Estamos levando a magia da Vale do Silício e multiplicando-a em locais com grandes talentos e grandes ideias, mas sem nenhuma certeza na capacidade das pessoas para transformar esses projetos em realidade". Eu costumava achar que isso só se aplicava para pessoas como Leila.

Hoje todo mundo precisa de um pouco daquela magia. Todos nós precisamos de um pouco de Leila em nossas vidas.

---

*Hoodie: agasalho com capuz (Nota do Tradutor – NT).

Naquela noite, quando cheguei à minha casa, no Brooklyn, tinha decidido escrever este livro. Queria escrevê-lo para aqueles alunos da Pensilvânia, para as filhas gêmeas que estavam me esperando para receber meu boa-noite. Queria escrever para todos aqueles que têm um sonho mas não sabem como transformá-lo em realidade, que desejam combinar suas paixões com suas vidas cotidianas, que gostariam de provocar impacto em seu local de trabalho, sua comunidade ou no mundo todo.

No clássico livro de receitas *Dominando a Arte da Culinária Francesa*, Julia Child, também uma empreendedora ousada e barulhenta, escreveu que "com as instruções corretas, todo mundo pode preparar pratos da culinária francesa em qualquer lugar". E este livro tem uma visão semelhante em relação aos grandes sonhos e à promoção de mudanças.

Eu acreditava na máxima de que os empreendedores já nascem prontos, mas hoje creio que o empreendedorismo, assim como a arte de cozinhar, pode ser executado e aperfeiçoado por qualquer pessoa realmente decidida a aprender. (Além disso, assim como acontece com os chefs, até os empreendedores mais qualificados deixam algumas panelas cair no chão e quebram alguns ovos ao longo do caminho.)

Em resumo, dominar a arte de empreender não se resume a iniciar um negócio, mas envolve o hábil aproveitamento de oportunidades, a superação das dúvidas, a gestão dos riscos, a administração do caos, o estabelecimento de relações com os colaboradores, a percepção dos erros e dos acertos, a conciliação do trabalho com a família e a preservação do sonho, para que a geração seguinte também possa sonhar sem limitações.

E também a percepção de que, quando todas essas pessoas chamam você de maluco, na verdade trata-se de um elogio enorme.

Por isso, mãos à obra!

PARTE I
Começar

CAPÍTULO 1

O primeiro dia

Na primavera de 1998, cheguei a um escritório pequeno e despretensioso localizado em um bairro pouco conhecido de Buenos Aires. Tinha ido encontrar Wences Casares, um carismático jovem de vinte e poucos anos que havia tido uma ideia maluca. Horas mais tarde, quando saí do encontro, levei comigo uma das lições mais importantes que já aprendi sobre empreendedorismo: o apoio decisivo que você precisa para começar qualquer empreendimento não é o oferecido por sua mãe, pai, esposa ou marido, patrão, financiador ou amigo nem por nenhuma outra pessoa. É a confiança vinda de você mesmo.

E, no entanto, "você" é o agente mais difícil de convencer.

Antes de abordar o que é preciso para colocar uma ideia em prática, temos de falar sobre a importância de "sintonizar" a postura mental correta. Você não conseguirá convencer ninguém se não estiver convencido primeiro. E poucas pessoas que conheço fizeram isso em circunstâncias tão adversas como Wences.

O jovem argentino nasceu em uma fazenda de criação de ovelhas na Patagônia, situada a mais de 30 quilômetros de distância do vizinho mais próximo e a 160 quilômetros da cidade mais próxima. Além de fazendeiro, o pai de Wences também era operador de rádio amador e entusiasmado adepto da filosofia do "faça você mesmo". Instalou um computador no quarto de cada um dos quatro filhos e improvisou uma rede para que pudessem se comunicar.

"O maior ensinamento que recebi do meu pai foi me mostrar como ser um 'fazedor'", revelou Wences. "Quando se vive no meio do nada, a toda hora temos de encontrar saídas criativas para resolver problemas, como cavar trincheiras ou construir pontes ao lado de uma montanha."

Ser um empreendedor é apenas uma maneira elegante de dizer que você é um 'fazedor', me revelou o jovem.

E foi isso o que Wences sempre fez. No ensino médio, abriu uma loja de estampas de camisetas. Também fez o download de um banco de dados com todos os telefones da Patagônia, no qual havia muitos erros, corrigiu as informações e publicou uma série de listas, com páginas destinadas à publicidade. Wences ganhou US$ 80 mil. Primeira pessoa de sua família a cursar a universidade, abriu outro negócio enquanto fazia o curso: o primeiro provedor de internet da Argentina. Um ano depois, vendeu a empresa em uma transação que, acreditava ele, o manteria como parte da equipe. Após a assinatura do contrato, Wences apareceu no escritório para trabalhar e foi impedido de entrar. Ficou praticamente sem nada.

Nesses primeiros empreendimentos, Wences não se deixou dominar pelo medo e, como era esperado, tinha pouco a perder. Mas as apostas foram ficando maiores. Ainda frequentava a universidade quando propôs a criação de um portal de serviços financeiros para a América Latina, uma E★Trade local. Mas os estudos acabaram ficando no caminho, e o jovem viajou mais de 1.600 quilômetros até a Patagônia para comunicar ao pai que estava desistindo da faculdade. Naquele que seria o momento mais amedrontador da sua vida, segundo ele, Wences também revelou ao pai que havia aconselhado as duas irmãs a abandonar a escola para irem trabalhar com ele.

O pai do empreendedor ficou pensativo por alguns minutos e depois falou: "Muito bem, mas faça as coisas do jeito certo". A mensagem implícita era: "Por favor, não envergonhe nossa família".

Foi aí que as coisas começaram a ficar realmente assustadoras e Wences, pela primeira vez, passou a ter dúvidas. Ele vivia em uma comunidade onde a ousadia individual não contava muito, a reputação da família era tudo e a capacidade dele e das irmãs de construir uma carreira ou encontrar um cônjuge agora estava em jogo. Para piorar, ninguém aprovava a ideia dele (33 investidores haviam se recusado a bancar o projeto). "Mal temos um mercado de ações funcionando direito", falaram para o jovem. "Como vamos apoiar uma plataforma de comércio eletrônico?".

Ouvi esse relato acomodada no modesto escritório de Wences em Buenos Aires, cercada por alguns computadores quebrados e por paredes cobertas de papéis de parede que começavam a se soltar. "Quero seguir em frente", assegurava o jovem, "mas às vezes fico olhando minhas irmãs dormindo no nosso apartamento minúsculo e penso, 'será que fiquei louco?'".

Wences olhou para mim e perguntou: "Você acha que sou maluco?".

"Acho", respondi. "E é por isso que as coisas vão dar certo para você. Além disso, também acho que posso ajudar."

A história de Wences mostra que o primeiro passo para se tornar um empreendedor não acontece em um laboratório, sala de conferências ou em uma *pitch session*: ocorre dentro da cabeça das pessoas. E não é na parte da mente em que as lâmpadas acendem e ouvimos os estalos, mas na parte obscura e povoada por dúvidas. Ocorre no mesmo espaço que acomoda as preocupações com a renda da família, a prestação do financiamento da casa, o sustento dos filhos, o acúmulo das faturas do cartão de crédito, com a reputação entre os conhecidos e com suas irmãs dormindo no sofá.

Isso acontece quando você está exposto.

Jeff Bezos encontrou um jeito maravilhoso de descrever esse frenético modo de pensar que caracteriza um empreendedor e chama essa combinação de ansiedade, emoções e inseguranças de "primeiro dia". Na definição de Bezos, não se trata de uma data do calendário, mas de um compromisso em ver cada dia como uma nova oportunidade para criar algo inédito. Dezesseis anos após a fundação da Amazon, Bezos enviou um comunicado aos acionistas dizendo que a abordagem continuava exatamente a mesma: "Ainda é o primeiro dia".

Na Endeavor adotamos o conceito de Bezos e o transformamos em um mantra para ajudar empreendedores a reconhecer e a superar os momentos de insegurança e de medo. Chegamos a montar uma série de palestras nas quais os agentes de mudança descreviam suas experiências no "primeiro dia". Orientamos os oradores a "não se concentrarem na ideia, mas sim nas emoções e nos desafios". Quando chegou minha vez de falar, minha equipe rejeitou várias propostas de estrutura da palestra e me aconselhou a ser mais reveladora.

Nos próximos capítulos, vou falar sobre esse processo de superar os obstáculos emocionais e ter uma ideia ao sair do chuveiro ou rabiscá-la em um guardanapo e levá-la à realidade. Ainda que pareça assustador e as pessoas possam nos chamar de loucos, sem dúvida existem diversas formas concretas que ajudam a reduzir o risco e a ampliar as chances de sucesso.

Antes, porém, quero me concentrar no que significa permitir-se assumir um desafio. Em minha opinião, esse é o momento de ruptura para começar a pensar e a agir como um empreendedor. Cheguei a uma fórmula:

coração + mente − medo = empreendedorismo

Em outras palavras, o empreendedorismo começa com o estudo interno de você mesmo, em vez da exposição externa de suas emoções.

— *A distância entre os ouvidos* —

No início da década de 2000, os produtos "verdes" começavam a se tornar conhecidos nos Estados Unidos, mas um setor mantinha uma resistência tenaz: o dos produtos de limpeza doméstica. As opções *eco-friendly* respondiam por apenas 1% das vendas do setor, estimadas em US$ 12 bilhões. A Clorox, marca líder do mercado, teve uma adaptação especialmente lenta. Foi preciso que dois gambás corporativos quebrassem a fórmula, mas só depois de romper com um código bem mais complicado: como agir de forma empreendedora em uma empresa conservadora e, simultaneamente, encontrar tempo para exercer a maternidade.

Mary Jo Cook estava em uma encruzilhada, pois era uma mãe recente ansiosa para passar bastante tempo perto da filha e, ao mesmo tempo, uma ambiciosa executiva da Clorox. Mas fez algo praticamente inédito naquela empresa com mais de um século de existência: começou a trabalhar em regime de meio expediente. "As pessoas ficaram chocadas", falou ela, "pois ninguém mais trabalhava em horário reduzido". No início, Mary Jo adotou o horário reduzido em quatro dias, mas passou para três dias e meio após o nascimento do seu segundo filho.

Parte da negociação de um horário de trabalho próprio envolvia a definição de um novo papel na empresa. "Não havia um cargo em que fosse possível adotar essa flexibilidade", conta ela. O cargo que Mary Jo criou respondia pela gestão de uma nova divisão focada na inovação. Quando a empreitada ficou pesada demais, uma colega que também tinha filhos, Suzanne Sengelmann, propôs que as duas dividissem as atribuições, o que representou outra novidade. A solução apresentada pela dupla exemplifica à perfeição a flexibilidade exigida em tempos de empreendedorismo. Além de compartir responsabilidades, Mary Jo e Suzanne quase viraram uma pessoa só: cada uma trabalhava três dias por semana, partilhando as quartas-feiras. A dupla dividia o mesmo cargo (vice-presidência), o mesmo correio de voz e o mesmo e-mail. Chegaram até a adotar uma identificação comum, "Sam", combinação de Suzanne e Mary Jo.

No começo, Suzanne e Mary Jo estavam preocupadas: "Nosso maior medo era não dar conta do recado", revelou Suzanne, "porque tínhamos muita visibilidade dentro da empresa e temíamos que nosso eventual fracasso inviabilizasse a oportunidade para outras mulheres, tanto na Clorox como em outros lugares".

Para alívio da dupla, não só o modelo deu certo como também gerou benefícios adicionais. O estímulo ao pensamento mais criativo sobre suas responsabilidades as obrigou a abordar o próprio trabalho também de maneira mais original. Além disso, como não estavam presas no escritório o dia todo, tinham a oportunidade de entrar em contato com os clientes da empresa em algum playground da cidade. "Sam" fez questão de ouvir opiniões de outras mães da *Bay Area*, preocupadas com o impacto dos produtos de limpeza na saúde de seus filhos. E não era uma questão que atingia apenas os outros: "Sabe de uma coisa?", perguntou Suzanne. "Eu também me preocupo. Cuido de uma casa e faço compras, e ter a oportunidade de viver a mesma vida que nossos consumidores se transformou em uma vantagem enorme."

"Sam" havia identificado um novo desafio: a Clorox precisava desenvolver produtos voltados para as mães que levassem em consideração as preocupações ambientais atuais.

Mas Mary Jo e Suzanne também encontraram um problema, pois sabiam que a iniciativa poderia enfrentar resistência por parte dos colegas. Qualquer produto definido como "não tóxico" correria o risco de dar a impressão de que as demais marcas da Clorox fossem tóxicas. Esse era o verdadeiro desafio: iriam discutir totalmente os desdobramentos do projeto antes de começar a operação ou correr o risco de se isolar de quem estava ao redor, desafiando a identidade central da empresa?

Resposta da dupla: assumiram uma postura discreta e fora do alcance dos "radares". Nas palavras de Mary Jo, correram "riscos inteligentes", como se permitirem passar um quinto de seu tempo explorando a ideia. "Dissemos ao nosso gestor que usávamos 10% do tempo", contou Suzanne, "mas na verdade chegava a 20%". As duas deram ao projeto o apelido de "*skunk project*".

"A graça de um projeto desse tipo é que não é preciso passar pelos mesmos processos, aprovações, questionamentos e tudo o mais. Você apenas faz e pronto", explicou Suzanne.

E foi o que fizeram. Primeiro, foram ao supermercado e compraram todos os produtos anunciados como "verdes". Nenhuma das alternativas impressionou. Depois, identificaram quem eram os consumidores-alvo, apelidados pela dupla de "naturalistas avessos aos produtos químicos". Em seguida, descobriram outro reduto underground dentro da própria Clorox; no caso, uma equipe formada por químicos (e igualmente liderada por uma profissional que tinha filhos). O grupo também pesquisava fórmulas biodegradáveis e adotou o apelido de Projeto Kermit*, em referência ao interesse pelo mundo natural. As duas equipes uniram forças, informaram seus superiores, mas não pediram uma adesão explícita e pagaram as despesas com os orçamentos existentes.

Porém, os primeiros esforços do Projeto Kermit não deram certo. "Na primeira tentativa, não encontramos interesse suficiente por parte do mercado", analisou Mary Jo. "Na tentativa seguinte, a tecnologia ainda não tinha a qualidade suficiente. Na terceira vez, porém, tudo se encaixou". No final de 2007, a Clorox lançou a Green Works. Após uma complicada negociação em busca de apoio interno, os produtos foram embalados com o rótulo de Sierra Club. Em seis meses, a nova linha havia ocupado 40% do mercado de produtos *eco-friendly*. Em cinco anos, a Green Works havia se transformado em uma operação de US$ 60 milhões ao ano. Pode não ser fácil ser verde, mas, com um pouco de engenhosidade, duas "empreendedoras-gambás" que assinavam com o nome de "Sam" encontraram uma maneira de transformar a experiência em uma operação rentável.

O que impressiona nesse relato é a determinação de duas executivas que trabalhavam em período reduzido de resistir à própria tentação de conter seus movimentos enquanto se dedicavam a um projeto nada convencional. Em diversas ocasiões, vi pessoas envolvidas em projetos inovadores ficarem presas nessa fase, muitas vezes por estarem à espera da aprovação vinda de alguma outra pessoa. Eis o que aprendi: essa "outra pessoa" não existe.

A única pessoa capaz de aprovar sua disposição para assumir riscos é você. Quando perguntei a Suzanne como as pessoas que trabalham em empresas mais tradicionais poderiam dar a si mesmas essa "luz verde", ela respondeu: "Acredito que em todas as organizações, até nas mais tradicionais, existem pessoas com ideias empreendedoras. Mas as ideias são frágeis, porque requerem convicção. Exigem aquela certeza interna de que vale a pena, uma vez que não contam com a sustentação de dados ou de aspectos concretos".

---

*Nome original do personagem Caco, o sapo da série de televisão *The Muppets* (NT).

O egípcio Amr Shady também tinha uma ideia revestida de certeza interna, mas, antes de se dedicar ao seu sonho empreendedor, era preciso superar o medo de decepcionar seu pai. Criado no Cairo, Amr destacou-se como estudante de matemática e de física. Ingressou na universidade aos quinze anos e, assim que se formou, passou a ocupar um cargo seguro na empresa de engenharia elétrica que pertencia a seu pai e que contava com filiais em todo o Oriente Médio. Quando tinha 21 anos, comandava a operação da empresa no Egito, mas não precisou de muito tempo para se sentir entediado. Amr se deu conta de que não queria assumir a organização de sua família, mas sim que tinha o sonho de montar um empreendimento próprio. Precisou de vários anos para reunir a coragem necessária para enfrentar o pai.

"Eu não queria decepcioná-lo", contou Amr. "Todos esperavam que eu o ajudasse e eu queria fazer as coisas por conta própria. Enfrentar meu pai era a maior dificuldade que precisava superar."

Mas o pai de Amr o surpreendeu ao concordar com a iniciativa do filho. "Fiquei feliz ao ver que tinha espírito empreendedor", confessou. Amr abriu uma empresa de telecomunicações que fornecia aplicativos e outros serviços para telefones móveis. Em 2010, tornou-se um empreendedor apoiado pela Endeavor.

Segundo Amr, a maior lição dessa experiência envolve a importância de enfrentar os próprios demônios. "Quando comecei", explicou, "achava que os maiores desafios para quem empreende estavam associados a aspectos como conseguir financiamento ou se adequar a exigências fiscais, jurídicas ou regulatórias. Descobri que essas questões não são as mais complicadas." Até mesmo as revoluções que atingiram a região pareceram relativamente menos árduas do que o maior de todos os desafios que Amr precisou superar.

O verdadeiro problema está no autodescrédito, acredita o jovem. Quando pedi para explicar melhor, Amr me lembrou do episódio da quebra do recorde de velocidade nas corridas. Até 1954, todos achavam que percorrer uma milha (1.609 metros) em quatro minutos era o limite físico do corpo humano, mas quando o estudante de medicina inglês, Roger Bannister, quebrou o recorde mundial, também rompeu uma barreira psicológica. No final de 1957, 16 outros corredores haviam repetido a façanha. "Muitos aspirantes a empreendedores cometem o erro pré-Bannister", explicou Amr. "Nós nos censuramos. Subavaliamos nosso potencial e por isso não pensamos grande. Eu mesmo ainda me culpo por isso."

Principal lição ensinada por Amr: não espere pela aprovação dos outros, em vez disso, olhe para dentro de você. Ou, como declarou o famoso jogador de golfe Bob Jones sobre o esporte, "trata-se de um jogo decidido em uma área de pouco mais de 12 centímetros: a distância que separa um ouvido do outro".

— *O que eu tenho de ser* —

Uso como exemplo esse tipo de "teste psicológico" porque também enfrentei algo parecido. Fui criada em uma família tradicional, nos arredores de Boston. Meus pais se conheceram e começaram a namorar em um baile quando estavam no ensino médio, em Rhode Island. Tinham 14 e 17 anos. Meu pai se tornou advogado e minha mãe, dona de casa. Durante toda minha infância, meus pais sempre foram muito afetuosos, preocupados com nossa educação e quase geneticamente contrários a qualquer risco. As apostas eram para os outros, pois valorizavam, acima de tudo, a estabilidade e a segurança.

Parte desse medo diante dos riscos chegou até mim. Fui estudar em Harvard e optei pelo caminho da segurança, escolhendo cursar uma faculdade de direito. Mas, assim que ingressei na Yale Law School, logo descobri que não queria ser advogada. Tive dificuldades para admitir isso, pois tinha passado toda minha vida apostando no que parecia seguro e tentando agradar aos outros. Agora eu queria descobrir quem eu era e o que queria fazer no futuro.

Desde a infância, trocava cartas com uma amiga que morava no Uruguai e, em um ímpeto, decidi visitá-la. Meus pais disseram, "É só uma fase". (Mas também se asseguraram de que, antes de viajar, eu prestasse o *bar exam**.) Não demorou muito até que me mudasse para Buenos Aires e começasse a dançar tango e a torcer para times de futebol da capital argentina. Para pagar minhas contas, trabalhava em uma faculdade de direito. Mas continuava atenta ao que acontecia em meu país e começava a me encantar com um novo tipo de celebridade que surgia na época: os CEOs das startups.

Era a época áurea de Bill Gates, Michael Dell e Howard Schultz, logo depois que a bombástica oferta inicial de ações (IPOs) de empresas como Netscape e Yahoo animou empreendedores do Vale do Silício a sair correndo para fundar "a última grande novidade". No mesmo período, dois jovens formados em ciência da computação, Sergey Brin e Larry Page, começavam a testar uma ideia que revolucionaria as pesquisas na internet; Steven Spielberg, Jeffrey Katzenberg e David Geffen abalavam o universo dos estúdios ao fundar a DreamWorks; Vera Wang saía das asas de seu mentor, Ralph Lauren, para revolucionar os modelos dos vestidos de noiva; Pierre Omidyar conseguiu leiloar uma caneta laser quebrada em um novo site de e-commerce que ficaria conhecido como eBay; Steve Jobs protagonizou seu dramático retorno à Apple e um refugiado de Wall Street chamado Jeff Bezos percorreu os Estados Unidos de um lado a outro rumo a Seattle e, durante o trajeto, aperfeiçoou um projeto de venda de livros on-line.

Tornei-me uma entusiasta do empreendedorismo, que parecia se encaixar no clima de rebeldia e individualismo que estava vivendo. Era a oportunidade de recriar o mundo à minha imagem – e ainda parecia algo ousado.

Em pouco tempo, revelei meu interesse recém-descoberto para meus amigos igualmente recentes. Muitos ficaram intrigados. "Como assim, montar uma empresa?". Uma vez, contei a um grupo de estudantes brasileiros a lendária história de como Steve Jobs e Steve Wozniak montaram o primeiro computador da Apple na garagem da família Jobs.

---

*Correspondente ao exame da Ordem dos Advogados do Brasil (NT).

"É uma história bacana", falou um dos presentes, "mas o que isso tem a ver com minha vida? Ninguém vai me dar dinheiro para colocar minha ideia em prática e sequer tenho uma garagem!".

Então, em um dia em que estava atrasada para uma reunião em Buenos Aires, peguei um táxi e comecei a conversar com o motorista. Ele contou que era formado em engenharia, mas não tinha conseguido encontrar emprego na área. "Os únicos lugares que contratavam eram as burocráticas empresas governamentais e as organizações da velha guarda", disse. Nenhuma delas com espaço para alguém com as habilidades dele.

Eu falei para o motorista: "Me desculpe, mas não seria melhor você tentar ser um...". Fiz uma pausa, pois não sabia como falar em espanhol o que estava tentando dizer. "Um *entrepreneur*?", perguntei em inglês.

"Um o quê?", perguntou ele.

"Um *entrepreneur*", repeti. "Você sabe, uma pessoa que monta uma empresa."

"Ah, você quer dizer um *empresario*", ele disse com desdém, referindo-se à palavra em espanhol que designa o dono de uma grande corporação e, em espanhol, está mais associada aos conchavos e à busca obsessiva de lucros do que à inovação e ao crescimento.

"Não, não é *empresario*. Acho que essa palavra não existe na nossa língua."

"Bem, isso explica tudo", pensei. Não era de se admirar que eu não tivesse visto nenhum empreendedor ousado e de crescimento veloz na América Latina. Naqueles países não só faltava o capital inicial como sequer tinham uma palavra para designar quem empreende!

De repente, tive uma ideia: e se existisse uma organização para ajudar empreendedores de todo o mundo a começar ou ampliar seus negócios? Se aproveitássemos o poder dos sonhadores individuais e das empresas de crescimento rápido para transformar as economias locais? E que tal criar um movimento mundial pautado pela inovação?

Voltei para os Estados Unidos e comecei a aprimorar minha ideia. Primeiro, fui conversar com meu gestor em meu emprego novo na Ashoka, organização pioneira no trabalho com empreendedores sociais.

Sugeri que, além de apoiar inovadores sem fins lucrativos (os empreendedores-golfinho, segundo minha terminologia), a instituição também prestasse suporte aos que tinham objetivo de lucro, os empreendedores-gazela. Ele me disse que naquele momento não havia espaço para isso. Em seguida, apresentei, sem sucesso, a ideia a amigos que trabalhavam com desenvolvimento internacional em Wall Street e no Vale do Silício.

Estava começando a aprender uma lição importante sobre como iniciar qualquer coisa nova: ser mal-interpretado faz parte do processo. Se pensar de maneira contrária à tendência predominante constitui o primeiro passo para se tornar um empreendedor, então você não pode esperar que os outros, em especial as pessoas que preferem caminhos mais tradicionais, adotem sua ideia de cara. Muitas vezes, o melhor que você pode almejar é encontrar outro maluco entusiasmado com a mesma coisa.

No meu caso, essa pessoa foi um empreendedor norte-americano de 27 anos chamado Peter Kellner. O pai de Peter é um imigrante húngaro, e a mãe nasceu nos arredores de Detroit. Na época cursando MBA e *juris doctor*, Peter já havia aberto empresas na Rússia e no Leste Europeu. Quando nos conhecemos, tinha acabado de voltar da China, onde também concebeu a ideia de apoiar empreendedores com potencial de alto crescimento. Decidimos nos unir.

Em nosso primeiro encontro, nos acomodamos na mesa da cozinha da casa de meus pais, em Boston e, da forma mais clichê possível, rascunhamos, em um guardanapo, nosso projeto para montar uma organização. Sim, isso mesmo: um guardanapo. Escolhemos o nome da organização inspirados em uma citação de Henry David Thoreau lembrada por Peter: "Não conheço nada mais estimulante do que a inquestionável capacidade dos homens de elevar sua vida por meio do esforço consciente." (Gostei da palavra "esforço" e resolvi ignorar o leve toque machista.)

Meus pais estavam escutando tudo da sala e não gostaram nem um pouco.

Minha mãe interrompeu. "Linda", falou, "você não está pensando em abandonar seu trabalho por causa disso, não é?". Quando respondi que estava, ela se voltou para meu pai com um olhar que dizia: "Alan, você precisa convencer nossa filha a desistir disso!".

Mas meu pai falou calmamente: "Você sabe que nós não a mandamos para a faculdade e depois para a pós-graduação só para se aposentar mais cedo, né?". Ele estava me lembrando de que não tinha dinheiro guardado e que precisava construir minha independência financeira. Relembrou ainda a promessa que havia feito ao terminar a faculdade de direito, de que tiraria um tempo para desacelerar um pouco, mas que depois sairia em busca de um emprego convencional. Se não estava interessada em advogar, por que não procurar uma empresa de consultoria?

Ao perceber que a abordagem do meu pai não estava funcionando, minha mãe tentou uma estratégia diferente. "Você sabe que o tempo passa para todo mundo", alertou ela. Eu estava com 28 anos e, nessa idade, minha mãe já tinha dado à luz a mim e a meu irmão e estava prestes a engravidar da minha irmã. A mensagem dela era: eu precisava me preocupar mais com meu relógio biológico do que em dar asas aos meus sonhos. Minha mãe continuou. "E, se você pretende se casar um dia, precisa parar com esse negócio de ficar indo para lá e para cá."

Lá estava eu, presa entre o que meus pais haviam projetado e o que queria para mim. Era um embate muito parecido com o que Amr Shady havia vivido quando conversou com seu pai, à situação que Mary Jo e Suzanne enfrentaram quando começaram a conversar com outras mães no playground e ao que Wences sentiu ao observar suas irmãs dormindo no outro canto da sala. A mesma situação enfrentada em algum momento por quase todos os empreendedores que já conheci: aquele momento em que nos vemos divididos entre fazer o que é seguro e as pessoas esperam de nós ou apostar no que é incerto e desconhecido. Trata-se da encruzilhada que separa o medo da esperança.

Eu escolhi a esperança. "Não posso voltar atrás", expliquei para minha mãe, em prantos. "Estou pensando nisso há muito tempo. É isso o que preciso fazer, o que devo fazer."

Enquanto minha mãe parecia atordoada, meu pai ficou sem palavras. Na mesma hora, Peter saiu em minha defesa. "Debbie", falou ele, "entendo que Linda precise ter alguma estabilidade. Combinamos que ela vai se mudar para Nova York para montar nossas operações e tentar levantar os recursos". Em seguida, ele se virou para meu pai. "E decidi me afastar da universidade por um semestre e mudar para a América Latina. Vamos dividir os riscos." Meus pais concordaram em silêncio, mas até hoje acredito que acharam que aquele sonho não daria certo e que logo voltaria para me candidatar a um trabalho "de verdade".

Nos anos seguintes, em diversas ocasiões me lembrei daquela cena na cozinha da casa dos meus pais. De muitas maneiras, minha paixão em ajudar os empreendedores vem do meu desejo de auxiliá-los na superação de pontos de inflexão semelhantes em suas vidas: quando poucas pessoas de fora acreditam no projeto; quando o sentimento predominante é de ansiedade e solidão; e quando se veem prestes a descobrir o que querem ser.

Quando isso acontece, o personagem que melhor representa esse momento é Caco. Na abertura de *Muppets, o filme* (1979), o sapo canta um hino que fala sobre se tornar algo mais do que aquilo que você é. "Por que há tantas canções sobre arco-íris?", pergunta. A imagem do arco-íris está associada a visões, ilusões e sonhos, a ouvir vozes e pessoas chamando seu nome. A "conexão arco-íris" é o que você sente quando finalmente descobre o que você deve ser.

Para mim, chegar ao primeiro dia é finalmente abraçar o que você deve ser.

— *Ar para a combustão da loucura* —

Thomas Edison só podia ser chamado de teimoso. Embora mais tarde ficasse conhecido como o "feiticeiro de Menlo Park", no final da década de 1870 era considerado o "tolo de Nova Jersey". Depois de inventar o telégrafo, Edison voltou sua atenção para um dos objetivos mais incertos da ciência moderna: desenvolver a lâmpada elétrica incandescente. Um de seus críticos chamou a iniciativa de "bobagem da grossa", e outro sentenciou: será "um fracasso completo, merecido e vergonhoso".

Um obstáculo importante que Edison e outros inventores enfrentaram estava no fato de a eletricidade ser considerada extremamente perigosa – *ignis fatuus*, "fogo-fátuo" ou "fogo tolo". Especialistas em saúde advertiram que a exposição excessiva à luz poderia causar doenças oculares, colapsos nervosos e, pior de tudo, sardas na pele! Até seus defensores admitiam que a luz derivada da eletricidade conferia ao interior das casas uma aparência pálida, deixava os alimentos com aspecto desinteressante e ressaltava as rugas no rosto das mulheres.

Em 1879, Edison abriu as portas da sua oficina em Menlo Park para apresentar o protótipo de sua lâmpada elétrica incandescente – o pequeno "globo de luz solar" que prometia um brilho mais suave. Os céticos continuaram impassíveis: chamaram Edison de vigarista e o desafiaram a provar que a lâmpada do inventor poderia iluminar um ambiente maior.

Isso não demorou a acontecer, mas não pelas mãos de Edison. Em uma noite fria de dezembro de 1880, um inventor chamado Charles Brush juntou 23 lâmpadas de arco voltaico em postes de 15 metros de altura distribuídos ao longo de uma pequena extensão da Broadway, entre a Union e a Madison Square, em Nova York. Hoje, a sede da Endeavor fica nesse trecho. A filha do secretário municipal das finanças foi escolhida para ligar o sistema, mas não aceitou o convite por medo de ser eletrocutada. Quando as lâmpadas finalmente acenderam, encheram o ar com um brilho intenso e sombras absolutas. Um repórter do *New York Times* descreveu a cena: "O grande traçado branco das lojas com fachada de mármore, a desordem dos fios entre os postes e a multidão de veículos em movimento, tudo chegou com tanta precisão e exatidão que pouco ficou a desejar". (Essa cena rendeu à Broadway o apelido vigente até hoje de "Great White Way".)

A chegada da luz elétrica em locais públicos encontrou a receptividade atribuída a uma praga. Para se proteger, os pedestres usavam guarda-chuvas e as pessoas reclamavam de sua aparência fantasmagórica.

Apesar dos pessimistas, Edison conseguiu. Bush também obteve êxito mas, ao contrário de Edison – um empreendedor-gazela que empregou centenas de engenheiros e sonhava em montar uma grande empresa –,

Bush era do tipo borboleta e preferia passar as noites sozinho, pesquisando em seu laboratório de um homem só. Edison seria a pessoa que conseguiria neutralizar os críticos e transformar a lâmpada em um item doméstico. E o que era mais importante: patenteou o invento e fundou a Edison Electric Light Company, financiada pelo J. P. Morgan e pela família Vanderbilt.

O que tanto Edison como Bush demonstraram foi a importância de se manter fiel às próprias convicções, consciente do que deseja obter com a iniciativa como empreendedor e resistente o suficiente para lidar com as críticas às suas escolhas.

Segundo minha experiência, quase todos os empreendedores, em um momento ou outro, foram acusados de ter perdido o juízo. E não é possível balançar o barco sem ser acusado de insanidade. Vejamos apenas alguns exemplos:

Empreendedor-gazela
- Aos 44 anos, quando Sam Walton teve a ideia de abrir uma loja de produtos a preços baixos, seu irmão desmereceu a iniciativa, definida como "mais uma das ideias malucas do Sam Walton". O próprio fundador do Wal-Mart chegou a declarar que todas as pessoas que conhecia "realmente achavam que tinha enlouquecido".

Empreendedor-gambá
- Em 1999, quatro colaboradores da Microsoft se reuniram ao redor de um pote de jujubas para desenvolver uma console de game capaz de competir com o PlayStation, da Sony. Deram ao invento o nome de Xbox, mas os colegas céticos preferiram o apelido de "*coffin box*", ou "caixa caixão". Até mesmo os parceiros da Intel duvidaram: "a ideia de que aquilo iria render alguns bilhões de dólares nos fez cair na risada", revelou um executivo. Mas o "clube da jujuba" continuou em atividade e em busca de aliados, até conseguir a adesão mais poderosa possível: a aprovação de Bill Gates. O Xbox se transformou na maior "startup interna" da Microsoft.

Empreendedor-golfinho
- Quando Raymond Damadian, um professor nova-iorquino pouco conhecido, sugeriu que era possível detectar tumores malignos no corpo humano com o uso da ressonância magnética nuclear, seus colegas do mundo acadêmico o chamaram de maluco, charlatão e lunático. Para piorar, negaram a Damadian o direito ao exercício do cargo. "Trata-se de uma teoria totalmente descabida", condenou um colega. Implacável, Damadian entrou com o pedido de patentes e levantou dinheiro suficiente para construir o aparelho. Em 1977, o pesquisador realizou o primeiro exame de escaneamento por ressonância magnética de corpo inteiro.

Empreendedor-borboleta
- Aos 22 anos, Jeffrey Braverman ganhava fortunas em Wall Street. Em 2002, abandonou o emprego para ajudar a administrar a empresa familiar fundada pelo seu avô. A Newark Nut Company, que no passado havia chegado a reunir 30 colaboradores, agora mal empregava duas pessoas. "Tanto meu pai como meu tio acharam que tinha enlouquecido", contou Jeffrey. O jovem transferiu a atividade para a atuação on-line e lançou a Nuts.com. Em menos de uma década, a empresa empregava 80 pessoas e gerava uma receita anual estimada em mais de US$ 20 milhões.

Por que tantos empreendedores, de setores tão diversos, em algum momento são chamados de "malucos"?

A resposta mais simples é: porque ver as coisas de maneira não convencional pode parecer ameaçador, tanto para aqueles que se beneficiam do status quo como para os que estão fora do *establishment* e que poderiam ter tido a mesma ideia e dado os mesmos passos... Nicolau Maquiavel abordou a questão no livro *O Príncipe*: "Nada é mais difícil de executar, mais duvidoso de ter êxito ou mais perigoso de lidar do que dar início a uma nova ordem nas coisas". O pensador italiano explicou sua teoria: quem começa uma reforma encontra inimigos ferozes em todos os que lucram com a ordem estabelecida e adeptos pouco confiáveis entre os que podem lucrar com a nova proposta.

Então, sabendo que você vai ser criticado por sua ideia descabida, qual é a melhor resposta? Aproprie-se de seu projeto.

Aprendi isso em um dos momentos cruciais de minha carreira. Poucos meses depois do confronto com meus pais, recebi um telefonema de Peter, que estava morando na América do Sul em busca de empreendedores, enquanto eu estava em Nova York, à procura de financiadores (e sim, mamãe, de um marido também).

"Linda, pode arrumar as malas", avisou Peter. "Consegui agendar uma reunião com um magnata do mercado imobiliário aqui na Argentina. O nome dele é Eduardo Elsztain". Segundo um relato famoso, em 1990, depois de abandonar a faculdade, Eduardo conseguiu uma reunião no escritório de George Soros e apresentou sua teoria (improvável) de que seu país natal estava emergindo de décadas de crise e iria se transformar em um local repleto de oportunidades. Eduardo saiu do encontro com um crédito de US$ 10 milhões, que transformou no maior império imobiliário da Argentina.

O investidor reservou dez minutos para nossa conversa. Depois de transcorrido metade do tempo, ele consultou o relógio e disse que faria o possível para conseguir um encontro para mim com George Soros. "Muito obrigada", falei, "mas não vim em busca de uma reunião com o senhor Soros". Intrigado, ele fez um gesto para eu me explicar melhor. "Olha, Eduardo, você é um empreendedor, assim como eu. A Endeavor tem a ver com prestar apoio a quem empreende. O que quero é seu tempo, seu entusiasmo e US$ 200 mil."

Estávamos falando inglês, mas, depois do meu pedido tão direto, o investidor olhou para Oscar, seu braço direito, e comentou em espanhol: "*Esta chica está loca!*". Continuou, dizendo a Oscar que aquele encontro comigo era como um filme de terror de má qualidade, no qual, a princípio, a protagonista parece encantadora, mas depois, quando você entra no chuveiro, ela o ataca com uma faca.

Só que essa personagem do "filme de terror de má qualidade" falava espanhol. Quando ele terminou, sorri e falei: "Eduardo, *estoy muy decepcionada*. Não esperava ouvir isso do homem que entrou no escritório de um bilionário e saiu com um crédito de US$ 10 milhões. Você tem sorte por eu ter pedido apenas US$ 200 mil!". Boquiaberto, voltou-se para mim, olhou para Oscar e pegou o talão de cheques. Eduardo me entregou a soma de US$ 200 mil na hora e, além da doação, concordou em assumir o cargo de presidente-fundador da Endeavor Argentina.

Essa experiência resultou em um dos meus princípios orientadores do empreendedorismo: ser chamado de louco é um elogio!

Também proponho o seguinte raciocínio: se você não for chamado de louco quando propuser algo novo, talvez não esteja pensando com ambição suficiente.

A questão é: já que você será apontado como maluco, sempre que ameaçar o status quo, uma saída possível é aceitar o "elogio" como um motivo de orgulho. Foi o que fiz e por muitos anos as pessoas se referiram a mim, na América Latina, como *la chica loca*, um apelido que mais tarde chegaria ao Oriente Médio. Em vez de me ofender, adotei a definição como uma espécie de distintivo que me causava orgulho.

Se você pensar em propor alguma mudança, saiba que encontrará resistência. Não se surpreenda, não se chateie e não desista – apenas siga em frente.

Alimente a chama da loucura.

— Menos planejamento e mais ação —

Em 2013, fui entrevistada no programa de televisão *Today*, em um painel que discutia mecanismos para ajudar as pessoas a iniciarem seus negócios. Também participou da entrevista uma empreendedora da internet, dona de um MBA, que explicou que, antes de montar a empresa, tinha escrito um plano de negócios de 75 páginas. Recomendou que os telespectadores fizessem o mesmo. Quase caí da cadeira. "Acho que, sobre esse aspecto, podemos concordar em discordar", falei.

Espere um pouco! Todo mundo sabe que a única coisa que você precisa para colocar uma ideia em prática é de um planejamento detalhado de cada etapa. Todo mundo concorda que, depois de ter uma ideia maluca, é preciso transferi-la para o papel para chegar a uma configuração mais real. É preciso acrescentar números, termos do jargão específico, estimativas e gráficos. E também é crucial criar um material em PowerPoint para impressionar seus gestores, amigos e até a namorada. Você precisa de um plano de negócios.

Bom, para começar, "todo mundo" não é o sujeito certo. Existe outra maneira de abordar essa fase do empreendedorismo. Pare de planejar e coloque as mãos na massa.

Vinny Lingham cresceu na província do Cabo Oriental, na África do Sul, na época do regime de apartheid, e foi criado em uma área restrita para indianos. Ele se lembra de assistir ao filme *Wall Street* ainda criança e de pensar que "queria ser alguém na vida". Desenvolveu uma paixão pela atividade de "fazer as coisas acontecerem" – de vender adesivos na época de escola a promover bandas de rock na faculdade. Em 2003, abandonou o primeiro emprego em uma organização, vendeu sua casa e convenceu sua noiva e dois amigos a se juntarem a ele na fundação de uma empresa de marketing na internet. Finalmente, iria levar a existência "por conta própria" com a qual tanto havia sonhado.

Mas Vinny não estava contente. Tinha identificado um novo problema: muitas empresas de pequeno porte não dispunham do capital ou de *know-how* para criar sites e por isso ele se afastou da própria startup e deu início a outra. Pouco tempo depois, o Google escolheu a Yola, a nova empresa fundada por Lingham, para uma grande iniciativa e a HP se ofereceu para pré-instalar seu produto nos computadores da startup de Vinny. Em 2009, a *Businessweek* apontou a Yola como uma das "cinquenta startups que todo mundo deveria conhecer". Alguns anos depois, o empreendedor lançou mais uma empresa, a Gyft, central de cartões de presente válidos para compras na internet, que contou com o suporte da Google Ventures.

Vinny, um exemplo de empreendedor-gazela obstinado, não demorou para se tornar um dos destaques do Vale do Silício. Ao longo do caminho, formou opiniões fortes sobre a maioria dos empreendedores que conheceu: são pessoas que pensam demais, fazem planejamentos demais, analisam demais. Uma vez, atuei como moderadora em um painel que reunia Vinny, Leila e outros empreendedores ao lado de diversos profissionais do mundo das finanças. "Vocês pensam demais", garantiu Vinny à plateia. "Gastam muito tempo falando sobre as ideias, discutindo teorias e escrevendo planos de negócios e dedicam bem menos tempo a testar o que imaginaram." E acrescentou: "Quando vocês terminarem de aperfeiçoar seu projeto no papel, caras como eu já terão atraído um monte de clientes de carne e osso para nossos negócios".

Vinny não está sozinho. As pesquisas que fizemos com quase mil empreendedores da Endeavor revelaram que dois terços deles não elaboraram planos de negócio formais quando começaram seus empreendimentos, mais de 80% lançaram seu projeto em menos de seis meses e quase metade deles alterou o modelo de negócio pelo menos uma vez. Quando montou sua startup, Wences não tinha um plano de negócios, e Leila também não.

Nossos empreendedores do tipo gazela estão em boa companhia. Um levantamento feito com os fundadores da Inc. 500, em 2002, apontou que apenas 12% deles haviam feito uma pesquisa de mercado consistente antes de lançar seus empreendimentos e que apenas 40% haviam se dedicado a elaborar um plano de negócios formal. Daqueles que elaboraram o documento, dois terços reconheceram que as diretrizes iniciais foram abandonadas rapidamente. Os fundadores da Microsoft, da Pixar e do Starbucks não seguiram qualquer plano de negócios, e o business plan da Intel não reunia mais do que 161 palavras, das quais boa parte, inclusive a conjunção "e", estava grafada de forma incorreta.

Os empreendedores-gambá que atuam em empresas também podem apostar nessa abordagem "menos planejamento e mais ação". Quando perguntei a Mary Jo Cook, da Clorox, que conselho daria aos profissionais das grandes organizações que gostariam de agir de forma mais empreendedora, respondeu: "Em vez de ficar um tempão analisando e tentando projetar o cenário perfeito em um mundo imperfeito, confuso e em mudança constante, tente fazer alguma coisa na prática". O segredo do empreendedorismo, garante ela, está em "aprender fazendo". O aspecto valioso desse pensamento dentro das corporações é que, em vez de tentar impressionar seu gestor com uma bela apresentação em PowerPoint, você pode defender sua ideia com resultados concretos.

Vejamos o que aconteceu na Pfizer, uma das maiores empresas farmacêuticas do mundo e com mais de 90 mil colaboradores. Em 2005, Jordan Cohen, gestor de recursos humanos de nível médio, notou que um colaborador que pouco tempo antes havia se tornado pai ficava trabalhando até tarde para criar planilhas e fazer pesquisas on-line. Cohen não considerou que esse fosse um uso adequado do tempo e se perguntou se os profissionais não poderiam terceirizar as tarefas repetitivas para a Índia.

Em vez de conceber uma proposta elaborada, Cohen testou a ideia com alguns colaboradores da empresa e com recursos do orçamento limitado que administrava. Chamou a iniciativa de "Escritório do Futuro" e manteve a operação em segredo de seus superiores durante um ano inteiro, tempo usado para reunir resultados concretos, ganhar movimento próprio e angariar aliados. O primeiro teste falhou terrivelmente, pois os documentos voltavam cheios de erros de digitação e os dados muitas vezes estavam incorretos. Cohen descobriu que seus colegas não estavam sendo específicos o bastante ao orientar os assistentes terceirizados quanto às reais necessidades e passou vários meses dividindo os projetos em quatro tarefas executáveis: criação de documentos, atualização de planilhas, agendamento de reuniões e realização de pesquisas.

Nesse momento, o executivo recrutou um gerente sênior de um departamento diferente, que se ofereceu para comandar o programa e bancar os custos com seu orçamento, o que conferia a Cohen tanto recursos como cumplicidade. A cúpula da Pfizer continuava sem saber de nada. Quando as notícias sobre a iniciativa começaram a se espalhar, duas centenas de colaboradores aderiram ao programa. Armado com valiosos dados que demostravam o total de horas de trabalho economizadas, Cohen e seu parceiro finalmente apresentaram o projeto aos principais executivos, que aprovaram a criação de um programa que contemplasse toda a empresa. Hoje, os chamados "pfizerWorks" atendem dez mil gestores, entre eles, o presidente e o CEO da organização. Segundo as pesquisas internas, os colaboradores apontam o programa como o serviço mais apreciado na empresa, ainda que cada departamento tenha de bancar os cursos com seus budgets específicos.

Empreendedores do tipo borboleta muitas vezes implementam suas ideias sem contar com plano algum. Identificam algo que precisa ser reordenado e se incumbem da tarefa. No caso deles, nem sempre é uma escolha, porque muitos sequer percebem que estão começando alguma coisa nova – como foi o caso de Margaret Rudkin.

A mais velha dos cinco filhos de uma família irlandesa-americana, Rudkin (seu nome de solteira era Fogarty) nasceu em 1897, em Nova York. Com a fama de ser uma ruiva esquentada, foi a oradora de sua turma na cerimônia de formatura do ensino médio, antes de começar a trabalhar em uma corretora de Wall Street, onde conheceu seu futuro marido. O casal teve três filhos e se mudou para uma adorável propriedade em Fairfield, Connecticut. Isso aconteceu em 1929 e, quando eclodiu a crise do mercado de ações, a família foi seriamente atingida. Para pagar as contas, tiveram de vender maçãs e os porcos da criação. Mas o maior problema enfrentado por Rudkin foram as graves alergias e a asma que atingiam seu filho caçula, Mark, impossibilitado de comer alimentos industrializados.

Quando um médico prescreveu para o garoto uma dieta exclusiva de alimentos naturais, Rudkin decidiu preparar para o filho alguns pães de trigo integral assados na pedra. "O primeiro que assei merecia ser enviado para a Smithsonian Institution como uma amostra de pão consumido na Idade da Pedra", explicou Rudkin. "Ficou duro como uma rocha, com pouco mais de dois centímetros de altura". Depois de algumas tentativas, ela finalmente conseguiu produzir um pão comestível. Mark adorou – assim como o médico, que começou a "receitar" o alimento para outros pacientes. Rudkin foi até a mercearia mais próxima e perguntou se tinham interesse em vender o produto. "De jeito nenhum", respondeu o dono do estabelecimento. Rudkin não tinha experiência em panificação e ainda por cima queria comercializar cada unidade a US$ 0,25 (o preço médio do pão na época era US$ 0,10).

Então, Margaret cortou uma fatia. O dono da mercearia provou e comprou todas as unidades na hora. Alguns dias depois, telefonou para a casa de Rudkin e encomendou mais um lote. A empreendedora deu à criação o nome de sua adorada casa em Connecticut, Pepperidge Farm, inspirado em uma antiga árvore que havia na propriedade.

"Embora não entendesse nada de marketing, preços, nem de produção em série, aquele telefonema marcou o nascimento do pão da Pepperidge Farm", conta ela.

Margaret Rudkin tinha se tornado uma empreendedora sem querer. Tudo o que tinha era um motivo, uma cozinha e uma receita, além de um marido disposto a levar os pães para vender na Grand Central Station. Em poucos anos, tinha transferido a operação para a garagem da casa. Depois que a revista *Reader's Digest* elogiou o pão em 1939, a demanda explodiu. Como observou um repórter, "em resposta a essa demanda crescente, Margaret Rudkin afastou seus cabelos ruivos de sua testa suave e confessou que sempre soube que o povo norte-americano queria consumir pão caseiro – mas todos tinham de pedir ao mesmo tempo?".

Muitos empreendedores do tipo borboleta começaram dessa maneira, muitas vezes depois que alguém perdeu o emprego ou quando os filhos cresceram e não precisaram mais dos cuidados dos pais em tempo integral. Eles não redigem planos de negócios porque não sabem como fazê-lo ou por não ter recursos – e não saberiam o que fazer com o documento, se elaborassem um.

Ainda em dúvidas sobre a necessidade de um plano de negócios? Bill Sahlman, professor e guru de finanças para empreendedores na Harvard Business School, escreveu um material para a *Harvard Business Review* chamado "Como escrever um excelente plano de negócios". E apresentou uma conclusão surpreendente: "Em minha experiência com centenas de startups, em uma escala de um a dez, a importância de um business plan para o sucesso de um novo empreendimento não passa de dois. Às vezes", explica o especialista, "quanto mais elaborado for o documento, maior é a probabilidade de que a iniciativa, bem, fracasse".

A explicação de Bill: a maioria dos planos de negócios consome tempo demais com a procura de números enfeitados e linguajar artificial e acaba não percebendo que as empresas inteligentes se adaptam e mudam. As iniciativas em processo inicial guardam pouca semelhança com aquilo que acabam se transformando depois de um tempo. Bill chegou a elaborar um útil glossário para "traduzir" o que a linguagem adotada nos planos de negócios realmente significa.

O que eles dizem:	O que realmente querem dizer:
Após um cálculo conservador, estimamos que....	Lemos um livro que afirmava que temos de nos tornar uma empresa de US$ 50 milhões em cinco anos e fizemos uma "engenharia reversa" com os números.
O projeto está 98% pronto.	Para completar os 2% que faltam, vamos levar o dobro do tempo utilizado para chegar aos 98% prontos, com um custo inicial duas vezes maior.
O mercado consumidor espera ansioso por um produto como o nosso.	Ainda não pedimos para os clientes pagarem pelo produto.

Quero deixar claro que não estou dizendo que os planos de negócio são, em si, ruins (também não foi isso o que Bill Sahlman afirmou). Vinny, por exemplo, finalmente acabou redigindo um plano para seus vários empreendimentos quando chegou a hora de sair em busca de recursos junto às *venture companies* (na verdade, contratou um MBA para fazer isso por ele). Em última instância, Jordan Cohen também elaborou uma proposta para estender sua iniciativa de terceirização para toda a Pfizer. O que importa é o momento em que o plano é desenvolvido: se fizer isso cedo demais, o empreendedor corre o risco de sufocar seu ímpeto e enterrar o entusiasmo sob uma enxurrada de dúvidas e números consolidados.

Em vez disso, a lição dessa fase inicial da transformação em um empreendedor é que as coisas mais importantes que você pode fazer estão associadas à postura mental. (1) Em primeiro lugar, dê-se o direito de andar na "contramão", contrariar as convenções, seguir o caminho considerado menos seguro e olhar para um lado enquanto todo mundo olha para o outro. (2) Em seguida, comece a agir para fazer as coisas acontecerem. Permita-se experimentar, tentar – ou, como diria Wences, ser um "fazedor".

Mantenha-se em movimento rumo a seu "primeiro dia".

Mas lembre-se: você vai ser chamado de maluco por ter um grande sonho, por fazer uma opção que pode custar o sacrifício de sua carreira, por entrar em uma empreitada sem saber exatamente aonde está indo. Esse é um "efeito colateral" inegável da condição de um empreendedor. Não existe recompensa sem risco.

Porém, se pudesse destacar um aspecto, lembraria que os empreendedores mais inteligentes não correm riscos desmedidos, apenas riscos inteligentes. Nunca arriscam tudo; apenas o suficiente para avançar – e depois "cobrem" esses riscos a cada novo passo do caminho.

E é esse delicado equilíbrio que pretendo abordar no próximo capítulo.

CAPÍTULO 2

Os mitos sobre riscos

Sara Blakely se considerava um fracasso. Ela tentou atuar como comediante stand-up, mas não conseguiu. Decidiu cursar a faculdade de direito, mas não foi aprovada no exame de seleção para a universidade. Foi trabalhar nos parques de diversão da Disney World, mas abandonou o emprego após três meses. Depois de tudo isso, conseguiu uma colocação como vendedora de aparelhos de fax.

Um dia, incomodada com o calor e a umidade da Flórida, Sara quis uma meia-calça para usar com sandálias e embaixo de calças brancas (sem marcar o corpo) e decidiu cortar a parte correspondente aos pés de uma meia-calça convencional. A nova peça não ficava no lugar, o que desagradou Sara. "Eu precisava de uma peça íntima que não existia", declarou. A jovem começou a pesquisar tecidos à noite e finalmente projetou uma peça do seu agrado. Chegou até a estudar para conhecer a lei norte-americana de propriedade intelectual sem gastar dinheiro. O investimento total feito por ela: US$ 5 mil. Sara criou para seus produtos a marca Spanks.

"Sabia que Kodak e Coca-Cola eram as marcas mais conhecidas", falou, "e os dois nomes têm o som 'k'". Como aspirante a comediante, Sara também sabia que "K" é sinônimo de gargalhada. Na última hora, substituiu o "KS" pelo "X", depois de descobrir que palavras inventadas funcionam melhor como marcas e facilitam as coisas na hora da comercialização. "A palavra Spanx é ousada, divertida, extremamente cativante e, por alguns instantes, faz nossa mente divagar, não faz?". O slogan da Spanx é "Não se preocupe, nós mantemos seu bumbum coberto".

Gosto muito dessa história por vários motivos: é um relato engraçado, marcante e inspirador. Em 2012, aos 41 anos, Sara se tornou a *self-made woman* mais jovem a figurar na lista de bilionários da revista *Forbes*. (E, para falar a verdade, também gosto dos produtos que comercializa. Estou contente por ter algo que me deixa "com tudo no lugar"!) Mas, sobretudo, adoro o fato de que ela reúne várias das lições importantes que aprendi sobre como se tornar um empreendedor – ou seja, sobre como "fatiar" sonhos ousados e grandiosos em pequenas tarefas gerenciáveis.

É o que Sara fez depois de se comprometer com seu sonho que é tão ilustrativo. Embora não soubesse nada sobre o universo das lingeries, não mergulhou em uma análise profunda – em vez disso, entrou no carro e bateu de porta em porta na Carolina do Norte, tentando convencer os donos das fábricas a produzirem os itens de sua marca. Eles sempre faziam as mesmas três perguntas: "Quem é você?", "Qual empresa você está representando?" e "Quem apoia você?".

"Quando respondia 'Sara Blakely' para as três perguntas, a maioria deles me dispensava."

Porém, mesmo diante de tantas negativas, ela não desistiu. Sara seguiu em frente. Finalmente, um dos proprietários de fábrica que também havia se recusado a atendê-la um dia telefonou. "Decidi ajudar você com essa sua ideia maluca", falou. "E por quê?", quis saber Sara. "Porque tenho duas filhas", ele respondeu.

A experiência de Sara demonstra o segundo passo fundamental para se tornar um empreendedor: decidir o quanto está disposto a arriscar, desenvolver um protótipo, identificar o mercado-alvo e (meu favorito) sair em busca de apoiadores. Se o primeiro passo para se tornar um empreendedor envolve a atenção à atitude mental, essa etapa posterior está relacionada ao gerenciamento de risco. Especificamente, trata-se de "tornar os riscos menos arriscados".

Quando Sara teve a ideia de criar uma meia-calça modeladora que valorizasse as nádegas femininas, por exemplo, não abandonou seu emprego como vendedora de aparelhos de fax. Durante *dois anos*, comercializou equipamentos de escritório em todos os dias de semana, das nove às cinco, e à noite e nos finais de semana vendia meias-calças. Só pediu demissão quando se sentiu segura quanto às possibilidades de que seu empreendimento daria certo. De onde vinha essa confiança? A apresentadora de televisão norte-americana Oprah Winfrey tinha escolhido Spanx como um de seus "acessórios favoritos".

Enquanto a impressão mais disseminada sobre os empreendedores é a de que agem como caubóis imprudentes, a realidade é bem diferente. Basta uma avaliação mais cuidadosa para ver que o que empreendedores inteligentes realmente sabem é como viabilizar uma ideia gastando o mínimo, com exposição reduzida e responsabilidade limitada.

Mas como conseguir isso? Como diferenciar os riscos inteligentes dos totalmente desnecessários? As quatro estratégias apresentadas neste capítulo podem ajudar. Ao contrário do que dizem as publicações inspiradoras, a primeira etapa nem sempre é a mais árdua – mas esta segunda fase quase sempre é.

– *Não aposte sua fazenda* –

Uma das questões iniciais mais difíceis enfrentadas pelos empreendedores é: depois que você teve sua ideia e está convencido de que vai dar certo, até onde deve ir? O entendimento mais disseminado aponta para algo como "o céu é o limite": ou seja, vale vender a coleção de cartões de beisebol, hipotecar a casa, ampliar o limite dos cartões de crédito ao máximo e avançar naquelas economias guardadas para a aposentadoria.

Além de apostar a fazenda.

Ray Kroc, famoso fundador e CEO do McDonald's, identificou muito bem esse sentimento: "Se você não é do tipo que corre riscos, nem pense em abrir um negócio". Assim como grande parte do folclore que envolve o empreendedorismo (e o mundo das empresas em geral), esse mito apela para um tipo de bravata machista. Na verdade, a expressão "apostar a fazenda" se originou nas mesas de pôquer no Velho Oeste norte-americano, onde arriscar a propriedade em uma partida de pôquer aberto (com cinco cartas) era a prova de que o jogador tinha muita coragem.

Bem, garotos agem como garotos, mas empreendedores precisam agir com sabedoria. E basta conversar com um deles para saber que, quando o assunto é risco, as coisas são bem diferentes.

Ninguém duvida que o empresário britânico Richard Branson não tem nada de medroso. No entanto, como ele escreveu no livro *Perdendo minha virgindade*, "Se você precisar correr riscos, o segredo está em proteger o que pode dar errado". Quando foi homenageado em um de nossos eventos anuais da Endeavor, Branson contou como foi sua malfadada incursão no mercado de refrigerantes, com o lançamento da Virgin Cola. "Achei que a gente poderia superar a Coca-Cola" confessou. Segundo o relato do empresário, a Virgin Cola não foi um desastre, mas um "desastre contido". Foi o resultado de um risco empresarial calculado que não ameaçava a marca Virgin. A lição de Branson para quem quer empreender é: "Certifique-se de que um único erro não vai estragar tudo".

Muitos empreendedores com os quais trabalhei concordam com essa ideia. Rodrigo Jordan é um dos maiores viciados em aventura que conheço. Esse CEO nascido no Chile adora esportes radicais, incluindo alpinismo em superfícies rochosas ou cobertas de gelo. Em 1992, Jordan se tornou o primeiro sul-americano a escalar o Everest, façanha que repetiu em outras ocasiões. (Em 2012, ele me mandou uma mensagem com uma divertida foto que mostrava a bandeira da Endeavor no "topo do mundo".)

Rodrigo aproveitou suas técnicas de montanhismo para montar uma empresa de treinamento e liderança corporativos e, por isso, fiquei surpresa quando me revelou que "o senso comum está errado, pois os empreendedores não gostam de correr riscos. Odeio riscos. Estou sempre tentando evitá-los e minimizá-los. Um empreendedor nunca deve ser um irresponsável e arriscar tudo o que tem".

As pesquisas da Endeavor confirmam essa afirmação. Quando pedimos que os empreendedores ligados à organização avaliassem sua atitude em relação ao risco, a esmagadora maioria posicionou essa característica no meio da escala e não no extremo. Além disso, 95% dos consultados afirmaram que, quando abriram seus empreendimentos, não arriscaram a capacidade de prover alimento e abrigo para suas famílias. Mais de 80% tinham uma poupança ou outros recursos destinados para cobrir as despesas básicas por pelo menos um ano. Isso não quer dizer que fossem ricos (muitos viviam com o orçamento apertado quando deram início a seus negócios), mas está ligado à atitude de restringir a responsabilidade assumida de continuar a sustentar suas famílias, ao mesmo tempo em que perseguem seus sonhos malucos.

Ainda assim, sempre é preciso correr alguns riscos. Mas qual é a medida? Se não se trata de apostar a fazenda, qual é o limite a ser colocado na mesa?

Apenas o suficiente para entrar no jogo. Entre os empreendedores relacionados na Inc. 500 em 2012, 61% começaram suas iniciativas com apostas inferiores a US$ 10 mil. Para a maioria das startups, essa cifra é ainda mais modesta. No livro *A Startup Enxuta*, Eric Ries propõe investir apenas o suficiente para um produto em fase inicial – nada chique demais nem muito caro. O objetivo é criar o que ele chama de um produto minimamente viável. "Essa é uma verdade dura para muitos empreendedores", escreveu Ries. Muitas pessoas sonham em criar um protótipo revolucionário capaz de abalar o mundo ou de impressionar aquele primo engraçadinho quando a família se reúne na festa de Ação de Graças.

A abordagem mais inteligente é tomar medidas incrementais, obter feedback e fazer ajustes, processo definido por Ries como ciclo de "criar, medir e aprender". E qual o motivo? O mesmo pelo qual você não deve investir demais em um plano de negócios: em pouco tempo, seu protótipo estará superado. Como explicou Reid Hoffman, um dos fundadores do LinkedIn e membro do conselho da Endeavor, "se você não está envergonhado de seu produto inicial, então esperou tempo demais".

Uma das vantagens de não apostar a fazenda está em não comprometer uma soma elevada de dinheiro. Em 1999, um ex-vendedor de ingressos do time de beisebol San Diego Padres chamado Nick Swinmurn teve a provocativa ideia de que as pessoas talvez gostassem de comprar calçados em uma grande loja on-line. O apelo para isso era fácil de ser identificado: oferta imensa e disponível durante o ano todo. Além disso, na época a venda de sapatos por catálogo movimentava US$ 2 bilhões. Mas o lado negativo também estava bastante visível: eu, por exemplo, tenho pés com formato incomum e preciso experimentar vários pares antes de encontrar um sapato que fique confortável.

Swinmurn poderia ter passado anos estudando o mercado ou analisando os hábitos de compra dos consumidores, ou ainda investido na compra de um galpão e lotá-lo com caixas de sapatos do chão ao teto. Poderia ter contraído uma dívida só para descobrir que a disposição das pessoas para comprar sapatos pela internet era mais ou menos a mesma que demonstravam para comprar martinis. Em vez disso, Swinmurn preferiu fazer um teste. Um dia, entrou em uma loja de sapatos em Sunnyvale, na Califórnia, e perguntou se podia tirar fotos dos produtos e colocá-las na internet. Se alguém quisesse comprar um par, ele voltaria à loja e compraria o produto pelo preço cheio.

Obviamente não se tratava de um modelo de negócio viável, mas vejamos o que aconteceu: a experiência de Swinmurn não tinha sido projetada para ser um negócio, mas sim para testar uma ideia que poderia se transformar em um negócio. E deu certo, pois não demorou para ter certeza de que as pessoas queriam, sim, comprar sapatos on-line. E o que era ainda mais importante: o empreendedor pode reunir informações importantes sobre seus clientes – quem eram, quais os produtos apreciados, quantas amostras queriam experimentar antes de fazer uma compra etc. Em junho de 1999, Swinmurn lançou o site ShoeSite.com, depois rebatizado de Zappos.com.

Usar táticas de baixo risco para lançar *ventures* de alto risco é uma tática especialmente valiosa nas grandes corporações, nas quais uma falha pode bastar para potencialmente inviabilizar uma carreira. Dois empreendedores-gambá que trabalhavam na MTV entenderam isso. Em meados dos anos 1990, a internet estava começando e dois colaboradores de nível médio que trabalhavam na MTV Europe queriam encontrar uma maneira de incorporar em um programa e-mails e conteúdos gerados pelos usuários. Mas, em vez de se dirigir ao escritório do CEO da empresa para tentar obter a bênção para o projeto, de forma discreta, Henrik Werdelin e Eric Kearley começaram a desenvolver um piloto. Werdelin pegou emprestado o equipamento de técnicos com os quais saía depois do trabalho e Kearley usou dinheiro do próprio bolso para comprar uma câmera. Os dois montaram um protótipo de estúdio dentro de uma minúscula sala não utilizada, perto do escritório de Kearley, e conseguiram recrutar um conhecido apresentador da MTV recorrendo a apenas uma garrafa de uísque.

Ainda assim, um protótipo não era suficiente. Os dois "gambás" precisavam colocar o programa no ar ao vivo para provar que a estratégia funcionava. Mas como convencer seus superiores a ceder um pouco do valioso tempo de transmissão para aquela ideia concebida a quatro mãos? Resposta: não convenceram ninguém. Na verdade, orientaram alguns técnicos da sala de controle a levar ao ar o programa-piloto no meio da noite, quando a rede em geral recorria a programas pré-gravados. O risco era mínimo, argumentaram. Se o programa desagradasse, os técnicos poderiam simplesmente voltar para os "enlatados".

Mas não foi isso o que aconteceu, e o programa agradou. "Quando fui conversar com nosso CEO", falou Kearley, "podia dizer que havíamos tido uma ideia nova, transformado-a em um programa e transmitido-o com sucesso". O conceito deu origem ao premiado *Top Selection* e a tecnologia que lançaram tornou-se a espinha dorsal do programa *Total Request Live*, inovadora atração da MTV apresentada por Carson Daly e plataforma de lançamento para as carreiras de Britney Spears, Christina Aguilera e Justin Timberlake.

Essa abordagem incremental para o desenvolvimento de uma ideia também é valiosa para os empreendedores do tipo borboleta, que muitas vezes não têm dinheiro para construir protótipos caros nem liberdade para abandonar seus empregos e atribuir menos importância às necessidades dos filhos. Nascido em Cleveland, Warren Brown tinha um curso de graduação da Brown University, era *juris doctor* e tinha mestrado em saúde pública pela George Washington University. Trabalhava no Departamento de Saúde e Serviços Humanos quando começou a sentir o peso da frustração. Desde pequeno um amante da cozinha, no Ano Novo de 1999 Brown tomou uma resolução peculiar: aprenderia a fazer bolos. Trabalhava durante o dia e, à noite, se dedicava a suas experiências. Sempre que viajava a trabalho, aproveitava para conhecer confeitarias.

Antes de passar um final de semana em Nova York em visita a alguns familiares, Warren preparou um bolo de chocolate simples, colocou em um prato branco e aprontou-o para levar na viagem. "Enquanto andava pelo aeroporto e dentro do avião, o pessoal da segurança, os comissários de bordo, os passageiros e outras pessoas se aproximavam de mim. *Você que fez esse bolo? É seu aniversário? Você é confeiteiro?.*" Parecia um grupo focal, explicou: bolo = amor. "Enquanto fiquei parado na calçada esperando minha tia Yvette, percebi que estava olhando para meu futuro."

Na versão mítica dessa história, Brown abandona seu trabalho, pede dinheiro emprestado para amigos e familiares e abre uma confeitaria. Mas, na versão real, o jovem fica preocupado, com medo de contar seu sonho para os amigos e parentes e se descobre em um estado de agitação. Seis meses depois daquele voo, envolto em um turbilhão que misturava seu trabalho, o desejo de fazer bolos e as incumbências do negócio que tocava em paralelo, Brown entrou em colapso, subitamente incapaz de se mover ou de respirar. "Fiquei confuso, cansado e desesperado", revelou. "Queria me dedicar à produção de bolos, mas não sabia como fazê-lo. Como contar isso a meus pais, que bancaram uma faculdade de direito?." Um amigo o levou para um hospital, onde os médicos recomendaram que ele "desacelerasse".

Brown procurou seu gestor e pediu três meses de licença não remunerada. Ele não pediu demissão imediatamente, mas achou que poderia escrever um plano de negócios (suspiro), levantar algum dinheiro e abrir um ponto de venda. Alugou uma cozinha, preparou 15 bolos de demonstração e convidou 75 amigos para uma degustação. E também convidou seus pais. Em voz baixa, a mãe de Brown falou: "Bem, se é isso o que você realmente quer fazer...". Seu pai disse que é sempre melhor quando nossas paixões nos rendem um salário no final do mês.

Três meses depois, não tinha escrito uma palavra do plano de negócios nem conseguido levantar um centavo. Havia alguns pedidos para atender – festas de aniversário, casamentos e alguns restaurantes –, e por isso decidiu prorrogar sua licença. O *Washington Post* ficou sabendo e escreveu uma matéria, não sobre a loja de bolos mas sobre a dúvida de Brown em abrir ou não o negócio. A manchete dizia: SERÁ QUE WARREN BROWN DEVE ABANDONAR UMA PROMISSORA CARREIRA JURÍDICA PARA FAZER BOLOS? O programa *Today* entrou em contato, e a revista *People* incluiu aquele belo afro-americano de 31 anos entre os "50 solteiros mais cobiçados da América".

Mas, até então, não havia loja alguma. "O processo é longo e difícil", confessou Brown. "Começar um negócio não é fácil". Outro ano se passou. Finalmente, conseguiu um pequeno empréstimo e, em 2002, quase quatro anos após sua resolução, abriu a CakeLove, em Washington. No ano seguinte, montou um café, depois lançou um livro de receitas e inaugurou mais seis filiais, além de protagonizar uma série de programas para o canal a cabo Food Network. Mas, o próprio Brown admitiu, o rápido crescimento não teria sido possível sem o início lento.

"A gente ouve empreendedores falando sobre suas experiências", declarou, "mas muitas vezes não fica sabendo das dificuldades que apareceram ao longo do caminho". E acrescentou: "Você tem de ser um pouco desequilibrado para fazer o que fez, mas também precisa avançar sem jogar pela janela tudo o que construiu".

De acordo com minha experiência, a maioria dos empreendedores não são adeptos da ampliação dos riscos, mas sim da *minimização* deles. Não se concentram em retornos ideais, mas em perdas aceitáveis.

Deixe as apostas altas para a mesa de pôquer. Quando se trata de suas ideias, não arrisque a fazenda. Em vez disso, aposte algumas galinhas de cada vez.

— *Amigos não permitem que os amigos testem suas ideias* —

Mas como saber se apostar até mesmo algumas galinhas é uma boa estratégia? A tendência mais frequente é se voltar para as pessoas em quem você mais confia: seus amigos, sua família, seu parceiro de corrida, o vizinho que mora em frente à sua casa, o cara inteligente naquele escritório logo depois da esquina. Você se arma de confiança, ensaia um discurso, veste um Spanx (sim, eles também têm uma linha masculina) e pergunta: "Você acha que essa minha ideia maluca é genial ou apenas maluca?".

Por favor, ignore todas as respostas que receber.

Um velho ditado nos alerta que o amor é cego e o que você precisa neste momento é enxergar o cenário com mais clareza. Quando começou a analisar as diversas opções de náilon, Sara Blakely não comentou nada com os amigos ou familiares. As únicas pessoas que sabiam, além de advogados especializados em patentes que ela consultou, eram seu companheiro de quarto e o namorado de Sara. "Minha família sabia que 'a Sara está envolvida com alguma ideia'", contou a empreendedora, "mas nunca revelei o que era". O motivo de tanto segredo: "As ideias são frágeis quando surgem e sentia que, se comentasse com meus amigos, poderia ficar desencorajada".

As pessoas queridas tendem a reagir à sua ideia de duas maneiras, e nenhuma delas útil para você. Em alguns casos, a bajulação é explícita: "Nossa, essa é a melhor ideia que já ouvi! Você é um gênio. Vai ganhar rios de dinheiro!". É mais ou menos o que acontece quando uma noiva faz a última prova do vestido – tudo o que ela espera ouvir é que "está perfeito", nada menos do que isso. Essas respostas podem alimentar seu ânimo, mas não vão ajudar a testar a viabilidade do projeto.

Outras pessoas, porém, irão acentuar os aspectos negativos. "Você está pensando em desistir do seu trabalho para fazer ISSO?" ou "Alguém já deve ter pensado nisso e com certeza vai fazer alguma coisa melhor". "Você acha que com isso vai conseguir pagar os estudos dos seus filhos?". Foi isso o que os pais de Warren Brown disseram.

Nos dois casos, as pessoas que emitem suas opiniões estão movidas pela emoção – dispostas a fazer você se sentir bem ou decididas a se sentirem confortáveis (ou, pelo menos, justificar a própria aversão ao risco). Nenhuma das duas é benéfica para quem está pensando em empreender.

Vejamos esses dois exemplos de opiniões vindas de pessoas próximas, ambos envolvendo empreendedores-borboleta, mas com desfechos distintos.

Mel e Patricia Ziegler estavam cansados de seus empregos, que proporcionavam alto nível de estresse e rendiam salários baixos. Mel trabalhava como repórter e Patricia fazia retratos em um tribunal de justiça. Ambos eram jovens, namoravam havia pouco tempo e não se conheciam bem. Decidiram pedir demissão de seus trabalhos no mesmo dia, na esperança de começar uma vida com liberdade e muitas viagens. Primeiro reduziram as expectativas, depois leram um livro sobre como iniciar um negócio e em seguida, de forma inesperada, Mel recebeu uma proposta para trabalhar como roteirista freelancer na Austrália.

Um dia, em Sydney, em busca de roupas baratas, Mel deu de cara com um casaco da Birmânia inglesa, usado. "Feito de sarja de algodão grosso, mas macio e na cor cáqui, parecia uma roupa de safári", conta. "Tinha aquele ar de peça ajustada, comum às peças elegantes". O jovem completou o visual com um chapéu australiano verde-oliva.

Duas semanas depois, quando ele a encontrou na alfândega, Patricia quase não reconheceu o namorado, até então nada interessado por moda. "Alguma coisa estava diferente", considerou. "Será que tinha adotado essa nova estética mundana, essa indiferença quase heroica a partir das aventuras na terra dos cangurus, ou era apenas o casaco?". Impressionada com a "cor perfeita" e com os "punhos e colarinhos levemente gastos", começou a reformar o casaco, acrescentando reforços de camurça nos cotovelos, acabamento de couro e botões de madeira. Mel usava o casaco quase todos os dias e, em todos os lugares, as pessoas perguntavam: "Onde você conseguiu esse casaco maravilhoso?".

"O casaco tinha uma mensagem para mim", revelou, "e não demorei muito tempo para entender: esse era o empreendimento que estávamos procurando". Patricia fez a mesma interpretação.

A dupla investiu US$ 750 em um lote de camisas curtas usadas por paraquedistas espanhóis (os casacos da Birmânia Britânica eram impossíveis de encontrar e, apesar de usados, custavam muito caro). Mel e Patricia consideram esse passo como o momento em que abandonaram o planejamento para colocar as mãos na massa: "Ali estava o plano de negócios completo e amplo de um roteirista e de uma artista que abandonaram seus empregos para trabalhar por conta própria".

Depois de passar algumas tardes quentes tentando vender as peças em um mercado de pulgas, o casal decidiu gastar o resto do dinheiro que tinham em um catálogo caseiro, ilustrado por Patricia e com um texto em forma de diálogo criado por Mel, que assumiu o apelido de "ministro da propaganda". Animados e ansiosos, os dois tiraram da impressora o primeiro exemplar e levaram para dois amigos. Depois de folhear a páginas do catálogo, um deles perguntou: "Vocês não acham que isso vai vender alguma coisa, não é?". O outro acrescentou, "Vocês têm certeza de que querem mandar isso pelo correio?". Depois que ficaram sozinhos, Patricia voltou-se abalada para Mel e perguntou se não era o caso de desistir de tudo. "Não podemos desistir agora", respondeu ele.

A Banana Republic, marca peculiar de Patricia e de Mel, cresceu e hoje conta com mais de 600 lojas em todo o mundo. Cinco anos depois que Mel comprou aquele casaco de segunda mão, o casal vendeu a empresa para a Gap e partiu em busca de seus sonhos de liberdade e arte. Um dos principais motivos do interesse da Gap pela Banana Republic foi o sucesso daquele catálogo incomum, cheio de informação e confeccionado à mão. Se o casal Ziegler tivesse escutado os amigos, a iniciativa nunca teria saído da prancheta.

Um dos problemas de ouvir as pessoas mais próximas a você é que elas podem estimulá-lo a desistir de sua ideia. Mas o efeito oposto é igualmente negativo: seus amigos podem bajular você. E qualquer que seja seu sonho, a bajulação pode colocá-lo em um patamar acima do que a realidade permite.

Alison Roman e Eva Scofield trabalhavam juntas no então badalado Momofuku Milk Bar, no Brooklyn, e tinham vontade de aproveitar a onda de alimentação orgânica que tomava conta da região. Diante de uma oportunidade de vender algo no Brooklyn Flea, feira de itens usados bastante disputada quando surgiu a moda da comida "direto do produtor para a mesa do consumidor", foram à luta. Nas horas vagas, a dupla começou a testar receitas e cada uma investiu algumas centenas de dólares na compra dos ingredientes.

Finalmente, chegaram a uma opção viável: geleias e conservas orgânicas feitas com frutas menos comuns, como baunilha com limão e hibisco com *grapefruit*. Um aspecto em especial chamou a atenção de Roman: a geleia era bem-feita e saborosa, mas, a US$ 1,85 a unidade, também era cara. No início, tudo deu certo: as geleias eram deliciosas, os amigos elogiavam e estimulavam a cobrar mais pelo produto, passando dos já ousados US$ 7 para o escandaloso valor de US$ 9, cada pote. As "geleias caseiras feitas no Brooklyn com frutas locais" atraíram uma multidão, e as pessoas adoravam. A Maiden Preserves parecia ser outra história de sucesso envolvendo o enriquecimento espetacular.

Mas a realidade não era tão doce. O empreendimento nunca decolou. Os amigos diziam, "Vocês estão indo muito bem", conta Roman, que respondia, "Não, não estamos". Existe essa fantasia, mas as coisas não se resumem a simplesmente colocar frutas em um pote e sair vendendo. Não demorou para as sócias começarem a rever a estratégia: Roman queria apostar em um nicho de mercado e vender os produtos para bebês, chás de cozinha e lojas elegantes. Scofield preferia apostar em uma linha com preços mais baixos. "Ficou claro que não tínhamos o mesmo modo de pensar", constatou Roman. Pouco tempo depois, as duas desfizeram a sociedade.

Para a maioria dos empreendedores, a verdade surpreendente é que as pessoas em quem você mais acredita, em geral, são as menos confiáveis quando se trata da avaliação de uma ideia. Uma equipe de pesquisadores da Babson College e da IPADE Business School entrevistou 120 criadores de empreendimentos em Hong Kong, Quênia, México, Nigéria, Reino Unido e nos Estados Unidos, e pediu que apontassem os maiores erros que haviam cometido. Conclusão: a revelação precoce do projeto para amigos e familiares.

Os pesquisadores constataram que o problema parece particularmente acentuado quando a ideia do empreendedor envolve vestuário, alimentação e serviços financeiros. (Os fundadores da Banana Republic e da Maiden Preserves não estavam sozinhos.) "Não dá para saber quais são as reais motivações dos comentários", alertaram os pesquisadores. "Muitas vezes, as pessoas emitem seus comentários movidas pelo afeto, solidariedade ou senso de obrigação, sem se ater à qualidade do produto". Por outro lado, os empreendedores declararam que gostariam de ter ignorado o que ouviram de seus familiares e, em vez disso, investido "no contato com os clientes que pudessem oferecer uma avaliação sincera".

A tentação de ouvir a opinião de pessoas queridas logo que o projeto começa a tomar forma é óbvia: essas pessoas estão por perto, não "cobram" para emitir opinião e, com frequência, têm os mesmos gostos dos empreendedores. Mas as desvantagens também são numerosas. Empreendedores ágeis se movimentam com a maior velocidade possível entre a busca de suas verdadeiras paixões e o encontro dos clientes ideais e, em geral, saltam a problemática etapa de perguntar o que as pessoas que o cercam pensam sobre o assunto.

Da próxima vez que pensar em telefonar a um amigo para dividir com ele sua ideia maluca, antes que esteja plenamente desenvolvida, lembre-se: amigos não permitem que os amigos testem suas ideias.

— Siga a multidão —

Mas então, quando você tem um produto minimamente viável na mão, como fazer para testar sua viabilidade? Ou, mais especificamente, como testá-lo de forma eficaz em termos de custo, mas sem colocar em risco sua ideia, as economias acumuladas durante a vida ou sua capacidade de pagar a conta de luz?

Como tantas outras áreas da vida contemporânea, a internet abriu caminhos inimagináveis. Os sonhadores mais malucos agora têm uma nova via para parar de planejar e partir para a ação, sem precisar apostar a fazenda ou recorrer às avaliações vindas dos amigos. Esse recurso não estava disponível para Thomas Edison ou Richard Branson, para os fundadores da Banana Republic e nem mesmo para a Spanx.

Esse novo caminho considera o poder das multidões.

Em 2002, Perry Chen trabalhava como músico especializado em sons eletrônicos e como garçom em Nova Orleans, vivendo o que chamava de "vida à margem da sociedade". Tentou trazer dois DJs austríacos para se apresentarem no JazzFest, evento realizado na cidade. A dupla pediu US$ 15 mil, além de cinco passagens aéreas em classe executiva – um custo impensável para Chen, então trabalhando sem estabilidade alguma e que teria de pagar a conta se ninguém comprasse ingressos para o show. Mas ele "tinha a sensação de que era um problema que tinha solução", revelou. E que tal se verificasse se os possíveis interessados pelo evento teriam disposição para comprar os ingressos antecipadamente?

Embora tenha precisado de sete anos para aperfeiçoar a ideia, em 2009, Chen e dois colegas lançaram a Kickstarter. Sendo, no fundo, um legítimo empreendedor-golfinho, insistiu que estava construindo um ecossistema para ajudar pessoas criativas e não apenas montando um negócio. Três semanas antes, Georgia, uma compositora de 22 anos que morava em Atenas, promoveu uma campanha para conseguir fundos e lançar um disco chamado *Allison Weiss was right all along*. A jovem só precisou de dez horas para atingir seu objetivo. "Foi quando nós percebemos que um movimento novo tinha acabado de começar", resume Chen.

A Kickstarter precisou de quatro meses para financiar cem projetos e de um ano para chegar a mil iniciativas. No segundo ano de atuação, já financiava mil projetos por mês e, depois de cinco anos, a Kickstarter tinha viabilizado 50 mil ideias, após reunir US$ 850 milhões junto a mais de cinco milhões de contribuintes. Hoje, essa "revolução" conta com mais de 500 sites de *crowdfunding*, em uma área de atuação que dobra de tamanho a cada ano.

O *crowdfunding* se revelou especialmente eficaz para os empreendedores-borboleta, porque o meio prospera com a ajuda aos menos favorecidos. Diretores de cinema podem passar sem os estúdios de Hollywood; os músicos podem gravar discos sem depender das gravadoras e autores não precisam recorrer a editoras para publicar suas obras. Um processo similar acontece com o universo das histórias em quadrinhos, videogames e montagens teatrais. Só em 2013, o Kickstarter ajudou a viabilizar a edição do clássico Moby Dick em Emoji* e financiou a realização do documentário *Inocente*, vencedor de um Oscar em 2013.

Mas o assunto não interessa apenas aos empreendedores-borboleta, pois os golfinhos também estão apostando no poder das multidões. Já surgiram diversas plataformas similares ao Kickstarter, voltadas para o apoio a organizações sem fins lucrativos. A Do Good Bus, criada por um grupo de músicos de Los Angeles, embarcou para uma turnê de ônibus por 22 cidades prometendo "aventurismo solidário": os músicos fizeram shows e outras iniciativas para jovens em situação de risco. A proposta atraiu 680 apoiadores e reuniu US$ 101 mil.

O *crowfunding* não é um caminho infalível nem de fácil percurso. Apenas 44% dos projetos da Kickstarter conseguem financiamento e, além disso, enquanto criadores persistentes encontram maneiras de conseguir propaganda boca a boca, muitos projetos começam apoiados em uma base formada por amigos, familiares e fãs. Como um dos aspirantes ao *crowfounding* falou, "cada um tem de trazer seu próprio público". (E, para ser claro, justamente porque você não perguntou a opinião dos amigos antes de arregaçar as mangas, fica mais complicado pedir que ajudem a divulgar a ideia e a sensibilizar possíveis clientes.)

Ainda assim, o *crowdfunding* já mudou bastante o cenário para quem quer começar a empreender. Em primeiro lugar, democratizou o acesso aos recursos de financiamento, sobretudo para as pessoas que atuam longe dos centros onde as coisas acontecem. Além disso, fornece um valioso feedback do mercado. Em vez de gastar tempo e dinheiro preciosos criando protótipos ou vitrines, os empreendedores podem pedir aos potenciais clientes que se manifestem, indicando as características desejáveis ou se candidatando à pré-venda. Imagine se Warren Brown tivesse feito uma campanha no Kickstarter depois de aparecer no programa *Today* e na revista *People*: ele não teria de esperar um ano para obter um empréstimo que permitiu abrir a primeira loja da CakeLove.

---

*Um "alfabeto" de ícones usados em mensagens (NT).

Em terceiro lugar, os sites de *crowdfunding* oferecem publicidade, caso você seja um dos milhões de empreendedores que, ao contrário de Sara Blakely ou de Warren Brown, ainda não apareceram na mídia. Anindya Ghose, especialista no assunto e professor da New York University, afirmou que, muitas vezes, a exposição é mais valiosa do que o dinheiro. "O *crowdfunding* ajuda a criar agito, comentários boca a boca e divulgação de um projeto." Finalmente, o recurso também transformou as propostas "inacabadas" em algo viável. Embora no passado as startups se esforçassem para passar uma imagem de que eram perfeitas e altamente profissionais, agora muitas querem parecer mais rústicas e em processo de desenvolvimento.

E até as grandes organizações estão em busca dessa "dose de imperfeição". A IBM lançou uma plataforma de *crowdfunding* interno, no qual empreendedores-gambá apresentam projetos uns aos outros, em vez de submeter a ideia aos superiores (o *seed money* está limitado a US$ 2 mil). A Coca-Cola anunciou que estava "*crowdsourcing* a felicidade" por meio de uma campanha de vídeo "retribua um sorriso", e a cervejaria Samuel Adams produziu a primeira "ale colaborativa". Em 2013, a GE firmou uma parceria com a Quirky, uma plataforma na qual "cidadãos inventores" podiam apresentar suas ideias para votação do público. As melhores propostas eram aperfeiçoadas e lançadas no mercado.

Usar os clientes para ajudar a projetar itens constitui outra forma de usar o conhecimento das pessoas para reduzir os riscos na hora de empreender – e foi o que fizeram dois integrantes de nossa rede. Jo Bedu é uma marca de roupas da Jordânia, que seleciona modelos para seus ousados produtos por meio de *crowdsourcing*. Michael Makdah e Tamer Al-Masri eram amigos de escola que, com vinte e poucos anos, se uniram e encontraram uma maneira de aliar suas paixões na arte e no marketing. Os dois recorreram ao saldo de US$ 4.200 de suas poupanças e confeccionaram 600 camisetas que exibiam os criativos desenhos feitos por Tamer. O estoque foi acomodado na casa de Tamer e as peças começaram a ser vendidas no Souk Jara, um mercado de rua promovido na cidade. Os produtos foram bem-recebidos e eles contrataram o primeiro colaborador. Mas logo as vendas pararam.

Mas aí a dupla teve uma ideia. Por que não "terceirizar" o design para os eventuais compradores? Os dois lançaram uma campanha no Facebook convidando seus seguidores a enviar sugestões de estampas. A Jo Bedu comprou os melhores modelos e imprimiu. Foram vendidas 40 mil camisetas criadas por esse sistema. De posse de uma fórmula que atendia aos anseios dos consumidores, a empresa abriu sua primeira loja e, em dois anos, as roupas e acessórios da Jo Bedu estavam à venda nas prateleiras da megastore Virgin de Amã. Ainda hoje a marca pede que os clientes mandem seus projetos e recebe duas mil inscrições a cada solicitação.

Nos dias atuais, a melhor maneira de se destacar da multidão é seguir o que ela diz.

— *A esquecida arte de "ir atrás"* —

Todas essas técnicas são maneiras legítimas de testar sua ideia e seguir em frente sem precisar correr riscos desnecessários, mas existe outra estratégia que gostaria de abordar. Faz parte do que poderíamos chamar de "artes sombrias do empreendedorismo", o tipo de coisa que não se aprende na faculdade de administração, mas que todos os empreendedores que conheço utilizam de vez em quando.

Vários anos depois da reunião com Eduardo Elsztain, circunstância que me rendeu o apelido de *la chica loca*, fui convidada para participar de uma aula para o primeiro ano da Harvard Business School. Naquele dia, a instituição abordaria um novo estudo de caso sobre a Endeavor. Era uma iniciativa de Bill Sahlman, o mesmo guru do empreendedorismo que questionou a eficácia de um plano de negócios. Bill me apresentou para a plateia e explicou que eu havia montado a Endeavor utilizando uma técnica pouco convencional para conseguir apoio: eu cercava as pessoas em espaços confinados, dos quais tinham pouca chance de escapar. Para isso, vagava pelos banheiros dos aviões, ficava de tocaia em restaurantes de luxo e montava emboscadas perto das esteiras das academias de ginástica.

"Linda era uma caçadora", explicou Bill para a turma.

Dei risada. "E, pelo que pude ver, saber perseguir é uma estratégia subestimada pelas startups!".

O próprio Bill já figurou entre minhas vítimas. Seis meses depois de lançar a Endeavor, comecei a perceber que precisávamos de um pouco mais de "credibilidade". Naquele momento, Peter e eu já tínhamos recrutado dois amigos, Gary Mueller e Jason Green, para fazer parte do conselho da Endeavor. Gary era um bem-sucedido empreendedor da internet, enquanto Jason se destacava como investidor de risco. Ainda assim, em todos os lugares aonde ia, as pessoas queriam saber quem estava apoiando nossa iniciativa. Diziam coisas como "Nunca ouvi falar de você e essa sua ideia parece bastante estranha. Prove que é capaz de atrair nomes de peso".

Por isso, quando fiquei sabendo que Peter Brooke, lendário pioneiro do capitalismo de risco internacional, tinha sido convidado para participar de um painel na Harvard Business School, decidi atacar – literalmente. Participei do evento, atenta para aquele senhor de 68 anos e, quando ele se afastou do palco para entrar no banheiro masculino, fiquei esperando do lado de fora.

Quando ele saiu, saltei na frente dele. "Olá, meu nome é Linda e acabei de fundar uma organização para prestar apoio a empreendedores de todo o mundo. Gostaria de ir até seu escritório para, em uma conversa rápida, explicar melhor o que estamos fazendo". Brooke não parou. Com certeza, não o era primeira pessoa a abordá-lo desse jeito.

"Quem mais está apoiando você?", ele quis saber.

"Bem, Bill Sahlman apoia nossa ideia", respondi, improvisando.

"Sério? Sahlman está apoiando isso? Nesse caso, aqui está meu cartão. Pode telefonar para mim."

Alguns minutos depois, fui até a sala de Bill e falei: "Você não adivinha o que aconteceu! Tenho certeza de que Peter Brooke vai aceitar ser um dos presidentes do nosso conselho global e ele adoraria que você fosse o outro!".

Somente três anos depois, no terceiro encontro anual de conselho consultivo mundial da Endeavor, os dois presidentes perceberam que nenhum deles havia concordado oficialmente em assumir um papel em nossa organização.

A moça louca apareceu com uma faca na mão, mas era uma faca de manteiga. A melhor maneira de "amanteigar" alguém...

No mundo do empreendedorismo, existe uma percepção frequente e incorreta de que, para ser bem-sucedido, você deve começar contando com uma fortuna pessoal, um título acadêmico capaz de impressionar, uma agenda repleta de contatos importantes ou alguma combinação das três condições. Mas, muitas vezes, a realidade é o contrário disso e a maioria dos empreendedores que encontro quase todos os dias não tem conexões com a elite, um fundo de reserva nem uma rede de segurança. O que eles têm é cara de pau.

Mesmo assim, aprender a usar essa ousadia é complicado e existem várias maneiras de aperfeiçoar essa arte.

Perseguição à concorrência. Nunca se sabe demais sobre a área em que pretendemos causar nossa revolução. Se uma grande consultoria está trabalhando com o setor de cruzeiros, por exemplo, ela paga seus colaboradores iniciantes para se "disfarçar" de turistas e fazer um cruzeiro com uma empresa concorrente, com a orientação de tirar muitas fotos. Quando Sam Walton estava começando, sempre que viajava com a família ele dava um jeito de bisbilhotar as lojas rivais. Sua esposa ficava à espera dentro do carro com os filhos do casal, que sempre reclamavam: "Ah, não! O papai entrou em outro mercado!". Uma vez, Walton estava rondando uma filial do Price Club em San Diego e fazendo registros em um gravador quando um colaborador o surpreendeu. Forçado a entregar as provas de sua "espionagem", Walton mandou junto um bilhete para Robert Price, filho do proprietário. "Robert, o cara é bom demais. Aqui está a fita. Se você quiser escutar, com certeza possui esse direito, mas tem outras coisas gravadas aqui que adoraria receber de volta." Quatro dias depois o gravador foi devolvido, com todos os registros de Walton intactos.

A internet facilitou bem a vida desses detetives. Hoje é possível estabelecer um alerta do Google para seu concorrente ou rastrear os movimentos pessoais dele pelo LinkedIn. Um consultor de carreira do LinkedIn declarou à revista *Forbes* que não vigiar os concorrentes era um dos maiores erros cometidos por quem começa um negócio. Ele explicou: "Se sua empresa é uma startup de desenvolvimento de jogos eletrônicos, é essencial acompanhar os passos da Electronic Arts" e assim ficar sabendo quais profissionais se desligaram da empresa. "Talvez você queira contratá-los ou quem sabe têm alguma coisa para contar. De qualquer forma, seguir os passos dos players do setor pode resultar em uma vantagem competitiva."

Perseguição aos clientes. Às vezes, se você acaba de chegar a um setor, vai precisar recorrer a formas não convencionais para atrair a clientela. Se esse campo for a proteção de cybercriminosos, bem...

Marcelo Romcy e João Mendes eram dois hackers adolescentes que viviam no interior do Brasil. Os dois se conheceram na faculdade, decidiram empreender e montaram uma empresa de segurança na rede chamada Proteus. Quando conheci a dupla, Marcelo e João tinham conseguido um bom espaço no mercado regional e estavam ansiosos para atuar fora do país. Mas havia um problema, pois tinham montado a empresa usando uma técnica perigosa: escolhiam um banco ou instituição financeira que queriam transformar em cliente, violavam seu firewall e temporariamente "pegavam emprestado" a quantia de US$ 10 mil. Em seguida, batiam na porta do CEO com o dinheiro na mão, explicavam como haviam conseguido fazer o ataque e se prontificavam a corrigir a falha. A estratégia deu certo: a Proteus não demorou para se tornar uma das principais empresas de tecnologia da informação da América do Sul.

Minha primeira sugestão foi não tentar essa estratégia nos Estados Unidos, pois isso provavelmente renderia uma visita da Securities and Exchange Commission! Em vez disso, orientei a dupla a ir até a Jordânia, onde eu estava organizando um evento. Lá, os dois puderam conversar com um dos principais CEOs da região, no comando de seis mil colaboradores e com contatos em todo o mundo. Após a apresentação de

Marcelo, o presidente desafiou-os: "Temos a melhor segurança de TI da região", afirmou. "Por que precisamos de vocês?" Marcelo se ofereceu a violar o sistema da empresa e provar o quanto ela precisava da Proteus.

"Pode tentar", falou o CEO. "Você não vai achar nenhuma brecha".

Três dias depois, Marcelo telefonou para o CEO. "O senhor quer que diga qual é a senha de seu e-mail?", perguntou o jovem. "Estou lendo suas mensagens nesse exato momento." Além de se tornar cliente da Proteus, a empresa recomendou os serviços da dupla para outras organizações.

Perseguição aos aliados. Se você é um empreendedor-gambá tentando obter apoio para uma ideia empreendedora em uma grande corporação, "ir à luta" muitas vezes significa encontrar maneiras sutis de lançar luz sobre as próprias realizações. Em vez de atormentar os superiores, pode ser mais interessante "importunar" sutilmente os colegas, lembrando que você está trabalhando em uma nova ideia e deixando a porta aberta caso alguém queira se juntar ao processo. Um dos produtos mais onipresentes nos escritórios norte-americanos nasceu dessa abordagem.

Em 1968, um químico da 3M chamado Spencer Silver inventou o primeiro superadesivo que poderia ser retirado das superfícies sem causar danos. Parecia um produto de grande sucesso, mas a empresa não sabia o que fazer com ele. Silver ficou conhecido com o apelido de "Senhor Persistência" por causa da recusa em desistir, sempre batendo na porta das pessoas e levando seu produto nas apresentações. Ele persistiu por mais cinco anos, mas a invenção continuava sem emprego.

Em 1974, outro cientista da 3M chamado Art Fry, que já tinha ouvido vários relatos sobre as tentativas de Silver, estava manuseando um livro de cânticos de sua igreja quando teve uma revelação. Durante o ensaio do coral realizado nas noites de quarta-feira, Fry marcava as páginas do livro com pedaços de papel, que desapareciam até a missa no domingo de manhã. "Eu precisava de um marcador que aderisse às páginas sem estragar o papel", sabia Fry. No dia seguinte, ao lembrar do Senhor Persistência, Fry pediu uma amostra de adesivo de Silver. Precisou de alguns anos para aperfeiçoar a ideia e no início seus superiores se recusaram a implementá-la, temendo que o produto parecesse "um desperdício". Mas os executivos da 3M perceberam que um número cada vez maior de colaboradores usava a novidade para lembrá-los de suas tarefas. Os executivos compraram a ideia e hoje a 3M vende 50 bilhões de Post-its por ano.

Perseguição a quem toma as decisões. Há um fator comum em vários exemplos de quem "foi à luta". Muitas vezes, os empreendedores são outsiders — em geral não vêm das melhores famílias, das melhores escolas ou dos melhores bairros. Por isso, é tão comum encontrar táticas de guerrilha em tantas histórias de mulheres que empreendem. Não fazemos parte do "grupinho masculino de sempre", não achamos graça em nos reunir em ambientes cheios de fumaça nem estamos dispostas a disputar um lugar em uma mesa de pôquer.

Quando Sara Blakely estava lutando para colocar os produtos da Spanx nas prateleiras das lojas, ela telefonou sem rodeios para a compradora da Neiman Marcus, que ofereceu "cinco minutos" de conversa se ela fosse até Dallas. As duas se reuniram em uma sala de reuniões, mas bastaram alguns minutos para Sara perceber que não estava conseguindo seu intento. Então convidou a compradora para ir ao banheiro das mulheres, tirou uma amostra de sua "mochila vermelha da sorte" e apostou em uma demonstração ao vivo. Três semanas depois, o produto estava à venda na Neiman Marcus. "Fiquei famosa por levantar a perna da minha calça para todas as mulheres que encontrava", revelou Sara.

Uma das líderes empreendedoras femininas mais famosas do século 20 utilizou uma técnica similar. Josephine Esther "Estelle" Mentzer era a personificação de uma outsider. Filha de imigrantes judeus húngaros nascida em um bairro italiano no Queens, Estelle morava no andar de cima da modesta loja de ferragens de seu pai, onde sonhava com uma vida de riqueza e *glamour*. Quando perguntou a uma cliente de um salão de beleza onde havia comprado uma linda blusa, a mulher respondeu com frieza: "Que diferença faz? Você nunca poderia comprar uma igual".

Estelle deixou o salão com o coração batendo forte e o rosto em chamas. Jurou que um dia teria o que quisesse — "joias, obras de arte, uma bela casa e qualquer outra coisa".

O tio de Estelle era um químico que havia desenvolvido uma linha de cremes para a pele que não conseguia vender. Estelle tentou uma nova abordagem: ir à luta. Ela abordava as mulheres nos trens, elevadores, mercados e no caminho para a reunião do Exército da Salvação. Sacava um pote de Super-Rich All-Purpose Cream, apontava as rugas no rosto de suas inocentes vítimas e insistia que era capaz de fazê-las brilhar. Quando as mulheres recusavam sob a alegação de que tinham outra coisa para fazer, Estelle interrompia: "Só preciso de cinco minutos", garantia.

Ela também "perseguia" os varejistas. Como luxo era o objetivo de Estelle, isso não podia faltar na imagem que queria transmitir. Mudou seu primeiro nome para Estée e, acrescendo o sobrenome de casada, passou a vender seus cremes sob a marca Estée Lauder – mas somente em salões de beleza e butiques, nunca em farmácias. Mas o alvo de sua ambição era a seleta Saks Fifth Avenue, e entrou em contato com o comprador de cosméticos da loja, Robert Fiske, que deixou claro que a loja não estava interessada em um produto sem comprovação, de uma marca desconhecida.

Estée esperou por uma oportunidade. Em 1948, em um almoço beneficente no Waldorf Astoria, distribuiu batons em embalagens metálicas, um significativo avanço em relação aos invólucros de plástico comuns na época. Quando as mulheres perguntaram onde poderiam comprar o produto, Estée sorriu e as orientou a procurar na Saks, que ficava do outro lado da rua.

Fiske lembra que "a fila de pessoas que se formou na Saks para perguntar sobre os batons atravessava a Park Avenue e a 50th Street". No dia seguinte, Fiske fez uma encomenda de US$ 800.

No conjunto, as técnicas de ir à luta e perseguir, seguir a multidão, montar protótipos e apostar apenas algumas galinhas de cada vez destacam um tema mais amplo que atinge quem começa a empreender: o que parece ser um processo difícil visto de fora pode ser fragmentado em etapas menos assustadoras. Você não precisa arriscar tudo para ser um empreendedor, mas precisa assumir riscos inteligentes.

E a palavra-chave aqui é "assumir". Nenhuma dessas estratégias vai funcionar se você não tiver coragem para testá-las.

Há alguns anos, a estilista Tory Burch me convidou para um evento organizado por sua fundação. Tratava-se de uma *speed dating session* entre mentores e empreendedores-borboleta. Os mentores ficavam acomodados em longas mesas, e os orientandos podiam falar durante dez minutos, até que o som de uma campainha indicava que tinham de passar para o próximo orientador. Conversei com uma mulher que dirigia uma empresa de refeições prontas e com outra que vendia arranjos de flores. Em seguida, uma jovem estilista se sentou à minha frente.

"Estou tão feliz por estar aqui!", começou. "Sei que é piegas, mas a Tory é meu modelo. Ela teve uma carreira incrível e as peças dela...."

Naquele momento, parei de ouvir e comecei a olhar ao redor. Ao ver Tory, que estava apoiada em uma parede, me virei para a jovem e falei: "Você deveria dizer tudo isso para ela. Tory está ali".

"O quê?" a estilista gaguejou. "Falar com a Tory Burch?".

"Isso mesmo", respondi.

"Ah, não. Eu não posso fazer isso", devolveu, balançando a cabeça.

"Olha, a Tory *convidou* você para vir aqui", falei. "Ela é uma empreendedora. Vá falar com ela."

Nesse momento, a campainha tocou e a moça passou para o mentor ao lado. Mas, quando a noite estava chegando ao fim, vi a jovem estilista conversando com Tory e, cheia de orgulho, entregar seu cartão à pessoa que considerava um modelo em sua vida.

Os empreendedores sabem proteger suas apostas, mas também reconhecem quando é hora de colocar as cartas na mesa.

CAPÍTULO 3

O caos joga a seu favor

Walt Disney tinha muitos motivos para comemorar. Aos 26 anos, o determinado e sempre otimista diretor de cinema, ainda tão jovem a ponto de usar bigode e fumar cachimbo para parecer sofisticado, desembarcou em Nova York para comemorar o sucesso da nova série de filmes com seu personagem Coelho Osvaldo. Vinha acompanhado de Lilian, sua esposa.

Finalmente, Walt estava prestes a lucrar algum dinheiro e se aproximar do sucesso que havia perseguido a vida toda – sem saber que logo receberia o maior golpe de sua carreira. Mas a reação dele diante da adversidade resultou na criação de um ícone da cultura popular americana e gerou uma lição valiosa para os empreendedores: superar o fracasso é mais importante que lidar com o sucesso. As decisões tomadas diante do medo determinarão se você conseguirá ou não superar esse sentimento. Se desistir, ficará diminuído para sempre; se vencer o fracasso, dará a si mesmo uma chance de crescimento.

Walter Elias Disney foi um empreendedor clássico. Seu pai, carpinteiro e marceneiro, era um disciplinador severo e se opôs frontalmente quando seu quarto filho demonstrou interesse pelo desenho. "Walter, você não pretende trabalhar com isso, não é?", perguntou. Depois de passar um período na França durante a Primeira Guerra Mundial, Walt foi recusado várias vezes para o posto de ilustrador de jornal e acabou indo trabalhar em uma agência de publicidade, onde conheceu um colega chamado Ub Iwerks. Os dois iniciantes logo deixaram o emprego para montar seu estúdio, que fechou depois de um mês. A dupla voltou-se para a animação, fazendo desenhos animados em uma edícula no quintal. Em um ano, a produtora foi à falência.

Durante esses anos, Walt aprendeu a se reerguer e também o que significava a expressão "aproveitar as oportunidades". Quando seu irmão Roy mudou-se para Los Angeles, Walt o acompanhou. Tinha apenas US$ 40 no bolso. Mandou uma proposta a Margaret Winkler, uma distribuidora de filmes de Nova York, para produzir uma série de curtas metragens sobre *Alice no País das Maravilhas* e uma nova criação, o Coelho Osvaldo. Winkler ofereceu os recursos e Walt, ingenuamente, cedeu os direitos autorais. Walt, seu irmão e Iwerks contrataram uma equipe de animadores para dar conta do trabalho.

Quando o coelho "Ozzie" começou a cativar o público, Walt viajou a Nova York para conhecer Charles Mintz, novo marido de Winkler. Walt pretendia pedir uma participação maior nos negócios, mas teve uma surpresa desagradável: secretamente, Mintz havia "roubado" sua equipe de animadores. Mintz ofereceu a Walt uma redução nos ganhos e exigiu todos os direitos autorais do personagem Coelho Osvaldo. Para Walt, o episódio equivaleu ao momento de dúvida que atingiu Wences ao ver suas irmãs dormindo no sofá. Lillian estava apavorada e Roy pediu que Walter mantivesse a calma. Mas o irmão seguiu até o escritório de Mintz e jogou o contrato no rosto dele: "Tome. Pode ficar com tudo!".

No longo trajeto de volta, Walt refletiu sobre o que tinha acontecido. "No trem, ele parecia um leão furioso", descreveu Lillian. Tinha ficado sem contrato, sem ganhos e sem colaboradores. Para piorar, também não tinha mais direitos autorais sobre nenhum personagem de desenho animado. Gatos, cachorros, ursos, coelhos e todos os outros animais simpáticos já tinham sido transformados em personagem e não restava mais nenhum. "O único que ninguém havia adotado ainda", lembrou, "era o rato".

Walt começou a rabiscar no papel timbrado oferecido no trem e, quando chegaram a Kansas City, já tinha criado um camundongo vestido com calças de veludo vermelho com dois botões vistosos. Pensou em chamar o personagem de Mortimer, mas Lillian detestou o nome. "É afetado demais", sentenciou ela. E que tal se fosse Mickey, um nome irlandês, de alguém que vem de fora? "É melhor do que Mortimer", declarou a esposa.

Uma das criações mais épicas da história da cultura popular nasceu de uma combinação de medo com desespero. Mickey Mouse foi concebido em um momento de caos. Como o próprio Walt declarou ao definir sua personalidade, "funciono melhor quando as coisas vão mal do que quando está tudo às mil maravilhas".

É por isso que ele se destacou como um grande empreendedor.

Todos os sonhadores enfrentam obstáculos algum dia. Não importa de que maneira você lida com os riscos, no final vai... dar com a cara na parede. E, se você não se chocar contra ela, alguma força externa irá arremessá-lo nessa direção.

Sua forma de reagir representa o terceiro grande desafio para seguir em frente: como lidar com momentos de instabilidade. Uma lição que aprendi ao trabalhar, ao longo dos anos, em economias instáveis é que a estabilidade é amiga do status quo, enquanto o caos atua como aliado de quem quer empreender. Quando a Endeavor entrevistou 200 empreendedores a fim de identificar seus pontos fortes e fracos, o aspecto positivo mais citado foi "a capacidade de enxergar oportunidades onde os outros veem obstáculos".

Mas como você deve reagir aos reveses? Em vez de temê-los, é preciso aproveitá-los.

Transforme o caos em um aliado.

Para ajudá-lo a se lembrar dessa lição, dividi esse capítulo em tópicos correspondentes às letras de um acrônimo: CHAOS★.

★CHAOS, em inglês, significa caos.

— Champanhe para os inimigos —

A primeira coisa a saber sobre o caos é que acontece com todo mundo. A turbulência marca o clima oficial do empreendedorismo. Às vezes, a fonte de inquietação tem origem externa: um desastre natural, uma revolução, guerra ou, no meu caso, uma gravidez de alto risco. Seja qual for a situação, o segredo está em não fugir dela, mas sim em enfrentá-la.

Como ocorre com muita gente, tinha pouca escolha a não ser encarar meu caos particular. Depois de seis anos na América Latina, começamos a investir na expansão da Endeavor rumo a novos continentes. Edgar Bronfman Jr., CEO da Warner Music, assumiu a presidência nessa época e prometeu, "Não quero que sejamos simpáticos, quero que a gente tenha importância". Nosso primeiro alvo foi a África do Sul, e comecei a fazer viagens a fim de me reunir com possíveis integrantes do conselho. Em um ano, fiz nove viagens.

Foi quando engravidei — de gêmeos. Cumprindo a promessa feita a meus pais na mesa de cozinha da casa deles, tinha conseguido encontrar um marido: Bruce Feiler, autor de livros e colaborador do *New York Times*, ele também um sonhador e possuidor de uma pequena "dose de loucura" (já tinha sido palhaço de circo). Mas, de repente, nossa vida estava de cabeça para baixo.

No momento mais crucial na existência da Endeavor, precisei ficar de repouso na cama por três meses, dei à luz duas filhas lindas e aprendi a amamentar, utilizando a técnica de acomodar um bebê em cada seio, segurando as meninas como se fossem um troféu Heisman. Uma vez, uma delas escorregou do braço da poltrona e caiu no chão. Minha cunhada me consolou com uma frase do doutor Spock: "Se até os dois anos de idade você não deixou seu filho cair, é uma mãe superprotetora".

Sem dúvida, era um momento de caos.

Só que aquela interrupção me obrigou a mudar. Quando voltei da licença-maternidade, não tinha escolha a não ser reestruturar nossa organização para torná-la menos dependente de mim, um erro comum que tinha visto outros empreendedores fazerem e estava reproduzindo.

Contratei alguns gestores seniores e montei uma equipe para cuidar da expansão internacional, além de ampliar o conselho.

Ao reconhecer a dificuldade da situação, fomos forçados a agir de forma criativa e, durante o processo, ficamos mais fortes. Nos três anos seguintes, a Endeavor abriu escritórios em cinco países da África e no Oriente Médio, alguns dos quais sequer havia visitado quando a operação começou. E nunca mais deixei o troféu cair novamente.

A necessidade de transformar dificuldades em mudança é especialmente verdadeira para os empreendedores-golfinho que atuam em atividades sem fins lucrativos. Alguns dos empreendedores sociais de perfil mais elevado transformaram tragédias pessoais em iniciativas inovadoras que mudaram as discussões, alteraram políticas públicas e salvaram vidas.

- Em 1980, aos 13 anos de idade, Cari Lightner, uma adolescente de Fair Oaks, na Califórnia, caminhava por uma rua tranquila rumo a uma comemoração em sua igreja quando um motorista perdeu o controle do veículo e a matou. Quando a mãe de Cari, Candace, soube que o motorista contava com um histórico de prisões por dirigir embriagado (incluindo uma ocorrência por colisão seguida de fuga registrada poucos dias antes), ela decidiu ir à luta. Candace fundou a Mothers Against Drunk Driving, que se tornou uma das principais organizações dos Estados Unidos a exigir uma legislação mais rigorosa em relação ao consumo de álcool.

- Em uma manhã de 1990, Michael J. Fox, com 30 anos e premiado três vezes com o Emmy Award na categoria de melhor ator, acordou sentindo um tremor no dedo mínimo da mão esquerda. Era o primeiro sinal do início do mal de Parkinson, que acometeu o ator ainda bastante jovem. Fox manteve a doença em segredo por oito anos. Quando o fato finalmente se tornou público, ele prometeu direcionar seus esforços para a busca de descobertas médicas. Em 2000, abandonou seu papel em Spin City e criou a Michael J. Fox Foundation for Parkinson's Research, que já arrecadou mais de US$ 400 milhões.

- A supermodelo Petra Nemcova e seu noivo, o fotógrafo Simon Atlee, passavam férias em um bangalô à beira-mar na Tailândia, em dezembro de 2004, quando um tsunami formado no oceano Índico destruiu o resort e os atingiu. Nemcova deslocou a pélvis e quebrou um braço e Atlee morreu. Quando voltou ao local no ano seguinte, a modelo constatou que as iniciativas emergenciais de socorro tinham sido interrompidas e que muitas crianças haviam ficado sem escola. Fundou o Happy Hearts Fund, que já construiu mais de 70 escolas em países vitimados por desastres naturais.

Essas pessoas se viram em situações terríveis para as quais não havia solução – a não ser tomar a iniciativa de ajudar os outros a prevenir ou a enfrentar desgraças semelhantes.

Os infortúnios externos muitas vezes afetam de uma maneira diferente os empreendedores que atuam em busca de lucro. Você pode ser um empreendedor do tipo gazela que está se saindo bastante bem até se ver no meio de um tumulto que não foi criado por você. Nessa hora, seu QI empreendedor é submetido a um teste e, de acordo com minha experiência, os desprevenidos ficam mais conservadores, e os mais ágeis recorrem à criatividade.

Hoje, a cidade do Cairo reúne 20 milhões de habitantes e 14 milhões de veículos, o que faz da capital egípcia uma das áreas metropolitanas mais populosas e congestionadas do mundo. Ficar preso no trânsito é inevitável, e as pessoas agendam suas atividades profissionais, a data do casamento e até suas caminhadas em função do tráfego. Um estudo recente realizado pelo Banco Mundial calculou que, todos os anos, o congestionamento custa US$ 8 bilhões à cidade. Um debate presidencial realizado em 2012, saudado como um sinal da consolidação democrática, foi adiado porque um dos candidatos ficou preso no trânsito. Um repórter da CNN publicou no Twitter: "Não importa quem está concorrendo [à eleição para presidente], #otrânsitodocairosemprevence".

Cinco primos se propuseram a criar uma solução móvel. Em 2010, desenvolveram um aplicativo para emitir informes colaborativos sobre o trânsito em tempo real. Deram à novidade o nome de Bey2ollak*, que em árabe significa "Está sendo dito". O nome evoca uma expressão usada pelos motoristas inconformados quando abrem as janelas dos veículos e gritam avisos sobre o trânsito uns para os outros. Na esperança de acrescentar um pouco de humor a uma situação irritante, o Bey2ollak convida os usuários a relatar as condições das vias por meio de opções simpáticas como "delícia" (trânsito livre) e "sem chance" (nem pense em vir por aqui).

Apesar do sucesso, naquele momento, do Waze, um aplicativo de trânsito desenvolvido por israelenses, os criadores do Bey2ollak não alimentavam grandes expectativas. "Realmente não pensamos em fazer muito sucesso", confessou um dos primos. "No começo, queríamos criar o aplicativo porque todos nós vivíamos presos nos congestionamentos." Mas o app egípcio logo conquistou vida própria e atraiu cinco mil usuários já no primeiro dia. Uma semana após o lançamento, a Vodafone se ofereceu para bancar um patrocínio exclusivo.

Mas, em seguida, começou a revolução egípcia. As semanas de instabilidade foram transformadas em meses e depois em anos. O mercado de ações despencou e os investimentos desapareceram. Mas aqueles cinco empreendedores desistiram e foram para casa? Nada disso: preferiram se adaptar. Encontraram um novo nicho e acrescentaram opções que nunca teriam imaginado, como a disponibilização dos números de emergência para os manifestantes e o mapeamento das áreas identificadas como mais perigosas por causa do risco de vandalismo. Quando a escassez de combustível começou a causar pânico, a equipe do Bey2ollak adicionou um recurso que apontava a localização dos postos de gasolina. Em 2013, o Bey2ollak, que se tornou uma organização pertencente à rede da Endeavor, reunia mais de 600 mil usuários e começava a atuar na Europa.

A lição ensinada por esse exemplo é que os acontecimentos que levantam poeira e derrubam regimes favorecem quem se move com rapidez e agilidade. Como a ruptura está na essência do empreendedorismo,

---

*Isso mesmo, tem um "2" no meio do nome, mas a pronúncia é bei-ô-léc (NT).

quanto mais disruptivo o mundo se torna, mais você deve procurar pelas oportunidades – e procurar sempre. Essa estratégia pode ser especialmente eficaz para os empreendedores-gambá. Diante de mudanças súbitas, às vezes até mesmo as organizações mais lentas podem abandonar a tendência habitual de se deslocar arrastando os pés.

Em agosto de 2005, o furacão Katrina atingiu a costa sul dos Estados Unidos. Marian Croak, pesquisadora do Bell Laboratories, mantido pela AT&T, testemunhou os parcos esforços de ajuda sem acreditar no que via. "As pessoas precisavam de roupas e de dinheiro mas não dava para saber como chegar a elas rapidamente", explicou. Croak havia dedicado sua carreira ao estudo dos avanços na comunicação de dados e foi a primeira mulher na história da empresa a registrar uma centena de patentes. Lembrou que a AT&T tinha criado um sistema de votação por mensagens de texto para o programa *American Idol* de 2003. Se a tecnologia permitiu que os telespectadores usassem seus telefones celulares para enviar votos para Carrie Underwood e Jennifer Hudson, por que não usá-la para doar recursos a quem precisava? A contribuição seria cobrada na conta de celular do cliente e a AT&T repassaria rapidamente o montante arrecadado para organizações como a Cruz Vermelha.

A executiva teve a ideia no final do mês de agosto e entrou com um pedido de patente já em setembro, em um belo exemplo de "gambá" que consegue correr! Quando um terremoto com magnitude sete atingiu o Haiti em 2010, as instituições de socorro arrecadaram mais de US$ 30 milhões por meio da invenção de Marian Croak.

Todos esses relatos têm uma coisa em comum: luzes de empreendedorismo que brilhavam a partir de faíscas de instabilidade. Mas minha experiência favorita aconteceu duzentos anos antes, em um tipo de convulsão totalmente diferente.

Em 1813, durante as Guerras Napoleônicas, a Rússia tinha acabado de invadir a França. Quando as tropas russas ocuparam Reims, na região da Champagne, os soldados receberam total permissão para atacar e saquear os vinhedos, entre eles um que pertencia a Barbe-Nicole Ponsardin, a jovem viúva de François Clicquot.

Mas a *Veuve* Clicquot, como era conhecida (*veuve* é "viúva" em francês), era uma adversária sagaz e também dona de bom faro para os negócios. Filha de pais proeminentes, Barbe-Nicole Ponsardin havia se casado com o herdeiro da Casa Clicquot. O marido morreu seis anos após a união e deixou a esposa, então com 27 anos, à frente das empresas da família, que incluíam atividades bancárias, a comercialização de lã e a produção de champanhe, que na época respondia por uma atividade residual. A viúva Clicquot revolucionou a produção ao armazenar as garrafas de cabeça para baixo em prateleiras especiais: todos os dias as garrafas eram agitadas e depois congeladas, técnica que permitia eliminar o excesso de levedo. O novo processo resultava em um sabor mais nítido, menos doce e com menor quantidade de bolhas. A safra de 1811 da produção da Veuve Clicquot é considerada o primeiro champanhe moderno.

Porém, assim que ela aperfeiçoou o processo, hordas de soldados russos cercavam as portas de sua propriedade. Os concorrentes da viúva, mais experientes, preferiram passar para a clandestinidade, fechando as vinícolas e protegendo as vinhas dos soldados saqueadores. No início, madame Clicquot pensou em fazer o mesmo. "Tudo está indo muito mal", escreveu a um amigo. "Passei vários dias ocupada em reforçar as paredes das adegas, mas sei muito bem que isso não vai impedir os saques e roubos. Se isso acontecer, estarei arruinada."

Então, madame Clicquot fez o que todos os bons empreendedores fazem e tentou reverter a situação de forma a aproveitar uma oportunidade de marketing: ela resolveu oferecer a bebida ao exército russo. Sua aposta era que, quando os soldados voltassem para seu país, levassem com eles o gosto pelo champanhe. "Hoje eles bebem", avaliou, "mas amanhã vão pagar para beber". A viúva liberou o consumo do vinho de sua vinícola, mas foi esperta e preservou a safra de 1811. Poucos meses depois, quando os soldados franceses chegaram à região para expulsar as tropas russas, repetiu a estratégia e ofereceu champanhe de cortesia para os soldados de Napoleão. Como eles não conseguiam segurar as taças enquanto estavam montados em seus cavalos, usavam os sabres para abrir as garrafas. O ritual conhecido como "sabragem" acabava de ser inventado.

Mas a maior manobra da Veuve Clicquot aconteceu em 1814. Quando ficou claro que a guerra terminaria em breve, a viúva separou milhares de garrafas da safra de 1811 e arriscou: decidiu desafiar o bloqueio, enviando a bebida para a Rússia e chegando na frente dos concorrentes na disputa por um mercado lucrativo. O plano deu certo e, quando o cessar-fogo foi anunciado e as garrafas chegaram a Moscou e a São Petersburgo, começou uma verdadeira febre. O czar Alexandre declarou que não queria beber outra coisa. Veuve Clicquot tornou-se uma importante marca de luxo internacional e a Grande Dama da Champagne ficou conhecida como a primeira mulher a liderar uma empresa multinacional.

E tem mais uma coisa peculiar sobre essa história: em reconhecimento aos feitos da famosa viúva, a Veuve Clicquot todos os anos distribui prêmios para mulheres que se destacam como líderes no mundo nos negócios. Em 2008, ganhei um desses prêmios – no caso, meu nome foi atribuído a uma videira de Reims. A uva Rottenberg pode estar chegando em uma safra perto de você logo mais!

Seja qual for o caso, os empreendedores que conseguem sucesso em momentos de turbulência superam o medo ou a ansiedade. Não sucumbem à agitação que os cerca; mantêm a calma, identificam as oportunidades criadas pela turbulência vigente e tentam explorar o cenário de alguma maneira. Não reagem ao caos com pânico, mas com precisão estratégica. Na pior das hipóteses, usam o período de anormalidade para se equiparar aos concorrentes.

Assim, na próxima vez que a adversidade atingi-lo ou que você tiver de enfrentar um inimigo, não corra em busca de abrigo. Em vez disso, inspire-se na viúva: abra algumas garrafas de champanhe e erga um brinde com seus desafetos.

— "Abrace o urso" —

Claro que as bolhas não estouram apenas nas guerras. Às vezes, o caos que atinge um empreendedor é de natureza econômica: recessão, crise, escassez de crédito, colapso do mercado. Apesar de não terem criado a situação, as empresas podem se ver com despesas crescentes, poucos negócios e doações em baixa. E aí, como fica?

Prepare seu apetite.

Warren Buffett garante que sua filosofia para investir consiste em "ser medroso quando os outros se mostram gananciosos e ser ganancioso quando os outros agem com medo". Os empreendedores podem aprender muito com essa atitude. Quando os mercados entram em colapso, a tentação é recuar, proteger os ativos e esperar a tempestade passar. Para ser honesta, em algumas situações convém mesmo dar um passo para trás e preservar os recursos para retomar o crescimento mais tarde. Mas, sempre que possível, resista a essa tentação.

Muitas vezes, a desaceleração proporciona as melhores oportunidades para fazer uma grande jogada. A história do empreendedorismo mostra que os momentos de aflição, justamente os mais árduos para jogadores entrincheirados, são os que mais favorecem quem chega de fora. Segundo um estudo da Kauffman Foundation, mais da metade das empresas relacionadas hoje na *Fortune 500* surgiram em períodos de recessão ou mercados recessivos (a lista inclui a IBM, a General Motors e a Microsoft). Algumas das marcas mais tradicionais dos Estados Unidos nasceram em tempos difíceis: Hyatt, Revlon, IHOP, Burger King, *Sports Illustrated*, CNN e MTV. A FedEx foi iniciada durante a crise do petróleo de 1973, a HP durante a Grande Depressão, e a Procter & Gamble em pleno pânico de 1837.

O mesmo fenômeno ocorreu na Grande Recessão de 2008. Desde 1996, a Kauffman Foundation monitora o número de novas empresas abertas nos Estados Unidos. Antes da recessão, o total era de 470 mil por mês, número que passou para 565 mil após o árduo período. Entre 2007 e 2009, a taxa de abertura de startups aumentou 15%.

Mas como a instabilidade pode favorecer os negócios? De duas maneiras.

Primeiro, é um bom momento para contratar. Jim Collins, autor de clássicos do mundo dos negócios como *Empresas feitas para vencer* e *Vencedoras por opção*, afirmou: "Em momentos de crescimento rápido fica difícil chegar nas pessoas certas, e o mais provável é aceitar a acomodação possível". Em períodos de incerteza esse impasse se amplia. Muitas pessoas talentosas são demitidas e se veem mais propensas a considerar as carreiras menos tradicionais, ainda que seja para ganhar menos. Muitos trabalhadores que ainda preservam seus empregos, entretanto, começam a perceber que suas posições não são seguras, abrindo a percepção para oportunidades novas, com mais flexibilidade e liberdade.

Essa liberação de talento favorece claramente os empreendedores do tipo golfinho. À primeira vista, aqueles que atuam em iniciativas sem fins lucrativos parecem enfrentar mais dificuldades quando a economia fica difícil. É fato que os subsídios governamentais e as doações filantrópicas costumam escassear durante um período de recessão, mas a contratação fica mais fácil.

Quando o dinheiro fica mais difícil para as pessoas, a existência de um significado maior ganha mais importância. Segundo um estudo da Johns Hopkins University que avaliou a primeira década do século 21, período marcado por duas recessões, apontou que a ocupação em entidades sem fins lucrativos cresceu a uma taxa média anual de 2,1%, enquanto nas organizações voltadas para o lucro o índice apresentou uma redução de 0,6%. Pude comprovar isso em primeira mão na Endeavor. Depois de 2009, conseguimos contratar um time de gestores formado por altos executivos, alguns com duas décadas de valiosa experiência em empresas como Dell e Bloomberg. Passamos a funcionar como um ímã para os universitários e recém-formados nas escolas de administração, que estavam em busca de um emprego que lhes permitisse causar impacto sobre a sociedade e cujas atividades tivessem significado para eles. E não estávamos sozinhos. As candidaturas para participar do projeto Teach For America cresceram um terço e chegaram a triplicar no caso da AmeriCorps. Diana Aviv, líder de um grupo sem fins lucrativos, declarou que ficou comum receber mais de cem manifestações de interesse por um único cargo. "Algumas dessas pessoas estão desempregadas há um tempo e se sentem felizes por ter alguma coisa", explicou. "Mas, uma vez nessa situação, eles se reposicionam e orientam sua trajetória no sentido da atuação comunitária."

Em segundo lugar, períodos de instabilidade proporcionam uma boa chance para aproveitar as oportunidades.

Um bom exemplo é o caso da Grécia e o que aconteceu após o colapso econômico de 2009. O empreendedorismo cresceu, e em 2012 foram abertos 49 mil novos empreendimentos no país. Entre esses iniciantes, 90% eram iniciativas de pequeno porte, como restaurantes, cafés e lojas de roupas. Os maiores ganhos, porém, vieram das empresas de crescimento acelerado. Um estudo sobre a Grécia feito em 2013 pela Endeavor apontou que nesse grupo, que incluía empresas do setor de energia, de tecnologia e de processamento de alimentos, o crescimento foi de 40% ao ano por três anos consecutivos. A maioria dos fundadores desses empreendimentos não era pessoa que tinha sido forçada a se estabelecer por conta própria, mas jovens com idade entre 24 e 45 anos, com boa formação e experiência mínima de três anos no setor privado. Ou seja, tinham outras opções. Ainda assim, a falta de estabilidade econômica havia transformado essas pessoas em empreendedores do tipo gazela – e por opção.

Nikos Kakavoulis e Phaedra Chrousos são bons exemplos. Os dois se conheceram em 2006 na Columbia Business School, unidos pelo laço comum que era o amor por Atenas. Nikos voltou à Grécia para lançar edições digitais de publicações como *Vogue*, *Glamour* e *Men's Health*. Phaedra trabalhava como consultora. Quando a economia mergulhou em uma espiral descendente, os dois ficaram frustrados com todo o cenário negativo retratado pela imprensa. Nikos começou a enviar e-mails diários aos amigos falando sobre a descoberta de um lugar especial na capital grega, algum ponto "mantido secreto" que variava de uma padaria discreta a um evento promovido sem alarde.

Os e-mails se tornaram virais. Originalmente enviado a um punhado de amigos, em apenas três meses o Daily Secret passou a chegar a mais de 30 mil destinatários. As informações editadas encantavam os usuários, atraídos pelo tom otimista e pela linguagem visual deslumbrante. "Não precisamos de muito tempo para perceber que todas as cidades do mundo estavam carentes de uma dose diária de energia positiva", contou Nikos. O Daily Secret foi lançado em Istambul e depois disso chegou a quase uma cidade nova por mês. No início de 2014, a empresa já cobria 30 metrópoles de todo o planeta e reunia mais de 1,5 milhão de assinantes.

Conheci Nikos e Phaedra em 2012, quando a Endeavor começou a atuar em Atenas. Estavam entre os primeiros empreendedores da Grécia. No mês de setembro, fui entrevistada no programa *Squawk Box*, da rede CNBC, para anunciar nossa primeira operação naquele país da Europa. O entrevistador, Andrew Ross Sorkin, estava cético. "Se você queria começar a fazer negócios na Europa", disse, "por que cargas d'água foi escolher a Grécia?".

"Porque, quando as economias entram em baixa, os empreendedores olham para cima!", respondi.

Não sou uma Pollyanna e sei bem que empreender não é fácil – e que uma recessão pode dificultar a tarefa ainda mais. A maioria das empresas que nascem não vai sobreviver. Mas, após trabalhar ao lado de empreendedores-gazela em lugares onde o ambiente é árduo mesmo quando tudo está bem, pude constatar que é nos períodos de declínio que os empreendedores revelam o que têm de melhor. Na pior das hipóteses, muitos voltam ao passado e se sentem em casa ao lembrar dos períodos em que suas famílias não tinham como apoiá-los, os bancos negavam empréstimos e as pessoas importantes do setor não ligavam a mínima para eles. Não tinham escolha a não ser se mostrarem combativos.

Mesmo quem nunca empreendeu, mas um dia ficou sem seu emprego, tem um bom motivo para se sentir otimista diante da recém-descoberta vontade de correr riscos: eles estão em boa companhia. Bernie Marcus, de 49 anos, e Arthur Blank, de 36, montaram a Home Depot depois de serem demitidos da Handy Dan. Michael Bloomberg, então com 39 anos, usou o dinheiro que recebeu como indenização do Salomon Brothers para fundar sua empresa. Mas talvez o exemplo mais famoso de alguém que precisou empreender sem querer é o de uma mulher que, aos 26 anos, perdeu seu ganha-pão como secretária, em Londres.

No fim da década de 1980, Joanne Rowling trabalhava na Anistia Internacional, a princípio investigando violações aos direitos humanos, mas na verdade escrevendo em segredo uma série de histórias no computador do trabalho. Foi demitida. Em seguida, conseguiu um emprego como secretária na Câmara de Comércio de Manchester e, segundo definição própria, "eu era a pior secretária do mundo". Nessa ocupação, Joanne também passava os dias inventando personagens. Seus empregadores também se cansaram e demitiram a funcionária. Pouco tempo depois, no meio de uma viagem de trem entre Manchester e Londres, um pensamento surgiu na cabeça da jovem: e se um garoto embarcasse em um trem que permitisse escapar do tedioso mundo dos adultos e o levasse para um lugar onde fosse (literal e metaforicamente) muito poderoso? Quando chegou na estação, ela já tinha esboçado vários livros contando as aventuras do bruxinho.

Mas o caminho da empreendedora-borboleta J. K. Rowling não foi nada fácil. Ela tinha se casado, tido uma filha e se divorciado e teve de viver às custas do seguro-desemprego até terminar de escrever os originais do seu primeiro livro, recusado por diversas editoras. Mas o presidente da Bloomsbury levou os originais para casa e pediu que sua filha de 8 anos lesse o livro. A menina adorou. Rowling recebeu um adiantamento de £1.500 para lançar *Harry Potter e a Pedra Filosofal*. Receoso de que os garotos não gostassem de ler um livro assinado por uma mulher, o editor insistiu na adoção de pseudônimo neutro. Sem ter um nome intermediário para abreviar, Joanne incluiu o "K", em homenagem à sua avó Kathleen (um acréscimo provavelmente aprovado pela comediante Sara Blakely).

Parte da atitude de um empreendedor consiste em aprender a lidar com situações insatisfatórias. Não estou sugerindo que seja algo fácil e nunca *não espere* isso. Mas, se você quiser abalar a ordem estabelecida, vai precisar de um pouco de turbulência. Aproveite a oportunidade. Se você não puder correr dos touros, sempre é possível "abraçar o urso".

— *Admita seus erros* —

Às vezes, o caos que você enfrenta como empreendedor não está fora do seu controle, mas consiste em uma crise que você mesmo provocou. Por meio da escolha de uma estratégia errada, de uma aposta equivocada ou da execução incorreta, seu empreendimento acabou perdendo o rumo. Em resumo, você cometeu alguns erros. Seu instinto pode orientá-lo a fingir que nada aconteceu e a esperar que o problema desapareça. Você não está sozinho, pois muitos empreendedores fazem exatamente isso. Mas trata-se da escolha errada. Na verdade, existe apenas uma maneira de resolver a situação.

Assuma o que aconteceu.

Em 1911, Leon Leonwood Bean tomava conta do armazém de seu irmão Ervin em Freeport, no Maine, quando decidiu encontrar uma maneira de solucionar um problema que o incomodava: voltar das caçadas com os pés molhados pela chuva. Teve a ideia de costurar uma parte superior feita de couro suave nas solas de borracha das galochas e convenceu um sapateiro da região a confeccionar um par. *Eureka*! Bean ficou tão confiante de que essas botas representavam sua passagem para o sucesso financeiro que mandou fazer cem pares do calçado, decidido a comercializar a novidade pelo correio. O empreendedor conseguiu o endereço dos portadores de licença para caçar no estado do Maine e mandou um folheto para cada um, no qual ele anunciava: "Você não pode esperar êxito caçando veados e alces se seus pés não estiverem devidamente calçados. O Maine Hunting Shoe foi desenvolvido por um caçador que explorou as florestas do Maine durante dezoito anos. Garantimos que o produto dará uma perfeita satisfação em todos os sentidos".

A iniciativa de marketing deu certo e todos os cem pares de sapatos foram vendidos – mas 90% deles foram devolvidos em seguida. A costura que unia as duas partes do calçado havia desmanchado assim que os sapatos foram colocados em uso. Bean honrou sua palavra e devolveu o dinheiro a todos os compradores. Não contente, deu um passo além: fez um pequeno empréstimo e convenceu a U.S Rubber Company a produzir uma parte inferior mais resistente, capaz de segurar a costura. Em seguida, enviou gratuitamente a cada cliente insatisfeito um novo par de sapatos. A notícia sobre a honestidade de Bean e a qualidade do serviço se disseminou de boca em boca, e as encomendas se multiplicaram. A L. L. Bean se tornou a primeira grande loja varejista do Maine.

O erro quase fatal de Bean constituiu o alicerce de sua filosofia de negócios. O empreendedor foi a campo testar cada produto novo da empresa, afastando-se da rotina de administração para participar de tardes dedicadas ao camping, caça e pesca. Como depois fariam os fundadores de Banana Republic, ele elaborava as peças publicitárias da empresa e respondia pessoalmente às cartas dos clientes. Um observador escreveu que "era como se Bean fosse da família, uma espécie de tio um pouco excêntrico, porém amável, que vivia no Maine e nos mandava pacotes de vez em quando". E não era apenas para inglês ver: os clientes podiam devolver qualquer produto da L.L.Beans e trocar por outro item ou pedir o reembolso integral. Beans nunca cobrou o frete das mercadorias enviadas pelo correio e seu nome eternizou-se como sinônimo de 100% de satisfação.

Um século mais tarde, os fundadores de outra empresa do setor do vestuário aprenderam uma lição semelhante, embora nesse caso a reparação tenha exigido bem mais do que um par de botas resistente à chuva. A Bonobos é uma empresa varejista on-line de roupas masculinas, fundada em 2007, mas um erro cometido em 2011 quase acabou com sua trajetória. Tudo aconteceu na Cyber Monday*. Durante a promoção, a empresa chegou a oferecer descontos de até 60% e os executivos sabiam que o movimento seria intenso. O CEO Andy Dunn havia contratado um novo diretor de tecnologia e a dupla passou semanas se organizando para atender os pedidos. Mas, mesmo assim, não estavam preparados para um volume tão imenso. Naquele ano, as vendas pela internet explodiram, e a Bonobos recebeu uma quantidade enorme de visitas. O site não resistiu.

Dunn assumiu a responsabilidade pelo problema. Tirou o site do ar e anunciou que ficariam sem operação durante o tempo necessário para corrigir todas as falhas técnicas. E, o que foi mais importante, ele reconheceu o erro. No lugar do visual de design limpo que abria a home page da Bonobos, foi ao ar uma página com uma foto das pernas de um homem com as calças arriadas, ao lado da legenda "Fomos pegos com

---

*Data tradicional nos Estados Unidos que reúne diversas promoções e descontos da internet (NT).

as calças na mão". Mais tarde, ele declararia à revista *Inc.*, "O que nós dissemos foi: 'fizemos uma besteira'". Com o hashtag #SaveBonobos, a empresa também utilizou o Twitter para comentar a própria desgraça de maneira criativa. No Quora, site de perguntas e respostas, a equipe de design da Bonobos respondeu às dúvidas dos clientes.

O site permaneceu off-line por mais dois dias. Quando voltou a operar, os usuários que tinham perdido as ofertas da data promocional ganharam direito aos preços reduzidos. A empresa teve um mês terrível "porque a gente merecia isso", concluiu Dunn. "Parecia insolúvel, mas o problema uniu as pessoas. Lembro-me de ver todo mundo trabalhando em pleno sábado e, diante de tanta energia boa, pensei, 'Nós vamos conseguir dar um jeito'." Nas mídias sociais, os consumidores elogiaram a postura honesta da empresa. Um usuário do Facebook escreveu: "Vocês sempre estiveram no topo da minha lista Best Customer Service e souberam lidar muito bem com esse episódio. Mantenham sempre esse atendimento de alta qualidade e a ótima comunicação! Assinado, um cliente eterno".

Nos últimos anos, uma das experiências mais dramáticas envolvendo a recuperação de uma empresa não dependeu de um pedido de desculpas, mas de dois. Em julho de 2011, Reed Hastings, CEO da Netflix, apontado pela revista *Fortune* como "o homem de negócios do ano", anunciou que estava dividindo a organização em duas operações, uma voltada para o aluguel de DVDs e outra para o *streaming* de imagens. De imediato, 800 mil clientes cancelaram as assinaturas. Hastings publicou um pedido de desculpas pelo blog da empresa. "Eu errei", escreveu ele. "Ficou claro para nós, a partir do feedback, que muitos assinantes consideraram desrespeitosa e desprovida de humildade a forma como anunciamos a divisão dos serviços." Ele continuou: "Olhando para trás, vejo que deslizamos na arrogância, com base no sucesso do passado". Hastings chegou a gravar um vídeo com um pedido de desculpas, mas deu prosseguimento à impopular estratégia. E as ações da empresa continuaram a despencar.

Os críticos da mídia entraram em ebulição. Até o programa *Saturday Night Live* caçoou de Hastings e de suas camisas havaianas. Três semanas mais tarde, o executivo postou outra mensagem em seu blog. A empresa continuaria a ser uma só. "Está claro que, para muitos de nossos assinantes, a adoção de dois sites tornaria as coisas mais difíceis e por isso vamos manter a Netflix com operações para locação de DVDs e download de filmes." As ações continuaram em queda e passaram de US$ 298 para US$ 53.

Naquele momento, Hastings parou de falar e voltou a trabalhar. Reergueu seu negócio e investiu US$ 100 milhões na produção da série *House of Cards* e chegou a alterar o próprio visual, abandonando a moda de inspiração praiana para ostentar trajes de negócios. A reviravolta deu resultado. A empresa atraiu milhões de assinantes do serviço de *streaming* e *House of Cards* se tornou um sucesso comercial e de crítica. A Netflix terminou o ano de 2013 na condição de ação com melhor desempenho no índice S&P 500, após subir 298%. No início de 2014, os papéis da empresa eram negociados a quase US$ 400.

Mas o que Hastings aprendeu com esse desastre e a posterior recuperação? "Percebi que, se nossa empresa pretende fazer as pessoas felizes, havia cometido um erro", confessou ao jornalista James Stewart. "A parte mais difícil foi lidar com meu sentimento de culpa. Eu amo a empresa. Trabalhei muito duro para que tivesse sucesso e depois estraguei tudo. A vergonha pública não me incomoda. O pior é a vergonha particular de ter cometido um grande erro." Hastings acrescentou que não esperava que o pedido de desculpas bastasse para mudar as coisas. "Não fui ingênuo a ponto de achar que a maioria dos clientes se comovesse com as desculpas do presidente da empresa, mas achei que era a medida mais honesta e adequada." O novo objetivo de Hastings agora é: "agradar e ampliar o número de assinantes".

Para surtir o efeito desejado, as desculpas precisam ser reais e plenas de significado. Dov Seidman, o fundador da LRN, organização que presta consultoria sobre cultura corporativa a diversas empresas, considerou os mea culpas feitos pela maioria dos CEOs como "desculpas para inglês ver". Em 2014, Seidman e Andrew Ross Sorkin, jornalista do *New York Times*, criaram um "medidor" para apontar os que se desculpavam "da boca para fora". O único CEO que Seidman citou como autor de um pedido de retração genuína e com louváveis ações subsequentes foi Reed Hastings, da Netflix.

Todos os empreendedores enfrentam contratempos que fogem a seu controle. Se a causa do problema (ou do erro) for interna, aja de forma honesta e sincera e demonstre arrependimento. Depois, volte ao trabalho.

— *Era uma vez* —

A medida mais fácil a ser tomada quando sua empresa enfrenta períodos difíceis consiste em abandonar os princípios essenciais e fazer o que for preciso para sobreviver. Trata-se de uma saída compreensível, porém equivocada.

Um aspecto comum entre os empreendedores que conseguem superar períodos caóticos é que não se limitam a mirar para a frente, mas também olham para o passado quando é necessário. Não se restringem a aproveitar as oportunidades, assumir os erros e seguir em frente: não importa o grau de incerteza que os cerca, retornam aos valores fundamentais e se reconectam com suas origens. Como definiu o conhecido historiador especializado no mundo dos negócios Alfred Chandler Jr., "como você pode saber para onde está indo se não sabe de onde vem?".

Um exemplo notável dessa estratégia é o de Howard Schultz. Em janeiro de 2008, Schultz, presidente e CEO aposentado da Starbucks, promoveu uma reunião extraordinária do conselho consultivo da empresa. Diante de uma desvalorização de 50% no valor das ações, o executivo anunciou que tinha demitido o sucessor que escolhera a dedo e que estava voltando ao comando da empresa. Os executivos haviam "corroído" a experiência da Starbucks, disse ele, enchendo os balcões de bichos de pelúcia, eliminando os aromas do café previamente moído e, para piorar, instalando máquinas automáticas de café expresso que aboliam o "romantismo e a teatralidade" do trabalho do barista. "Não basta avançar 'de volta para o futuro'", assegurou. "Existe uma parte do passado que é valiosa para nós. Temos de recuperar e restituir a alma de nossa empresa."

É claro que são apenas palavras, mas Schultz tomou medidas nada convencionais. Em primeiro lugar, fechou todas as 7.100 filiais da Starbucks nos Estados Unidos por três horas e meia, em plena tarde de terça-feira, para treinar os baristas na "arte de preparar um café expresso". O mercado de ações de Wall Street entrou em fúria, mas os analistas ficaram ainda mais confusos quando o CEO recém-reintegrado gastou US$ 30 milhões ao levar dez mil gerentes de loja para um encontro em Nova Orleans. Schultz afirmou que queria agir de forma "vulnerável e transparente com os colaboradores quanto ao que estava em jogo de fato e à real gravidade da situação". Também recusou os apelos pessoais vindos de grandes investidores para cortar os custos com planos de saúde e reduzir o padrão de qualidade, medidas que renderiam uma economia estimada em algumas centenas de milhões de dólares.

As ações da Starbucks, em baixa durante meses depois que Schultz retomou o controle da empresa, aumentaram quase dez vezes nos cinco anos seguintes. Quando perguntaram o que explicava essa retomada, Schultz atribuiu a recuperação ao retorno da empresa à sua essência: "O patrimônio da marca é definido pela qualidade do café, mas, o que é ainda mais importante, pela relação que o barista tem com o cliente".

Mas os fundadores das organizações não são as únicas pessoas capazes de reconduzir uma empresa a suas origens em tempos de turbulência. Vejamos o caso de Angela Ahrendts, a quem costumo definir como uma "empreendedora-gambá vestida com gabardina". Em 2006, Ahrendts, que cresceu em New Palestina, cidade de Indiana com 2.053 habitantes, não era uma provável candidata a assumir a icônica marca de roupas britânica Burberry. Uma de seis irmãos criados em uma casa modesta, Ahrendts tinha dormido em um armário debaixo de uma escada e costurado as próprias roupas. A imprensa londrina caçoou do estilo típico do centro-oeste norte-americano e das raízes sem *glamour* algum.

Mas Angela Ahrendts, do alto de seus quase dois metros de altura e com experiência ao lado de estilistas como Donna Karan e Henri Bendel, tinha um formidável talento para os negócios. Além disso, adorava as marcas ilustres e fortes, fiéis a suas tradições. A Burberry estava longe disso e, com um século e meio de existência, passava por um momento de oscilação. Em um período de rápida expansão das marcas de luxo, a Burberry era básica: contava com 23 licenciadas em todo o mundo, todas vendendo produtos distintos, que variavam de coleiras para cachorros a *kilts**. "Em se tratando de luxo, a onipresença pode matar", declarou Ahrendts, "porque estar em todo lugar significa que não se trata de luxo de verdade".

A virada começou na primeira reunião de planejamento estratégico da direção executiva. Os 60 principais gestores da empresa haviam partido de vários lugares do mundo para se encontrar em Londres. Fazia um tempo tipicamente inglês: frio, cinzento e chuvoso. No entanto, nenhum dos executivos vestia um *trench coat* da Burberry. Ahrendts pensou: "Se as pessoas que comandam nossa empresa não compram nossos produtos, apesar do desconto enorme a que têm direito, como esperar que os outros clientes paguem o preço cheio por um casaco?".

Ahrendts recorreu a Christopher Bailey, um jovem com o qual havia trabalhado em seus anos na Donna Karan, e pediu ajuda para reconduzir a Burberry às suas raízes. O processo foi confuso. Angela apelidou Bailey de "czar da marca" e declarou que todos os projetos, sem exceção, passariam pelo crivo do estilista. Em seguida, ela demitiu toda a equipe de criação, então concentrada em Hong Kong, e trouxe estilistas do mundo todo para fazer uma reciclagem com Bailey, na Inglaterra. Em certo momento, a executiva foi convidada a depor no Parlamento para justificar sua polêmica decisão de fechar uma fábrica no País de Gales. Mas ela nunca se desviou do seu caminho. A Burberry precisava voltar para seu berço: a fabricação de casacos impermeáveis.

Na década de 1880, o jovem Thomas Burberry, um ex-aprendiz das artes têxteis, inventou a gabardine, tecido impermeável que utilizou para confeccionar casacos de chuva. Na Primeira Guerra Mundial, Burberry foi convidado a projetar um sobretudo durável para ser usado pelos soldados ingleses. Após o conflito, o *trench coat* da Burberry se tornou um símbolo da cultura britânica e chegou a conquistar a

---

*Saias escocesas masculinas (NT).

distinção de fornecer peças para a família real. O explorador Ernest Shackleton usou seu casaco Burberry quando percorreu a Antártida, assim como George Mallory, em sua frustrada tentativa de escalar o Everest. Astros da sétima arte, de Humphrey Bogart a Greta Garbo, exibiam a peça nas telas dos cinemas.

Ahrendts queria reconduzir a empresa para aquele passado glorioso. "Gosto de lembrar aos colaboradores que não fomos nós que fundamos a empresa. Quem fez isso foi Thomas Burberry, aos 21 anos. Ele era jovem e criativo. Dizemos que esse espírito continua vivo e que cabe à geração atual a tarefa de preservar o legado do fundador."

Como se pode esperar de dois "gambás" nada convencionais, Ahrendts e Bailey não se contentaram com o já conhecidíssimo xadrez bege e acrescentaram roxo metálico e ombreiras de crocodilo. Enquanto o "czar da marca" tocava os projetos, Ahrendts concentrava seu olhar na expansão. Em seis anos, foram inauguradas 132 lojas, todas voltadas sobretudo para a venda de casacos e gabardines. A executiva treinou as equipes de venda para realçarem o aspecto artesanal dos produtos da Burberry e reorientou a estratégia de marketing de olho em uma nova geração de consumidores: a geração Y.

Em 2011, a Burberry foi apontada como a marca de produtos de luxo com crescimento mais rápido, de acordo com o índice Interbrand, e a quarta marca global de expansão mais veloz, atrás apenas da Apple, do Google e da Amazon. No ano seguinte, a empresa atingiu uma receita de US$ 3 bilhões, o dobro da cifra apresentada cinco anos antes. Em 2013, Angela Ahrendts anunciou que estava deixando Burberry para trabalhar na Apple, não no cargo de CEO, mas na condição de empreendedora-gambá encarregada da gestão do varejo da marca. Ponto para a guerra dos casacos!

Outro aspecto, agora para uma das principais lições aos empreendedores que precisam enfrentar o caos: se você está se sentindo perdido na floresta, volte seu olhar para o início da história – ou seja, para onde tudo começou.

Um ano após o nascimento de minhas filhas, fiz uma das minhas longas viagens, dessa vez com destino a São Paulo. Aproveitei a estada para visitar Jorge Paulo Lemann e Beto Sicupira, agora à frente da 3G Capital, uma das empresas de investimento mais influentes do mundo, proprietários da Anheuser-Busch e de partes do Burger King e da Heinz. Os dois executivos foram membros fundadores da Endeavor Brasil. Eu ainda estava abalada com todo o tumulto que a Endeavor tinha atravessado e falei um pouco sobre meu medo e minhas frustrações.

Eu queria que Beto e Jorge Paulo me dissessem o que eu estava fazendo de errado. Não era para as coisas ficarem mais fáceis? Beto, o mais ousado e tático da dupla, me presenteou com um esclarecimento revigorante: "Você é uma pioneira e é difícil mesmo. Se fosse fácil, alguém teria implementado sua ideia antes de você". Deu uma batida suave no meu ombro e saiu da sala.

Em seguida, Jorge Paulo falou uma coisa da qual nunca mais esqueci. Formado em Harvard e ex-tenista hábil (chegou a jogar em Wimbledon), esse empreendedor tem modos suaves e paternais que escondem uma vontade inabalável. Ele me pediu para imaginar as dificuldades que ele e seus sócios haviam enfrentado: desvalorização da moeda, inflação de três dígitos, quedas dos mercados de ações, golpes, greves gerais. "No nosso mundo, cada dia traz uma nova ameaça à nossa existência", declarou.

Mas é isso o que os tornou fortes, continuou Lemann. "Nossa maior vantagem está em termos sido testados em um ambiente de grande ebulição econômica e transformações decisivas. Os altos e baixos da economia nos prepararam para lidar com situações adversas."

O que ele queria dizer era claro: empreendedores têm de ser hábeis ao lidar com o caos.

As pesquisas confirmam essa teoria. Um importante estudo de líderes empresariais em mercados emergentes, realizado por professores da Universidade da Pensilvânia e da Universidade de Oviedo, na Espanha, apontou que, por terem crescido em ambientes turbulentos, são menos temerosos que seus correspondentes norte-americanos e contam com uma posição mais adequada para explorar as oportunidades. O estudo concluiu: "todas as empresas precisam ser capazes de funcionar em ambientes caóticos e imprevisíveis".

Ouvi a mesma tese de dois empreendedores da rede da Endeavor que conheci nessa viagem ao Brasil. Mario Chady e Eduardo Ourivio administravam uma rede com vários restaurantes de fast-food quando o sistema monetário do país entrou em colapso. A inflação chegou a 70% ao mês. "Alterávamos os preços do cardápio uma vez por semana", contou Mario. "Era uma loucura. Corria de um restaurante para outro montado na minha moto." Incapaz de suportar a pressão, a dupla decretou a falência do empreendimento.

Mas, em seguida, começaram a reconstrução. Mario passou a trabalhar em tempo integral na loja que apresentava os piores resultados. Cada canto do restaurante tinha uma opção diferente de comida e Mario e Eduardo logo perceberam que o espaço mais disputado era o ocupado pelas massas, onde o chef preparava as refeições diante dos olhos dos clientes. Aproveitando esse insight, os dois criaram o conceito do Spoleto, uma casa de massas na qual o cliente pode escolher os ingredientes da refeição, como o tipo de massa, o molho e os complementos, e assistir ao preparo do prato.

Em seguida, Mario e Eduardo começaram a pensar na cultura do empreendimento. Em meio a tanta incerteza, os colaboradores se sentiam ansiosos em relação ao futuro. Embora na época poucas empresas recentes no mercado oferecessem participação nos lucros e ações da organização, o Spoleto proporcionava os dois benefícios. "Queríamos que todos, do CEO aos lavadores de pratos, compartilhassem nosso sonho", explicou Mario. Um número menor de empresas abria o capital, o que significava que as ações tendiam a não ter grande significado. Foi assim que Mario e Eduardo injetaram em cada aspecto do Spoleto o entusiasmo e o bom humor típicos da dupla. Chegaram a contratar um ex-ator para treinar os atendentes no trato com o público e um artista de circo para ensinar os chefs a fazer malabarismos. Permitir que as equipes preparassem as refeições de forma mais teatral liberou-as para se sentir como uma espécie de "embaixadores" da empresa.

A aposta valeu a pena. Em um setor famoso pela rotatividade intensa, o Spoleto apresenta um turnover correspondente a um terço da média nacional. Em 2013, a empresa atingiu uma receita de US$ 340 milhões, empregou sete mil colaboradores e chegou a 470 endereços. A marca estava se preparando para abrir a primeira unidade nos Estados Unidos.

Refletindo sobre sua jornada, Mario revelou: "Mesmo quando é difícil, mesmo naqueles dias em que deseja rastejar de volta para a cama, você tem de se lembrar do seu grande sonho. Nunca permita que o caos que vem de fora, como a economia, o intimide. Tire vantagem dele".

Eduardo acrescentou: "Em empreendimentos como o nosso, mudanças acontecem!".

Quando comecei, achava que momentos difíceis não passavam disso – apenas momentos difíceis. Mas agora aprendi. Costumo dizer a nossos empreendedores para evitarem o erro ingênuo que cometi. Passada a turbulência, as coisas não "voltam ao normal": a dificuldade é que é normal. O status quo é *Sturm und Drang*[*].

Ou, como Eduardo bem definiu, mudanças acontecem.

Por isso, prepare-se. Quando o caos constitui seu cotidiano, convém se tornar um aliado dele. Caso contrário, enquanto estiver ocupado lamentando suas dificuldades, alguém vai embarcar em um trem em algum lugar e desembarcar levando na mente uma criação como Harry Potter, Mickey Mouse ou alguma outra invenção maluca.

E você pode ficar parado no tempo, contando com o Coelho Osvaldo.

---

*Em português, tempestade e violência (NT).

PARTE II
Crescer

CAPÍTULO 4

A personalidade do empreendedor

Katherine Briggs não desaprovou o rapaz que sua filha Isabel trouxe para passar o Natal com a família em 1915, mas suspeitou que o casal tinha personalidades incompatíveis. Isabel era espontânea, criativa e sonhadora, enquanto Clarence "Chief" Myers, o namorado da jovem, demonstrava ter um comportamento lógico, focado e detalhista. No entanto, os dois pareciam felizes. Como aquilo era possível?

Inspirada pelo incomum gosto de sua filha por homens, Katherine começou a vasculhar biografias e identificou quatro tipos de personalidades: meditativa, espontânea, sociável e executiva. Quando encontrou o livro *A Teoria dos tipos psicológicos*, de Carl Jung, comentou com Isabel: "É isso!", e incorporou a pesquisa do estudioso à sua classificação. Tanto a mãe como a filha, agora casada com Clarence, continuaram observando as pessoas e "catalogando" seus tipos ao longo de duas décadas. (Na verdade, Isabel fez isso durante 61 anos, período em que durou sua união com aquele namorado de personalidade "incompatível".) Após o início da Segunda Guerra Mundial, Isabel leu uma matéria da revista *Reader's Digest* sobre como as mulheres, que naquele momento começavam a inundar o mercado de trabalho, enfrentavam dificuldades para encontrar o emprego certo. Achou que a pesquisa de sua mãe poderia ajudar as novas profissionais a identificar as funções mais adequadas a suas personalidades. Isabel começou a avaliar todas as pessoas que encontrava – amigos, estudantes, profissionais que trabalhavam em escritórios. O teste criado por ela, Myers-Briggs Type Indicator, tornou-se o mecanismo de diagnóstico de local de trabalho mais adotado em todos os tempos, aplicado até hoje em mais de 50 milhões de pessoas.

Pessoalmente, sou uma grande fã do sistema Myers-Briggs e de outros testes similares: pertenço ao grupo ENTP (extroversão, intuição, razão e percepção; a sigla refere-se aos temos em inglês) na classificação tipológica do Myers-Briggs; fui considerada uma ID (influenciadora dominante) no método DISC; e faço parte do grupo 7, que reúne pessoas otimistas e positivas, segundo a divisão do sistema Ennagrama. Por experiência, sei que esses sistemas ajudam a me compreender melhor. E, na condição de alguém que muitas vezes recebe críticas por ser impaciente, também sei que esses testes têm me auxiliado a perceber que nem todo mundo é motivado da mesma maneira. Talvez tenha sido por isso que, depois de alguns anos à frente da Endeavor e de constatar que quase todos os empreendedores que conheci insistiam em tropeçar nos mesmos obstáculos, quando decidiam ampliar sua atuação, tomei a decisão de fazer algo semelhante: me propus a criar um teste de personalidade capaz de ajudar os empreendedores a identificar seus aspectos positivos e negativos.

Esse processo levou vários anos. Em primeiro lugar, eu e minha equipe analisamos milhares de empreendedores que encontramos ao longo dos anos e nos mais de 50 eventos internacionais de seleção, nos quais discutimos as características dos candidatos em seus pontos de inflexão. Em seguida, trouxemos uma equipe da empresa de consultoria Bain & Company, que enviou um detalhado questionário a 200 empreendedores de nossa rede. A Bain & Company deu prosseguimento a entrevistas mais aprofundadas, e nós avaliamos os dados e discutimos muito. No final, chegamos a quatro tipos de personalidade predominantes entre os empreendedores:

Diamantes: *Sonhadores visionários que comandam empreendimentos revolucionários.*
Estrelas: *Pessoas carismáticas que transformam seu nome em marcas.*
Transformadores: *Promovem mudanças ao reernegizar setores tradicionais.*
Foguetes: *Pensadores analíticos e autores de melhorias estratégicas.*

Trata-se de uma classificação diferente da que apresentei antes – empreendedores-gazela, gambá, golfinho e borboleta –, mais associada à área de atuação dos profissionais. Os perfis abordados a seguir se relacionam especificamente à personalidade: quais são os pontos fortes e frágeis quanto à liderança; quais são as tendências positivas e negativas quando o assunto é promover mudanças. Quanto mais você souber sobre seus instintos como empreendedor, mais eficaz será sua atuação.

Isso é especialmente verdadeiro quando o assunto envolve o que vou abordar neste capítulo: o processo de crescimento.

Muitos livros sobre empreendedorismo apostam no mesmo truque – exatamente o mesmo presente em tantas comédias românticas produzidas por Hollywood. Mostram o singelo momento em que os criadores decidem empreender, os obstáculos divertidos que enfrentam a caminho do altar, o trajeto que percorrem sob um bonito pôr do sol e logo depois a primeira grande realização. Depois disso, é a hora do "viveram felizes para sempre".

Se fosse assim...

"Montar uma empresa é como se casar", declarou Georges Doriot, considerado o pai do capital de risco. "A maioria dos problemas aparece depois que a lua de mel terminou."

Nesta parte do livro, pretendo ajudar o leitor a enfrentar os problemas pós-lua de mel. Nos próximos capítulos, vou abordar os desafios cotidianos da administração de um empreendimento que se amplia com velocidade, com especial atenção para o aprimoramento das habilidades de liderança, da capacidade em identificar e reter talentos e do máximo aproveitamento das lições vindas de seus mentores.

Mas quero começar pelo que acredito que seja o primeiro passo crucial para quem pretende crescer: saiba quem você é. Da mesma forma como todas aquelas novas trabalhadoras que inundavam o mercado de trabalho na década de 1940 precisavam entender quem eram, todas as pessoas que empreendem no cenário atual também precisam fazer essa descoberta. Cada empreendedor tem um tipo de personalidade. Qual é o seu?

— Diamantes —

Steve Jobs. Mark Zuckerberg. Sergey Brin e Larry Page. Ted Turner. George Lucas. Elon Musk. Empreendedores do tipo diamante são sonhadores brilhantes que montam organizações que alteram todo o cenário conhecido. São evangelistas carismáticos que instigam a imaginação sempre que falam sobre promover uma revolução na vida das pessoas. Os empreendedores diamante vislumbram um mundo mais emocionante e inspiram os outros a ajudá-los a chegar a esse ideal. Mas muitas vezes os empreendedores desse grupo não têm um roteiro claro para o crescimento, o que pode significar um futuro altamente instável e imprevisível. Quando atingem sucesso podem alterar todo o jogo, mas quando isso não acontece o processo costuma ser rápido e tumultuado.

Brahms Chouity, empreendedor da rede da Endeavor, cresceu no Líbano e na Arábia Saudita. Estudou hotelaria na Suíça e montou diversas empresas no Oriente Médio, em áreas díspares como design de interiores e o mundo das finanças (chegou até a abrir uma filial saudita de uma marca de carros esportivos britânicos). Ele se movimentou rapidamente, foi ágil e chegou a fazer 90 viagens a trabalho em um ano. Em 2010, quando sua mulher anunciou que estava grávida, Brahms declarou que tiraria um ano sabático. Sua esposa estava emocionada. Porém, quando se acomodou no sofá do casal em Beirute e começou a se dedicar a seu passatempo favorito (jogar videogame), a paciência dela desapareceu. Após três dias do período sabático de Brahms, ela deu um ultimato: "Encontre alguma maneira de ganhar dinheiro ou não vai sobrar um console sequer nesta casa".

Ele precisava encontrar um novo esquema – e rápido. Tarde da noite, depois de um dia inteiro dedicado aos jogos, assistiu ao filme *A Rede Social*, que conta a história do surgimento do Facebook. Foi um momento de revelação: não existia uma rede social específica para conectar jogadores de plataformas diferentes, como Xbox, PlayStation e PCs. "Se o Mark Zuckerberg pode fazer isso, por que eu não posso?", pensou. "Esse cara é mais novo do que eu." E foi o que ele fez. Com a ajuda de um designer, Brahms criou o At7addak*, que em idioma árabe significa "Eu desafio você". Os jogadores adoraram o site, e a Activision e a EA se ofereceram para patrociná-lo, mas os ganhos eram modestos. Por isso, Brahms voltou-se para um modelo que contasse com mais participação dos usuários. Convidou os colaboradores a enviar comentários e vídeos, oferecendo em troca uma parte dos ganhos com publicidade. Em dois anos, a novidade reunia 600 mil usuários ativos e contabilizava oito milhões de *views* mensais.

Os aspectos positivos de Brahms como empreendedor são evidentes para qualquer um que conversar com ele. Determinado e confiante, é uma máquina de ideias. No entanto, os aspectos fracos também são claros, uma vez que o jovem também é impulsivo. Em um instante está interessado na gestão de hotéis, no momento seguinte já está vendendo carros esportivos – isso antes de pensar em montar uma rede social. Será que ele consegue se manter em alguma coisa? Será que tem paciência para montar um empreendimento sustentável ou vai aderir à próxima novidade assim que vislumbrar uma oportunidade?

Segundo minha classificação, Brahms pertence ao grupo dos empreendedores-diamante. Empreendedores como ele têm sucesso rapidamente ou então fracassam depressa.

---

*A pronúncia é at-rá-dác (NT).

Como acontece em cada tipo de perfil, identificamos as questões-chave que os empreendedores (além de seus apoiadores, integrantes da equipe, mentores, até mesmo amigos e familiares) devem estar fazendo a si mesmos. No caso dos empreendedores do tipo diamante, as perguntas são:

- Existe uma ideia, produto ou serviço ousado o bastante a ponto de configurar uma vantagem para a empresa?
- O empreendedor tende a permanecer nesse empreendimento ou corre o risco de partir rumo a novos desafios assim que surgir uma oportunidade?
- É uma pessoa aberta a comentários e a críticas?
- O empreendedor costuma dividir os méritos?

Esses últimos pontos são especialmente críticos para os empreendedores-diamante. Vejamos o caso de Elon Musk, o empreendedor sul-africano por trás do sistema de pagamento eletrônico PayPal e a mente inovadora que concebeu a empresa de transporte espacial SpaceX e a montadora de carros Tesla Motors. Com frequência, Musk é descrito como um gênio e um prodígio da tecnologia. Em 2003, quando fundou a Tesla Motors, empresa produtora do carro elétrico, declarou: "Seremos a próxima GM", e prometeu colocar 100 mil veículos nas ruas até 2009. Apesar de ter errado o cálculo por 99.400 unidades, no final, a visão implacável de Musk predominou: a *Consumer Reports* apontou o modelo Tesla S como a melhor compra de 2014. No mesmo ano, a empresa fabricante do veículo movido a eletricidade chegou a uma valorização de US$ 30 bilhões, ou pouco mais do que a metade do valor da GM.

Mas esse diamante-gazela também costuma ser descrito como autocrático e teimoso. O primeiro CEO da empresa moveu um processo contra Musk, acusando-o de ter espalhado calúnias e de ter tomado crédito indevido para a fundação da empresa. Quando o *New York Times* criticou o Model S, Musk acusou a matéria de ser "uma farsa" e de "violar a ética", além de lançar ataques pessoais contra o repórter (as acusações se prolongaram durante um mês).

Os empreendedores do tipo diamante são brilhantes, mas muitas vezes se limitam a isso.

Um exemplo supremo de um representante desse grupo foi Steve Jobs. De um lado, em todas as etapas de sua longa trajetória, Jobs conseguiu adequar a realidade à sua própria visão. Um integrante da equipe de criação do Macintosh comparou a mistura de teimosia e de criatividade de Jobs com o campo de distorção da realidade presente em *Star Trek*. "Na presença dele, a realidade é algo maleável", declarou o colaborador. Mas essa convicção significava que ele desconsiderava os outros (incluindo os clientes) e não conseguia dividir os holofotes. Jony Ive, guru do design da Apple, descreveu a experiência de levar ideias novas para Jobs: "Ele passava por um processo de observar minhas propostas e dizer, 'Isso não é bom. Isso não é muito bom. Eu gosto daquilo'". Mais tarde, Ive acrescentou: "Depois, ficava sentado na plateia enquanto ele apresentava a novidade como se fosse ideia dele. Presto muita atenção nas origens de uma ideia e guardei um monte de cadernos com meus projetos. Por isso, fico muito incomodado quando ele assume o crédito por uma criação minha".

Um empreendedor diamante nem sempre é o melhor amigo de seus colaboradores.

Nem todos os empreendedores do tipo diamante são gazelas ágeis no crescimento e ávidas por lucros. Alguns, como eu, pertencem ao grupo dos golfinhos. Quando Peter e eu criamos a Endeavor, acreditávamos que tínhamos uma ideia revolucionária. Prometemos construir algo único com base em um futuro que só nós vislumbrávamos, e essa confiança constituía nosso aspecto positivo. Os pontos negativos eram o fato de ambos serem teimosos, de eu perder minha concentração com facilidade e de demorar para provar que poderia trabalhar com outras pessoas. Peter gerou um monte de ideias e deixou, depois de um ano, as operações diárias da Endeavor para perseguir outro sonho. Com isso, tive de provar que era capaz de me concentrar, contratar as pessoas certas e dar a elas liberdade para ter sucesso.

Cada perfil de empreendedor tem seus riscos. Conhecer quais são as falhas potencialmente mortais (que chamo de "bandeiras vermelhas") pode ajudar a evitar um desastre. Este é meu conselho para os empreendedores diamante:

Aprendam a ouvir. Os empreendedores-diamante muitas vezes dizem que querem ser seus próprios patrões, mas ninguém pode fazer isso sozinho. Você precisa de uma equipe robusta formada por mentores, parceiros e colaboradores. Se você for teimoso demais para aceitar críticas, será lento demais no processo de identificação de problemas.

Divida o sucesso. Contratar uma equipe não basta: é preciso recompensar as pessoas. E lembre-se: nem todo mundo é como você. Algumas pessoas gostam de elogios e outras de regalias; algumas preferem um desafio que possam dominar e outras adorariam um tempo livre. Descubra o que motiva e inspira os membros da equipe e ofereça a coisa certa. Lembre-se de dividir os méritos e de responsabilizar quem erra.

Às vezes, o cliente tem razão. Sua visão e determinação podem ser seus maiores trunfos, mas, desculpe, você não é o Steve Jobs. Não desconsidere seus clientes. Sua organização pode oferecer algo totalmente inovador, o que não significa que os usuários vão amar a novidade de maneira incondicional. Crie um sistema adequado de feedback e tome medidas a partir das críticas que receber.

— *Estrelas* —

Oprah Winfrey. Martha Stewart. Richard Branson. Estée Lauder. Giorgio Armani. Jay-Z. Os empreendedores deste grupo são dinâmicos lançadores de tendências e donos de grande personalidade, capazes de inspirar profunda lealdade de diversos públicos. Sabem de maneira instintiva o que está no ar e estão dois passos à frente de todo o mundo. Os empreendedores do tipo estrela se transformam em fonte de orgulho para suas comunidades, grupos e países. Quando conseguem alcançar o sucesso, podem conquistar presença mundial. Mas em geral são "um espetáculo de um artista só", mudam de ideia com frequência e podem ser indisciplinados quando a questão envolve tempo ou dinheiro.

O empreendedor da Endeavor Anton Wirjono queria ser mais do que apenas o melhor DJ de Jacarta. Enquanto estudava administração na Califórnia, o jovem nascido na Indonésia "girava uns discos" para ganhar um dinheiro extra. Ao voltar para casa, deixou de lado os livros de teoria contábil e dedicou-se a sua paixão pela *dance music*. Em pouco tempo, tornou-se um expoente da cena hip-hop na Indonésia e a MTV do país o inclui na lista das "dez pessoas com toque de Midas".

Inspirados nos mercados noturnos de Jacarta, Anton e quatro amigos organizaram uma série de eventos fashion com quatro dias de duração. Atraíram 75 mil pessoas. O grupo abriu uma loja de departamentos chamada The Goods Dept, que vendia produtos cuidadosamente escolhidos. Em seguida, veio o Goods Café, ao lado de mais duas lojas e de um site de e-commerce. Com a expansão da cena criativa do país, o Goods Group estava se tornando destino obrigatório de uma nova classe de moradores urbanos e sofisticados. Anton era o ícone, ou, como ele próprio se definia, "o provedor universal de tudo o que estava na moda".

Quando conheci Anton, seus pontos fortes como empreendedor ficaram claros para mim: é carismático, antenado e com ótima sensibilidade para captar as tendências. Além disso, atrai fiéis seguidores e proporciona uma experiência gratificante. Anton é um criador de gostos. Mas os aspectos negativos também saltavam aos olhos: será que a sensibilidade artística do jovem iria prevalecer sobre seus instintos para fazer negócios? Farejar as últimas tendências é ótimo, mas, mais cedo ou mais tarde, você vai precisar daqueles livros de administração guardados embaixo da cama. Ele estaria disposto a se incomodar com as questões cotidianas associadas à gestão? Em caso negativo, talvez se saísse melhor como responsável pela curadoria do que como diretor executivo. Será que, em último caso, ele iria perder seu talento para o lançamento de modas?

Pela minha classificação, Anton é um empreendedor-estrela. Alguns continuam a brilhar com intensidade, enquanto outros se incendiam rapidamente e desaparecem em seguida.

Empreendedores do tipo estrela enfrentam desafios sérios na hora de crescer:

- A ideia tem potencial para ir além do carisma do empreendedor? Trata-se de um culto à personalidade ou de um show de um homem/mulher só?
- A fama da marca do empreendedor é forte o suficiente para que os consumidores queiram pagar mais pelo produto ou pela experiência?
- O empreendedor sabe lidar com dados e análises e não apenas com marketing, criatividade e visão artística?
- O empreendedor tem o que é preciso para construir uma grande organização que vá além de uma grande marca?

O problema de muitos empreendedores estrelas é que eles ouvem o tempo todo o quanto são carismáticos e atraentes. São "astros do rock". Mas, para poder crescer, precisam de colaboradores. Quando este tipo de empreendedor pede meu conselho sobre como proceder, costumo responder: "Seja uma banda de rock e não um *rock star*".

Vejamos o exemplo de uma das maiores estrelas do mundo da gastronomia. Filho de minerador e de doceira, Wolfgang Puck foi criado na Áustria. Começou a trabalhar em restaurantes quando tinha 14 anos e se mudou para os Estados Unidos aos 24. Depois de trabalhar como chef no Ma Maison de Los Angeles, em meados da década de 1970, Puck decidiu que era hora de abrir seu próprio restaurante. Segundo seu projeto, o estabelecimento teria mesas cobertas com toalhas de tecido xadrez vermelho e uma foto do Monte Vesúvio na parede. Porém, na projeção de Barbara, a futura esposa do chef, o Spago teria janelas amplas, toalhas de mesa brancas e (o que era uma novidade na época) uma cozinha aberta que permitiria aos clientes observarem Puck preparando pratos da cozinha californiana. A visão de Barbara prevaleceu, e o Spago se tornou um sucesso imediato. Puck se transformou em presença constante em talk shows, tapetes vermelhos, estantes de livrarias e prateleiras de supermercados. Foi o primeiro chef celebridade dos Estados Unidos, dono de um império estimado em US$ 400 milhões.

Mas Puck nunca escondeu sua ignorância em relação ao mundo dos negócios. Não tinha habilidades financeiras, não entendia de contabilidade e não sabia lidar com as pressões decorrentes da gestão do dinheiro. "Um bom chef tem de ser ao mesmo tempo um gestor, um homem de negócios e um grande cozinheiro", falou. "Associar os três talentos, às vezes, é difícil." Para contornar esse problema, contratou um profissional com MBA em Harvard para ajudar na administração dos negócios, mas o colaborador tentou superar suas atribuições e Puck o demitiu. Barbara era uma boa gestora, e durante um tempo conseguiu administrar os restaurantes e os contratos publicitários. Quando os dois se divorciaram, porém, o chef se viu sozinho.

Hoje, Puck se concentra em ser o rosto da marca e se associou a empresas como a Campbell Soup para gerir as empresas que levam seu nome. Sua lição para os empreendedores do tipo estrela: "A marca tem de ser maior do que a pessoa".

Aprenda a atuar em grupo ou contente-se em permanecer pequeno.

Mas os empreendedores do tipo estrela enfrentam ainda outro campo minado. Quando uma iniciativa se baseia em grande parte na personalidade do fundador, o que acontece quando o nome fica manchado? Quando Donald Trump foi parar nas páginas de publicações de fofocas (ou na arena política), pôs em risco sua marca, até então associada a um ícone do luxo. Quando Tiger Woods foi pego em um escândalo sexual, causou sérias dores de cabeça aos patrocinadores, e a prisão da apresentadora Martha Stewart abalou todo seu império de estilo de vida, estimado em bilhões de dólares.

As instituições sem fins lucrativos construídas em torno das estrelas são especialmente vulneráveis. A Lance Armstrong Foundation chegou a ser uma das marcas mais reconhecidas do mundo *pro bono*. As onipresentes pulseiras amarelas que representam a resistência na luta contra o câncer protagonizaram um estudo de caso sobre o poder da engenhosidade empresarial. Mas quando as suspeitas de uso de drogas que atingiam o ex-ciclista ficaram grandes demais para serem ignoradas, as doações despencaram 45% em três anos. Depois que Armstrong admitiu que as acusações eram procedentes, o conselho da fundação pediu que se afastasse da instituição e levasse junto seu nome. Assim, a Lance Armstrong Foundation passou a chamar Livestrong. O responsável pelos assuntos externos declarou: "Quando você tem um rosto famoso à frente de sua organização, a necessidade de explicar o que faz não é tão grande – mas agora se tornou urgente".

É a ascensão e queda de um empreendedor do tipo estrela.

Para evitar essas situações, esteja atento às seguintes "bandeiras vermelhas":

Siga a receita na íntegra. Preparar uma refeição completa exige mais do que um ingrediente e o mesmo vale para a criação de uma marca duradoura. Sua organização tem de cumprir a promessa vinda de sua personalidade. Certifique-se de que alguém está de olho em todos os aspectos, das operações do atendimento aos clientes.

Forme promotores internos e externos. Personalidades fortes precisam de outras personalidades fortes ao redor. Ao montar sua equipe, não se deixe levar pela bajulação. Em vez de pessoas que elogiam o gestor, você precisa de colaboradores com habilidades complementares às suas.

Encontre um "lado esquerdo do cérebro". Muitas vezes, empreendedores do tipo estrela são pessoas com mais atividade no lado direito do cérebro, o que significa que pensam de forma mais intuitiva, imaginativa e criativa. Isso é ótimo, mas seu empreendimento também precisa de alguém com habilidades mais analíticas e rigorosas, mais disposto a mergulhar no universo dos dados.

— *Transformadores* —

Howard Schultz. Ray Kroc. Ingvar Kamprad, fundador da Ikea. Anita Roddick, fundadora da The Body Shop. Blake Mycoskie, criador da Toms Shoes. Empreendedores do tipo transformador agem como catalisadores de mudanças. Em geral, atuam em setores tradicionais, mas ainda assim desejam revolucionar suas empresas ou causas por meio da inovação e da modernização. Ray Kroc disseminou a cultura do consumo de hambúrgueres em drive-thru; Ingvar Kamprad substituiu os sóbrios showrooms de móveis por elegantes projetos suecos instalados em simpáticos ambientes de armazém. A mudança pode ser boa, mas será que ela dá conta de restaurar o crescimento de um setor que perdeu o brilho?

Vejamos o caso do empreendedor da Endeavor, René Freudenberg. Em 2006, ele assumiu a empresa de lubrificantes industriais fundada por seu pai, em Guadalajara, no México. Olhando de fora, poucas coisas podem ser menos glamorosas do que trabalhar com graxa! No entanto, esse nicho humilde, que inclui de óleos para máquina a líquidos protetores contra corrosão, anualmente movimenta US$ 8 bilhões em todo o mundo. O pai de René havia montado a primeira fábrica de lubrificantes da América Latina, mas seu filho queria agitar as coisas. "Adotei a filosofia do meu pai, mas depois comecei a questionar por que ele repetia sempre as mesmas coisas", confessou. Quando René assumiu, mudou o foco para um mercado mais sofisticado e de olho em uma tecnologia mais "verde". A Interlub se tornou uma indústria líder na fabricação de produtos *eco-friendly*, feitos sob medida para aumentar a eficiência, porém a um custo mais alto. René estabeleceu a ousada meta de crescer 20% ao ano.

Uma das medidas tomadas foi dar um novo nome à empresa. O empreendedor tentou transformar a fabricação de lubrificantes em algo, digamos, sexy. Para começar, passou a definir a Interlub como "líder mundial no campo da tribologia", palavra sofisticada para designar "fricção". Acrescentou uma abertura musical com acordes de jazz no site da empresa e mudou o slogan para "lubrificação X-trema". As iniciativas deram certo: a Interlub conquistou metade do mercado mexicano e passou a vender seus produtos em 30 países. Em 2013, as receitas anuais da empresa chegaram a US$ 27 milhões e os lucros dobraram.

René mostrou claramente que tinha habilidades empresariais. Tendo herdado uma empresa que atuava em uma atividade antiga e decadente, que fabricava um produto sem atrativos, René se transformou em um ousado produtor de uma commodity valorizada pelas pessoas, que não se importavam em pagar mais por ela. Como se não bastasse, acrescentou um toque de preocupação ambiental e de biodegradabilidade. Mas ele e sua empresa também cometeram erros. A Interlub ainda produzia graxa para as fábricas, decididamente um produto do século 19. Além disso, será que os concorrentes, maiores e com mais recursos financeiros, conseguiriam recuperar a cota de mercado que a empresa de René havia abocanhado? Para complicar, o empreendedor não era o melhor gestor do mundo. Não era "frio o suficiente", revelou. "Tinha preocupação excessiva em como proteger as pessoas" e "precisava tomar decisões mais rápido". Seria possível sustentar um crescimento maior?

Na minha classificação, René é um empreendedor do tipo transformador. Como ele, muitos outros são socialmente orientados pelo forte desejo de melhorar o mundo. É o caso de Toms Shoes, ao oferecer um sapato para os pobres a cada par vendido a um cliente, ou da Body Shop, ao se posicionar contra os testes de cosméticos feitos em animais. Os empreendedores transformadores conseguem partir do que é antigo e fazê-lo parecer novo outra vez, às vezes acrescentando uma causa.

Para esse grupo de empreendedores, as perguntas são:

- A "transformação" que propõem é genuína ou apenas fachada?
- A missão de "mudar o mundo" se apoia em um modelo de negócios sólido?

- O empreendedor é capaz de superar os obstáculos tradicionais que afetam seu setor de atuação?
- Será que a missão terá de ser abortada, a fim de garantir a iniciativa? Será que, para vender mais, será preciso liquidar tudo?

Um bom exemplo do impacto dramático (e dos potenciais aspectos negativos) da ação de um empreendedor do tipo transformador pode ser identificado no caso de um dos empreendedores mais badalados da última geração. Com um sócio, em 1967, o advogado texano Herb Kelleher criou o conceito para a Southwest Airlines rabiscando-o no verso de um guardanapo de papel. Antes de colocar no céu o primeiro avião, a dupla enfrentou quatro anos de embates judiciais. Quase tudo o que aquele modelo de negócio propunha ameaçava as companhias aéreas tradicionais. Enquanto as outras empresas utilizavam vários tipos de aviões, a Southwest contava com apenas um, um Boeing 737, a fim de conter os custos com manutenção. Enquanto as demais companhias aéreas investiam no serviço de bordo, a Southwest se orgulhava de não oferecer nada, pois preferia manter os preços baixos. Quase todas as concorrentes operavam em um modelo *hub-and-spoke*, mas a Southwest voava de ponto a ponto, muitas vezes decolando e pousando em aeroportos menores. A partir de 1973, a empresa de Kelleher apresentou lucro todos os anos.

A personificação do fundador exerceu um papel essencial para a imagem da empresa. Kelleher costumava aparecer em público com um chapéu Stetson, bebia uísque e fumava um cigarro atrás do outro. Falou a verdade quando se referiu à baixa qualidade do serviço prestado pela maioria das companhias aéreas, em uma mensagem que anunciava que a Southwestern seria diferente. A empresa publicou um anúncio que provocou as outras operadoras: "Gostaríamos de equiparar nossos preços aos oferecidos pela concorrência, mas para isso teríamos de subir nossas tarifas". Quando outras operadoras começaram a subir os preços dos serviços, a Southwestern publicou inserções em jornais com a mensagem "Não me #&★!", ao lado da frase "A Southwest é a única companhia aérea que aceita este cupom". A mensagem era: não cobramos taxa adicional para envio de bagagem, taxa de alteração de passagem, sobretaxa de combustível, não cobramos pelos lanches servidos a bordo nem pelas reservas feitas pelo telefone.

A revista *Money* elegeu Kelleher como um dos dez melhores empreendedores de sua geração.

Como se poderia esperar, em 2008, quando Kelleher deixou a liderança da empresa, levou com ele sua fama de empreendedor transformador. Gary Kelly, o novo CEO da Southwestern, era um executivo mais ligado aos números, e não demorou muito tempo para parar com o enaltecimento à postura *no frills* da empresa e começar a publicar anúncios que definiam a Southwest como "a maior empresa aérea interna dos Estados Unidos". Em vez de provocar os grandões, a empresa agora tinha se tornado uma delas. Além disso, os preços da Southwest já não eram os mais baratos na maioria dos mercados em que atuava e Kelly chegou a sugerir que a companhia aérea iria abandonar sua antiga política de não cobrar pelo despacho de bagagem. Os empreendedores do tipo transformador podem ser iconoclastas com pensamento progressista, mas no final as organizações que constroem muitas vezes ficam iguais às que predominam no setor.

Um exemplo claro desse paradoxo é a história quixotesca de uma trasnformadora do grupo das borboletas, uma legítima empreendedora *farm-to-sink*. Em 1984, Roxanne Quimby, então com 33 anos, era uma mãe solteira que precisava se virar sozinha e enfrentava dificuldades para encontrar um emprego. Um dia, quando tentava obter uma carona para ir a uma agência dos correios em Dexter, no Maine, entrou no carro de Burt Shavitz, um apicultor na casa dos 40 anos que vivia em um cubículo e ganhava US$ 3 mil ao ano vendendo potes de mel na carroceria de sua caminhonete. Na região, Burt era conhecido como "o cara das abelhas". Os dois começaram a namorar.

Um dia, olhando para a quantidade de cera de abelha não utilizada, Shavitz sugeriu que Quimby fizesse algumas velas para vender na feira de artesanato. Ela começou a experimentar: primeiro confeccionou algumas velas, depois um produto para lustrar móveis e, finalmente, chegou a um protetor labial. "Desde cedo, ficou claro que as pessoas compravam dez vezes mais o protetor labial do que o lustra-móveis", constatou Quimby. "Depois vinha o creme hidratante, também com uma saída maior do que o lustra-móveis." Design gráfica no passado, Quimby desenvolveu um logotipo com a imagem de um homem inspirado em Shavitz, com o rosto envelhecido, olhos vivos, um sorriso discreto e barba cerrada. A empreendedora deu a seus produtos o nome de Burt's Bees. O timing foi impecável. O interesse por produtos *eco-friendly* estava começando e a embalagem caseira dos produtos Burt's Bees, além do uso de ingredientes totalmente naturais, vieram a calhar. Em 1993, a empresa faturou US$ 3 milhões, soma que chegou a US$ 23 milhões em 2000.

Quimby e Shavitz eram legítimos empreendedores do tipo transformador. Começaram a atuar em um setor pouco dinâmico, com produtos com baixa margem de lucro, como protetores labiais e pomadas para a pele, e revitalizaram-nos com uma marca ousada e orgânica que fazia as pessoas se sentirem bem em pagar mais por itens que ocupariam seus bolsos por algumas semanas, antes de serem perdidos ou chegarem ao fim. A experiência da dupla foi um sucesso histórico – até os problemas começarem.

Em primeiro lugar, o relacionamento conjugal chegou ao fim. Depois que o casal se mudou para a Carolina do Norte para pagar menos impostos, os dois se separaram. Shavitz voltou para Maine e Quimby comprou a parte dele na empresa (correspondente a um terço), por meio da oferta de uma casa que custou US$ 130 mil. Poucos anos depois, ela vendeu 80% da empresa a investidores por US$ 175 milhões. A parte de Shavitz seria de US$ 59 milhões. (Ele reivindicou sua parte e Quimby ofereceu mais 4 milhões a título de acerto.) Alguns anos depois, a Clorox comprou a Burt's Bees por US$ 913 milhões, transação que rendeu a Quimby um adicional de US$ 183 milhões.

Foi quando os problemas concretos começaram de fato para a marca. Como muitos transformadores, Quimby havia construído a reputação de sua empresa sobre a premissa da consciência social e natural e da produção caseira – que não eram exatamente as ideias associadas à Clorox (a venda ocorreu alguns meses antes de a empresa lançar sua linha Green Works). Os executivos da Clorox alegaram que queriam saber mais sobre as práticas naturais de sua nova aquisição, mas os consumidores estavam céticos e muito acusaram a empreendedora de "se vender". Os mais exaltados chegaram a elaborar uma petição junto à Change.org acusando a Clorox de adulterar a composição dos produtos da marca Burt's Bees.

Não se trata de um caso único, claro. A Tom's of Maine, fabricante de um creme dental natural, vendeu a participação majoritária da empresa para a Colgate-Palmolive por US$ 100 milhões. A The Body Shop passou a pertencer à L'Oréal após uma transação de mais de US$ 1 bilhão, e a Unilever comprou a Ben & Jerry's por US$ 326 milhões. Quatro anos depois, o próprio relatório de auditoria sobre as práticas sociais da Ben & Jerry's assumiu: "Estamos começando a parecer com o resto das empresas que existem nos Estados Unidos".

E essa é a questão: os transformadores podem ter o poder de promover revoluções, mas seu sucesso muitas vezes se baseia em vantagens temporárias ou na ação direta do fundador do empreendimento. Quando esses fatores deixam de atuar, em geral, as mudanças perdem fôlego.

Com isso em mente, os empreendedores do grupo dos transformadores devem estar atentos às seguintes bandeiras vermelhas:

Verifique se seu modelo de negócio é tão consistente quanto sua missão. Os transformadores querem provar que é sempre possível inovar, mesmo atuando em setores tradicionais, mas a inovação nem sempre é abrangente o suficiente. Você também precisa de uma estratégia forte para sustentar sua mudança ao longo do tempo.

Fique atento. Às vezes, os transformadores propõem mudanças, mas elas são mais cosméticas do que reais. Esteja preparado para defender suas inovações, no que se refere aos custos e riscos envolvidos, e prepare sua equipe para rebater eventuais críticas.

Não subestime os números. Empreendedores que concentram sua atuação em objetivos sociais muitas vezes minimizam a importância das finanças e desconsideram os dados incômodos. Embora o compromisso com seu propósito seja importante, tente equilibrá-lo com uma análise objetiva da situação. É difícil mudar o mundo se as contas não fecham.

— *Foguetes* —

Jeff Bezos. Bill Gates. Fred Smith. Michael Dell. Mike Bloomberg. Os empreendedores desse grupo são pensadores aguçados que mantêm um foco preciso nas métricas para acelerar o crescimento e a mudança. São hábeis na avaliação e na correção de problemas, com um viés implacável para a eficiência, com o objetivo de melhorar todos os elementos de seus empreendimentos, tornando-os mais baratos, mais ágeis e melhores. É comum que empreendedores desse grupo tenham formação em áreas como a matemática, ciências, sistemas ou administração de empresas e usem sua mente analítica para definir com clareza os objetivos e fórmulas de obtenção de sucesso. São os cientistas do mundo empreendedor. Em um universo cada vez mais orientado pelos dados, estão em uma posição privilegiada para decolar. Mas a obsessão pelos números vem acompanhada de riscos evidentes.

Os empreendedores da rede da Endeavor, Nicolás Loaiza e Gigliola Aycardi, adoram processar algarismos. Alunos que cursaram o MBA em Bogotá, na Colômbia, os amigos, amantes de esportes, se ressentiam da falta de bons ginásios para treinar em seu país. Fizeram um estudo de mercado do setor de personal trainers e concluíram que a construção de uma academia particular, própria para treinos individuais, atenderia a uma demanda com enorme potencial. Os dois fundaram a Bodytech, que se posicionou como um centro de prática de esportes com preocupação com a saúde, em vez de ser uma academia de ginástica. Os especialistas altamente qualificados da empresa ofereciam serviços personalizados para a manutenção da saúde, orientando os clientes sobre formas de evitar doenças crônicas e informando os objetivos dos exercícios individuais. Os proprietários estabeleceram a meta de atrair mil sócios novos em seis meses, mas nos primeiros 30 dias mais de 1.800 pessoas se inscreveram na Bodytech. Nas pesquisas, metade dos membros declarou que não praticava exercícios com regularidade, até se matricular na academia.

Animados com o sucesso, Nicolás e Gigliola logo ampliaram a Bodytech. Na década seguinte, a dupla inaugurou 26 unidades em seis cidades colombianas e contava com 50 mil membros. Decidiram pela fusão com outra rede de academias e tiveram um aumento de 34% no número de adesões. Após uma minuciosa análise dos países vizinhos, concluíram que a presença de academias de ginástica na América Latina correspondia a uma pequena parte da realidade norte-americana. Então, Nicolás e Gigliola saíram em busca de capital para financiar sua ambiciosa meta de expansão agressiva. Em 2012, a Bodytech ocupava o posto de maior rede de academias da América do Sul.

Quando conheci essa dupla de empreendedores, fiquei impressionada com seus pontos fortes. Os dois eram bastante analíticos, voltados para os dados e obcecados com o crescimento. São do tipo que coloca as mãos na massa – e sempre de maneira eficiente. Estabelecem metas e as atingem, para em seguida definir novos horizontes, e conseguem associar a determinação com o sucesso. Mas também têm alguns pontos fracos, como certa dose de arrogância. Falam com velocidade, sempre têm uma resposta para tudo e um arsenal de estatísticas pronto para ser disparado sobre quem chega com algum pessimismo. Não tínhamos certeza de que eram abertos para ouvir os outros. Além disso, eles se movem tão rápido que podem ignorar as necessidades dos colaboradores. Será que aqueles caras só funcionavam seguindo a cabeça? Onde ficava o coração?

Na minha classificação, Gigliola e Nicolás são dois empreendedores do grupo dos foguetes. Eles refletem a atual "moda" vigente no mundo dos negócios de valorizar sobretudo a métrica e levantam questões sobre a tendência a valorizar os números acima de tudo. Os empreendedores do tipo foguete devem estar atentos para as seguintes bandeiras:

- Ter confiança é uma coisa, mas possuí-la em excesso é outra. Será que o empreendedor tem abertura para ouvir um feedback crítico?
- Mexer nas aparências pode ser bom, mas existe um diferencial de verdade em relação ao que já existe?
- Em sua corrida inexorável rumo à eficiência, o empreendedor lembra de deixar espaço suficiente para a criatividade, a paixão e, ocasionalmente, para alguma ideia nova, surgida da intuição e não das planilhas?
- Será que um foco inflexível na satisfação do cliente precisa custar a satisfação dos colaboradores? Será que esses empreendedores conseguem mobilizar suas tropas?

Jeff Bezos é um empreendedor foguete por excelência. Em 1994, era o vice-presidente sênior de uma empresa financeira de Nova York, mas não tirava os olhos da internet. Logo percebeu que queria fazer parte daquele movimento. Porém, em vez de sair correndo para abraçar sua nova paixão, Bezos adotou uma metodologia. Primeiro, estudou sistematicamente várias atividades empresariais que poderiam ser turbinadas na web. Concluiu que deveria se posicionar no espaço entre os fabricantes e o mercado consumidor, vendendo quase tudo em todo o mundo. Como começar "vendendo quase tudo" era impraticável, ele fez uma lista com 20 categorias possíveis e escolheu comercializar livros. Em seguida, abordou seu gestor: "Olha, vou me dedicar a uma coisa louca", falou. "Vou começar a vender livros pela internet." Seu superior respondeu: "Para falar a verdade, acho a ideia bastante boa, mas acho que parece adequada para alguém que não tem um bom emprego".

A observação fez Bezos parar. Mas aí ele tomou a atitude mais típica de um empreendedor foguete: montou um "quadro de minimização de arrependimento" para reduzir as chances de vir a se lamentar por sua decisão. Nas palavras do próprio empreendedor: "Tentei me projetar para a idade de oitenta anos e dizer: 'Muito bem, agora vou olhar para trás e avaliar como foi minha vida. Quero ver se consegui reduzir ao máximo o número de arrependimentos'". Concluiu que, nessa análise, não se arrependeria por ter participado da internet nem de ter fracassado, se fosse esse o caso. "Percebi que a única coisa que me daria arrependimento seria se nunca tivesse tentado."

Uma vez decidido, Bezos manteve seu foco em dados, análises e na busca pela eficiência. Pensou em todos os detalhes. Assinalou todas as palavras dos releases para a imprensa capazes de desviar a mensagem principal da empresa: a Amazon é o lugar mais barato e agradável para comprar livros (mais tarde, a palavra "livros" foi alterada para "tudo"). Determinou que todas as terças-feiras todos os departamentos fizessem reuniões de aferição de resultados, nas quais os colaboradores tinham de justificar as decisões tomadas com base nos números. Também distribuiu seu endereço de e-mail para que os clientes pudessem enviar reclamações diretamente para ele. Essas mensagens eram então encaminhadas ao colaborador responsável, acrescidas apenas de um caractere: um ponto de interrogação. Diziam que nada provocava mais temor do que uma das perguntas mudas de Bezos: "?". Em um evento da empresa, um colaborador perguntou por que equipes inteiras tinham de largar tudo na hora para responder a um "ponto de interrogação", e os colegas mais experientes explicaram: a mensagem era a forma pela qual jeff@amazon.com tinha certeza de que a voz dos clientes falava mais alto que todo o resto.

Mas qual era a desvantagem desse procedimento? Bem, ao mesmo tempo em que a eficiência da Amazon era recebida como um benefício para os consumidores, algumas vezes a orientação irritava os colaboradores. Bezos conseguiu prosperar em meio ao conflito, pois prefere um ambiente de trabalho tensionado a um espaço baseado em coesão. Além disso, um de seus princípios de liderança é a frugalidade: ele se recusa a gastar dinheiro em algo que não seja diretamente relacionado à satisfação do cliente. Mesmo no auge do boom da internet, no final dos anos 1990, os colaboradores da Amazon nunca tiveram as regalias oferecidas por outras empresas de tecnologia: nada de massagens gratuitas, refeições grátis ou sequer estacionamento gratuito. A única coisa que os trabalhadores recebiam de graça era aspirina. Porém, quando a bolha no mundo tecnológico explodiu, Bezos teve de convencer os investidores que ele estava cortando custos – e lá se foram as aspirinas.

Os empreendedores do tipo foguete têm mentes formidáveis, mas às vezes causam dores de cabeça nas pessoas que os cercam.

O mesmo se aplica aos empreendedores com esse perfil que atuam em atividades não voltadas para a geração de lucros. Bill Gates é um empreendedor incomum, pioneiro tanto no mundo dos lucros como no setor sem fins lucrativos. E, em ambas as arenas, esse perfil (voltado para os números, concentrado na eficiência e obcecado pelos resultados) tem sido crucial tanto para o sucesso como para o insucesso decorrente das falhas do empreendedor.

Com frequência, Gates é indicado como a pessoa que liderou a revolução dos computadores pessoais, mas era menos um inventor e mais um administrador. O primeiro sistema operacional foi criado por outras pessoas. O talento de Gates estava na formação de um negócio que acomodou o sistema operacional com um conjunto de serviços (planilhas, processadores de texto, e-mail etc.), precisando em seguida de fabricantes de hardware para fazer a instalação. Além disso, Gates, sempre foi um competidor incansável. Um de seus primeiros apoiadores afirmou: "Esse cara sabe mais sobre os produtos dos concorrentes do que eles próprios". Por fim, Gates vivia com o foco voltado para a linha de resultados. Em uma ocasião, um e-mail uma vez advertiu os colaboradores: "Se um dia vocês se perceberem em estado de relaxamento e com a mente vagando, provavelmente estão sentindo o efeito negativo dos preços das ações".

Com o tempo, esses atributos se revelaram bastante caros. Bill Gates fez pouco caso da internet, que logo o ultrapassou, e deixou passar uma missão que Steve Jobs entendeu sem perda de tempo: a criatividade e a paixão também podem mover o envolvimento das pessoas com sua tecnologia. Em consequência, os produtos criados pela Apple foram descritos como objetos de arte, enquanto os produtos da Microsoft ganhavam o rótulo de funcionais. É difícil construir fidelidade à marca a partir dessa base.

Mas o que é ainda mais revelador é que, quando Gates se afastou do comando da Microsoft e voltou sua atenção para a fundação que leva seu nome, levou a mesma abordagem restrita às métricas e resultados. No flexível e, muitas vezes, subjetivo mundo das organizações sem fins lucrativos, o impacto foi profundo. Cada centavo dos mais de US$ 3 bilhões que a Gates Foundation doa todos os anos vem acompanhado de uma estrutura própria para medir o desempenho quantitativo. Segundo explicações da própria entidade, essas avaliações "podem ajudar a despersonalizar a tomada de decisões e a fornecer dados objetivos capazes de orientar a ação".

Conheço algumas histórias que captam melhor a capacidade dos empreendedores com esse perfil de transcender entre os campos de atividade do que relatos de como Bill Gates, empreendedor gazela-foguete que comandava a Microsoft, tornou-se Bill Gates, um golfinho-foguete que assumiu a Bill and Melinda Gates Foundation. A arena era diferente, mas o homem permanecia o mesmo – e o mesmo valia para sua personalidade empreendedora.

Aos empreendedores-foguete, costumo recomendar que tenham em mente:

Não se limite aos resultados numéricos. Empreendedores do grupo dos foguetes amam as planilhas, mas você nem sempre terá os dados necessários para sentir 100% de confiança. Aprenda a conviver com a ambiguidade e com uma dose controlada de risco. O feedback curioso vindo dos usuários pode parecer frágil e pouco confiável, mas também pode apontar para insights que os dados nem sempre capturam.

Deixe sua criatividade fluir. Os empreendedores do tipo foguete adoram abordar as mudanças de forma diferente da adotada por outros tipos de empreendedor. Logo pensam em como ocupar uma lacuna do mercado ou solucionar uma necessidade de um cliente, em vez de abraçar a inovação por si só. Muitos empreendedores foguetes preferem lidar com modelos já provados, em vez de descobrir o que ainda carece de comprovação. Embora essa postura de fato ajude a reduzir os riscos, também pode impedir os avanços. Saiba como incorporar uma dose de novidade.

Abra espaço para o coração. As emoções podem não ser quantificáveis, mas também têm importância. Algumas das marcas mais bem-sucedidas chegaram onde chegaram graças ao apelo ao coração e mente de clientes e colaboradores. Se de vez em quando você não se sente confortável em se afastar um pouco do pensamento racional, tente se aproximar de pessoas que fazem isso com mais facilidade.

– *A personalidade do empreendedor* –

A ideia de identificar diferentes tipos de personalidade remonta à Antiguidade. Os gregos antigos avaliavam os fluidos corporais (sangue, bile e fleuma) e os associavam aos estados de espírito. Há cerca de dois séculos, os cientistas mediam as protuberâncias na cabeça das pessoas para determinar as características da personalidade. A ideia de perguntar às pessoas o que tinham a dizer sobre si só surgiu há um século e dentro de um contexto militar. Desde então, os testes de personalidade se tornaram um fato da vida – além de um bom negócio, que movimenta meio bilhão de dólares por ano só nos Estados Unidos.

É hora de trazer esse rigor ao grupo que mais cresce entre os trabalhadores hoje: o grupo dos empreendedores.

A principal lição desses quatro tipos de perfil é: assim como não existe nenhum caminho único para ser um empreendedor hoje, também não há uma personalidade específica para quem empreende. Existem vários caminhos e múltiplas personalidades, cada um com seus pontos fortes e fracos.

Então, em vez de voltar o olhar para fora em busca de um modelo a ser reproduzido, olhe para dentro. Identifique aquilo no que você se sai bem (e os aspectos que precisam ser aperfeiçoados) e invista no que tem de melhor. O primeiro passo para crescer consiste em conhecer a si mesmo.

CAPÍTULO 5

O quadro branco

Na época em que Henry Ford chegou no momento crucial de sua trajetória como empreendedor, ele já havia atingido um sucesso considerável – mas, ainda assim, não estava preparado para aquele grau de pressão. Momentos como esse acontecem com todos os empreendedores. Podem ocorrer nos instantes menos esperados, às vésperas do lançamento de um produto revolucionário, da chegada de um cliente importante, do ingresso em um nicho desconhecido ou da obtenção de uma autorização esperada há tempos para levar sua ideia ao mundo. O empreendedor está prestes a dar um passo decisivo, mas de repente se pega envolvido por um mar de dúvidas. O que fazer nessa situação?

Durante anos, estudei esses momentos e como os empreendedores costumam reagir. Tentei identificar padrões que pudessem ajudar as pessoas a sair desse embate com mais facilidade. E o nome deste capítulo foi inspirado no homem que, por muito tempo, era chamado de "Henry, o maluco".

Ford enfrentou sua hora da verdade em 1908, aos 42 anos. O empreendedor nascido no Michigan havia fabricado o primeiro automóvel em 1896, em um quintal, quando tinha 33 anos. Logo em seguida, abandonou o emprego na companhia elétrica de Thomas Edison para fundar a Detroit Automobile Company. A empresa faliu sem produzir um veículo sequer. Ford decidiu se dedicar aos carros de corrida e, quando uma de suas criações ganhou uma competição, decidiu fundar a Ford Motor Company. Em dois anos a empresa fabricava 1.700 unidades por ano, de três modelos diferentes.

Mas algo incomodava Henry Ford. Empreendedor mais inclinado a fazer do que a planejar, dispensou os planos de negócios e decidiu administrar sua empresa com base em seus instintos. O melhor negócio na época era vender carros caros para os ricos, mas Ford queria produzir veículos para a massa. "O preço deve ser tão acessível que qualquer pessoa com um emprego razoável possa comprar um carro", propunha Ford. O empreendedor projetou um veículo de passeio com capacidade para quatro passageiros e motor de quatro cilindros, que podia ser comprado pelo preço absurdamente baixo de US$ 825.

Ford se instalou em um cômodo do terceiro andar da fábrica, que ficava no número 461 da Piquette Avenue, em Detroit, e contratou os projetistas mais talentosos. Deu ao local o nome de "departamento experimental". O exíguo espaço era ocupado por um quadro negro, fresadoras e furadeiras. Ford costumava se instalar na cadeira de balanço "da sorte", móvel que havia pertencido à sua mãe. Era um empreendedor do tipo gazela que tentava atuar como um gambá, dentro de sua própria empresa.

Porém, o projeto de Henry, o maluco, enfureceu seus investidores, que ficaram inconformados com a ideia de que o novo veículo pudesse comprometer os lucros. Os bancos, preocupados com os custos, se recusaram a conceder empréstimos para o empresário. Os fornecedores começaram a reconsiderar os prazos e os únicos que estavam felizes eram os concorrentes: "Quando será que o Ford finalmente vai dar com os burros na água?", perguntavam.

Finalmente, no início de 1908, 40 integrantes da equipe secreta e alguns dos críticos mais ferozes se reuniram para a montagem cerimonial do primeiro protótipo. Os operários envolveram o motor em uma corda de 15 metros de extensão, ergueram no ar e, aos poucos, o abaixaram de forma a encaixá-lo no chassi. Porém, ao mesmo tempo em que o futuro da empresa ficava, aos poucos, comprometido, o motor começou a girar cada vez mais rápido, até se soltar da corda e despencar no chão, desfeito em milhares de fragmentos.

Essa foi a grande escolha de Ford: seguir em frente ou desistir de tudo?

Sem alarde, Henry Ford se levantou e anunciou que ele mesmo iria construir um motor substituto. Seis meses depois, o Ford T* começou a ser vendido. O sonho populista de Ford, considerado coisa de maluco e rotulado de iniciativa socialista, vendeu mais de 15 milhões de unidades nas três décadas seguintes, transformando o modelo na invenção de maior sucesso na época da criação do automóvel e considerado o produto de consumo mais influente criado até hoje.

Na minha opinião, a imagem do motor do primeiro Ford T, transformado em pedaços no chão da fábrica, retrata com perfeição o momento da virada que surge no caminho de todos os que optam por correr riscos. Todos os empreendedores que conheço enfrentaram pelo menos uma situação "de ver o motor despedaçado no chão", um momento crucial no qual tudo o que investiram até então parece em jogo, e eles se veem diante do que configura ser *a decisão* entre juntar os cacos ou abandonar o projeto. Nessas ocasiões, pude ver o medo no olhar desses empreendedores. Vi alguns caírem em lágrimas. E aprendi que, nessa hora, o que mais precisam é da certeza de que não estão sozinhos.

Bem, você não está sozinho – e, o que é melhor ainda, sempre existe uma solução. Quando notei pela primeira vez que havia traços comuns entre esses momentos, comecei a fazer uma tabulação. Em seguida, comecei a fazer anotações no meio da noite e, finalmente, decidi fazer alguma coisa com aquela lista, em vez de deixá-la

---

*No Brasil, o modelo seria conhecido como "Ford Bigode" (NT).

repousando ao lado da minha cama (e de ficar enchendo a paciência do meu marido com minhas ideias logo pela manhã). Tomei a decisão de comprar um quadro em branco.

Pendurei o quadro atrás da minha mesa e, quando os empreendedores chegavam e vinham dividir seus problemas comigo, eu pegava o quadro e começava um brainstorming em busca de soluções. Os empreendedores adoravam, porque se sentiam aliviados ao ver que havia um caminho possível. Eu também gostava, porque era uma forma de ajudar alguém que se sentia desesperado. Hoje o quadro está assim:

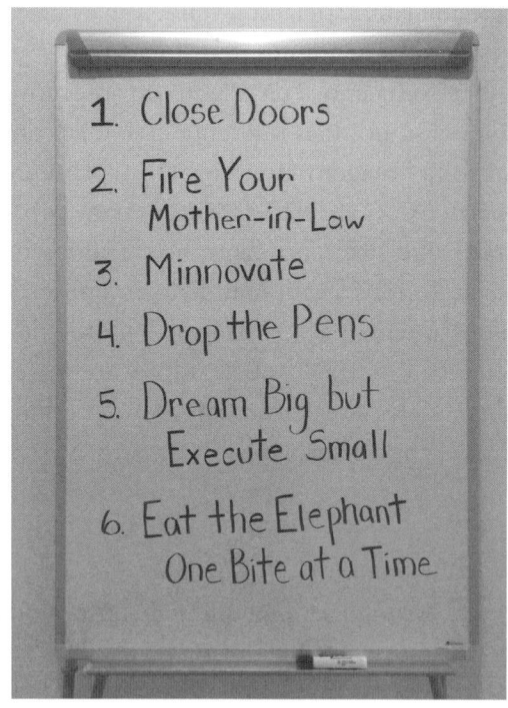

> 1. Close Doors
> 2. Fire Your Mother-in-Law
> 3. Minnovate
> 4. Drop the Pens
> 5. Dream Big but Execute Small
> 6. Eat the Elephant One Bite at a Time

1. Feche as portas.
2. Demita sua sogra.
3. Inove nas pequenas coisas.
4. Largue as canetas.
5. Pense alto, mas execute com cuidado.
6. Antes de devorar o elefante, divida-o em pedaços mastigáveis.

Decididamente, não se trata de uma lista muito extensa. Alguns dos itens podem ser aplicados a seu caso; outros, talvez não. Fizemos uma pesquisa na Endeavor para testar a maioria deles e, na realidade, essa lista é produto do meu próprio departamento experimental. Trata-se de minha tentativa de reunir em um só lugar as soluções para problemas cruciais que os empreendedores enfrentam quando tentam dar um passo adiante.

Na próxima vez em que deixar um motor cair no chão, talvez uma das lições a seguir o ajude a dar a volta por cima e seguir em frente.

— 1. Feche as portas —

Uma tarde, dois empreendedores da rede Endeavor, nascidos na Jordânia, entraram no meu escritório. Ramzi Halaby e Zafer Younis atravessavam um momento crítico. O empreendimento da dupla, The Online Project, ajudava as empresas na gestão de suas estratégias de mídias sociais, reunia um número significativo de bons clientes e empregava mais de 70 colaboradores. Porém, a maior parte dos clientes fazia questão de conversar diretamente com um dos fundadores, em vez de um integrante da bem-treinada equipe. Ramzi e Zafir apresentaram a questão e discutimos algumas soluções possíveis, mas os dois ainda assim pareciam tensos. Por alguns instantes, me coloquei mais no papel de mãe da dupla do que de consultora e perguntei se não tinha outro fator causando desgaste aos dois sócios.

"Bem, também somos os donos de uma estação de rádio em Amã", acrescentou Ramzi. "Essa atividade consome cerca de 20% do nosso tempo. Recebemos uma oferta para vender a rádio, mas não temos certeza de que queremos nos desfazer dela."

Peguei o quadro em branco. "Meninos, vocês precisam fechar as portas", falei.

Quando se está no início da atividade de empreender, um pouco de hesitação é compreensível. Sara Blakely continuou vendendo aparelhos de fax até ser citada no programa da Oprah Winfrey e Henry Ford se manteve no emprego na empresa de geração de eletricidade fundada por Thomas Edison, enquanto se dedicava à construção do primeiro carro. Durante todo o ano necessário para tirar a Endeavor do papel (no caso, do guardanapo de papel), elaborei pedidos de subvenção para várias organizações, a fim de conseguir ganhar um dinheiro extra.

Mas, em determinado momento, esse processo de proteção tem de chegar ao fim. No meu caso, isso aconteceu nos painéis de seleção. Os executivos e investidores de risco que trouxemos para avaliar os empreendedores-gazela em seus momentos cruciais diante do crescimento afirmaram que, quando os fundadores não se mostram dispostos a desistir de outros projetos para entrar com tudo no novo empreendimento, esse é um sinal de alerta.

O mesmo se aplica ao caso dos golfinhos dedicados a suas missões, mas que pensam em crescer. Bill Drayton, meu antigo gestor na Ashoka, insistia que a disposição do empreendedor social em abandonar tudo para se dedicar à sua iniciativa constitui uma condição para o apoio da instituição. "Em geral isso leva três anos", falou Bill. "Eles precisam testar e aprimorar a ideia; precisam montar uma empresa e dar início a uma organização." Somente depois que os fundadores concordam em se afastar de seus empregos cotidianos a Ashoka concede o financiamento.

Muitas vezes, a relutância em cortar o cordão umbilical tem origens financeiras. Todo mundo precisa de dinheiro e isso é compreensível no início do projeto. Defendo a teoria de que não é o caso de apostar a fazenda no primeiro dia, mas, uma vez que o projeto começou e já caminha (e que há entrada de algum dinheiro), a falta de disposição para se comprometer em tempo integral pode se transformar em um impedimento. Não se pode almejar o crescimento sem aceitar que é preciso correr alguns riscos.

Bette Graham é um bom exemplo de como chegar a esse ponto pode custar alguns anos. Em 1951, Graham era uma mãe solteira que morava em North Dallas. Ela queria ser artista, mas foi trabalhar como secretária em um banco. Infelizmente, era péssima datilógrafa e a única maneira de se livrar dos inúmeros erros que cometia era refazendo todas as páginas, tarefa que parecia uma tortura chinesa. Um dia, observou o trabalho de alguns pintores que retocavam as janelas do banco e cobriam as falhas com uma camada de tinta branca. "Por que não posso fazer o mesmo com os erros que cometo na máquina de escrever?", pensou.

Em casa, Bette preparou uma mistura de tinta branca e levou para o escritório no dia seguinte. Depois, usou um pincel de aquarela para cobrir os erros de datilografia. Deu à invenção o nome de "Mistake Out"*. Durante cinco anos, a secretária manteve o recurso em segredo, até mesmo de seu gestor. Finalmente, os colegas de escritório descobriram e também quiseram utilizar o corretor. Bette vendeu o primeiro vidro em 1956.

Sem recursos para contratar empregados, Graham recorreu a um professor de química do ensino médio para fazer com que o produto secasse mais rápido e, na garagem de sua casa, ensinou o filho a encher os vidros com o líquido corretor (o filho de Bette, anos mais tarde, seria um dos fundadores da banda The Monkees). Em 1957, a empreendedora vendia cerca de cem vidros por mês e resolveu rebatizar o produto de Liquid Paper. Mas nada de abandonar seu emprego como secretária – até que, um dia, ela usou o próprio papel timbrado, em vez do papel oficial do banco, e acabou demitida.

Essa seria a primeira grande decisão de Bette: seria o caso de procurar outro emprego ou de tentar a vida como empreendedora? Bette preferiu a liberdade típica das borboletas e decidiu fabricar seu líquido corretor mesmo sem contar com uma rede de apoio. Três anos depois, precisou enfrentar outra escolha difícil: deveria continuar com um modelo caseiro (seu filho a ajudava na operação) ou investir na profissionalização? Mais uma vez, a escolha recaiu na opção mais ousada. Após contratar o primeiro colaborador, ela mudou a empresa para um celeiro no fundo de seu quintal e depois comprou uma fábrica. Em 1969, a Liquid Paper Company vendia um milhão de vidros por

---

*Algo como "elimina erros" (NT).

ano. Uma década depois, a empresa foi vendida para a Gillette por US$ 47,5 milhões, além dos royalties.

O registro do tempo nesse caso é bastante importante. Durante cinco anos, Bette manteve seu invento em segredo; nos dois anos seguintes começou a comercializar o produto, mas manteve as portas abertas ao permanecer no emprego de secretária; finalmente fechou aquela porta, mas ainda preservou as pequenas dimensões por mais três anos. Somente uma década depois da inspiração inicial ela finalmente assumiu o risco maior e decidiu crescer o máximo que podia.

Um relato ainda melhor deste avanço moderado (o mesmo exemplo que contei para Ramzi e Zafer naquela manhã) é ainda mais impressionante porque envolve uma pessoa em geral considerada um empreendedor ousado.

Phil Knight era um adolescente que gostava de correr em sua terra natal, o estado do Oregon, mas odiava aqueles calçados esportivos americanos desengonçados. Depois de um período no exército, Knight ingressou na faculdade de administração de Stanford, onde escreveu um artigo sobre a alta qualidade e os custos baixos dos tênis fabricados no Japão. Em 1962, o jovem egresso do curso de MBA viajou para o Japão, onde firmou um acordo para distribuir nos Estados Unidos os tênis da marca Onitsuka Tiger. Ao lado de seu antigo treinador, Knight começou a vender pares do calçado na traseira de sua Plymouth Valiant verde. Ainda se sentia sob a influência de seu pai, que insistia para que o filho conseguisse um "emprego de verdade" como contador. Assim, preferiu deixar a venda dos tênis para outra pessoa, enquanto cuidava dos livros de contabilidade de empresas alheias.

Somente em 1971, quando um colega sugeriu o nome "Nike" e Knight pagou US$ 35 pela criação do logo com um "*swoosh*" ("Não gostei disso", falou Knight, "mas acho que pode funcionar"), o empreendedor finalmente abriu mão de seu salário de contador. No ano seguinte, a venda de tênis rendeu à empresa um lucro de US$ 3,2 milhões. Para Phil Knight, o momento "*just do it*" chegou quase uma década após ter tido a ideia inicial.

Além disso, nem todo mundo sonha em virar gente grande e alguns empreendedores querem manter uma empresa *lifestyle*. Basta lembrar o que aconteceu com as duas sócias que começaram a vender geleias na feira do Brooklyn: uma preferia manter a dimensão que já tinham, enquanto a outra tinha pretensões de atuar em uma escala maior. As duas alternativas podem fazer sentido.

Mas, como eu falei para Ramzi e Zafer, muitos empreendedores se prendem a suas atividades originais mais por medo do que por necessidade. Continuam datilografando correspondências alheias e cuidando da contabilidade de outras empresas mesmo depois que suas iniciativas já geram um rendimento razoável. Meu conselho é: cortar o cordão umbilical.

Quando somos jovens, muitas vezes ouvimos que mais vale manter o máximo possível de portas abertas. Porém, na condição de um empreendedor que deseja crescer, para seguir o melhor caminho rumo ao futuro é preciso fechar algumas portas.

2. Demita sua sogra

Gabriel e Guillermo Oropeza tinham um sonho. Os dois irmãos, nascidos na Cidade do México, iriam reinventar as tradicionais empresas de armazenamento de documentos na América Latina. Começaram assumindo a empresa do pai e introduzindo uma plataforma de informação mais sofisticada. Quando apareceram em um dos painéis de seleção promovidos pela Endeavor, os dois exibiam um conhecimento tecnológico avançado, impulso no mercado de seu país e currículos impressionantes. Guillermo tinha estudado no MIT e trabalhado no Boston Consulting Group, enquanto Gabriel contava com um MBA e experiência profissional na Coca-Cola e na Johnson & Johnson.

Mas os dois enfrentavam um possível desastre, talvez o maior problema isolado que encontrei em todos os meus anos de experiência com empreendedores. E, como acontece com a maioria que se depara com uma situação assim, os irmãos Oropeza não tinham consciência do problema.

Os dois estavam misturando suas vidas profissionais e pessoais de uma maneira bastante perigosa.

Gabriel e Guillermo, os dois com pouco mais de trinta anos, ocupavam os postos de diretor comercial e de diretor de planejamento e cada um era dono de 16,67% das ações da empresa, que se chamava Doc Solutions. O pai da dupla, ainda no cargo de CEO, era dono do restante do capital da empresa. Apesar de já afastado das operações cotidianas da empresa e com pouca compreensão da nova plataforma de TI, Guillermo "pai" ainda comandava a empresa.

Fizemos milhares de perguntas para os irmãos Oropeza. Um dos entrevistadores orientou: "Digam ao pai de vocês para assumir o papel de presidente sem função executiva e depois voltem aqui". Para minha surpresa, no ano seguinte a dupla voltou a participar de nossos painéis – desta vez, trazendo também o pai. "Olá, Linda", falou Guillermo "pai" ao apertar minha mão. "Estou aqui na condição de presidente." Para provar que havia transferido o comando para os filhos, ele se comprometeu a se sentar no fundo da sala e não abrir a boca. Foi o que aconteceu. Gabriel e Guillermo se tornaram empreendedores da rede Endeavor e, de lá até hoje, a Doc Solutions teve um aumento de US$ 12 milhões no faturamento e agora reúne cerca de mil colaboradores.

Há alguns anos, pedi a nosso grupo interno de pesquisas da Endeavor que fizessem uma análise dos empreendedores de nossa rede que apresentavam os melhores e os piores resultados. O objetivo era ver se seria possível identificar alguns traços comuns entre os integrantes dos dois grupos.

Eis nossa descoberta: três quartos tinham iniciado o empreendimento ao lado de um sócio e 70% desses sócios eram pessoas próximas, como um grande amigo, familiar, cônjuge ou agregado à família. As coisas começavam às mil maravilhas: "Nós nos conhecemos tão bem!", costumavam comentar os sócios quando se apresentavam. "Temos habilidades complementares" e "Um praticamente completa o outro".

Mas aí começam os problemas. Surgem os problemas financeiros e é preciso fazer cortes. Ou o movimento cresce muito e um dos sócios quer ampliar a operação enquanto outro prefere manter as dimensões reduzidas. Ou ainda fica claro que um dos fundadores não tem as habilidades necessárias para conduzir a empresa rumo ao crescimento.

Além disso, em geral os empreendedores não contam com os mecanismos para lidar com essas dificuldades, uma vez que a proximidade gera informalidade.

Metade dos empreendedores situados no grupo dos que apresentavam os piores resultados tinha uma característica em comum: não havia um acordo de acionistas entre as partes.

Em muitas empresas com as quais trabalhamos, um dos filhos do fundador estava incumbido do desenvolvimento da empresa, outro familiar cuidava das finanças. Ou ainda havia um pai que se dizia "afastado da linha de frente", mas ainda preservava o poder e a maior parte do capital societário. Wences fez isso quando contratou as irmãs e, no meu caso, trouxe minha irmã Rebecca para assumir o departamento de marketing da Endeavor durante alguns anos. Embora a estrutura familiar possa dar certo em um primeiro momento, em geral resulta em problemas quando a empresa ganha maturidade. De uma hora para outra, os interesses de diferentes integrantes da família começam a divergir. No caso de Rebecca, ela deixou a organização para se dedicar a uma carreira independente. Em muitos casos, porém, a relação pode ultrapassar uma medida saudável.

Por isso, o segundo item registrado no meu quadro em branco é: demita sua sogra. Pode parecer uma medida drástica, mas há maneiras de fazer isso com alguma elegância.

Os empreendedores da rede da Endeavor não são os únicos a apresentar essa configuração. Mais de 80% das empresas norte-americanas pertencem a famílias e, fora do país, esse número chega a 90%. Além disso, basta olhar ao redor. As revistas de fofocas estão cheias de relatos de estruturas familiares à beira da dissolução. Dos filhos do fundador da Ikea, Ingvar Kamprad, às esposas de Rupert Murdoch, do pai de Beyoncé à mãe de Usher ("Nunca demiti minha mãe", garantiu Usher à apresentadora Oprah Winfrey, "apenas a liberei de suas obrigações"), as famílias que trabalham juntas em geral deixam de curtir o lado bom de ser uma família. O chef celebridade e apresentador de um reality show sobre culinária, Gordon Ramsay, não teve opção a não ser romper relações com seu sogro, sócio nos negócios e melhor amigo, Chris Hutcheson, depois de descobrir que o ex-aliado havia desviado dinheiro para a conta de uma amante e para sua família mantida em segredo ao longo de... trinta anos. Isso deve ser um verdadeiro pesadelo na cozinha!

A maneira de manter essas questões longe da sala de reuniões está em firmar o que chamo de "acordo pré-fundação de empresa", um documento que registra os direitos e as responsabilidades de cada sócio. Da mesma forma como parece inconcebível para um jovem casal apaixonado fazer planos para caso de divórcio, pode parecer cruel e insultante redigir um contrato formal entre um pai e um filho ou entre dois amigos de infância. Mas em diversas ocasiões testemunhei situações pavorosas. Até Leila enfrentou problemas ao se separar, ao estilo "campo minado", de seu marido e sócio (que deixou a sociedade) e renegociar os termos com a outra sócia, agora sua ex-cunhada Zica. (Leila se tornou oficialmente a CEO enquanto Zica permaneceu como o rosto da marca Beleza Natural.)

Esse tipo de acordo funciona. John Davis, especialista em questões familiares de Harvard, me contou que sua pesquisa confirma o que tenho visto na prática. "Uma das regras básicas das famílias é que essa estrutura vem para ajudar", afirma Davis. A melhor forma de evitar problemas consiste em registrar de antemão o que acontece se alguém decidir deixar a empresa, descontar um cheque ou passar mais tempo na praia. "Se houver um plano previamente acordado", lembra John, "aí vai dar para continuar aparecendo nas reuniões familiares".

Uma boa comprovação de como os acordos entre acionistas podem funcionar – não importa a época em que forem elaborados – é o caso de Lucille Ball e Desi Arnaz. A famosa comediante ruiva e o esquentado cubano se conheceram em 1940, em um set de gravações. Apesar da diferença de seis anos (Lucille era mais velha), os dois se casaram. Uma década após o tumultuado casamento, o casal decidiu criar uma série de televisão. Quando as redes de televisão se recusaram a levar às telas uma comédia protagonizada por um casal considerado "estranho" pela audiência da época, os dois fundaram a Desilu Productions, primeira produtora de televisão independente, e investiram US$ 5 mil do próprio bolso para rodar o programa piloto de *I Love Lucy*.

Lucy e Desi eram pioneiros espertos. Faziam questão que os shows fossem gravados em filme, o que permitiu as primeiras reapresentações da história da TV americana; reduziram os salários em troca da propriedade dos programas e vendiam os direitos de merchandising por US$ 5 milhões, para depois reinvestir os ganhos no estúdio, comprando 33 estúdios de som – mais do que a MGM ou a Twentieth Century Fox. Os programas *The Dick Van Dyke Show*, *The Andy Griffith Show* e *My Three Sons* foram gravados nos estúdios da dupla.

Porém, o rei e a rainha da televisão americana nunca conseguiram se acertar na vida a dois. Divorciados em 1960, continuaram a trabalhar juntos. Quando a parceria finalmente terminou, os dois apostaram em uma abordagem totalmente racional. "Em vez de advogados ganhando honorários com nossos erros, decidimos que nós é que iríamos lucrar com isso", declarou Lucy. Em uma iniciativa que poderíamos chamar de acerto pós-nupcial no mundo das startups, o casal elaborou um acordo: Lucy comprou a parte de Desi por US$ 2,5 milhões e se tornou a primeira CEO de uma grande empresa de produção de televisão. Cinco anos depois, a rainha da comédia norte-americana vendeu a empresa para a Paramount por US$ 17 milhões. A última medida da empreendedora foi aprovar a produção de *Star Trek* e *Missão Impossível*.

Não importa se você é um comediante, especialista em tecnologia ou uma esteticista especializada em cabelos, evite o erro mais comum que tenho visto entre quem decide empreender: a falta de um acordo entre as partes. Coloque no papel quais são as condições e atribuições da sociedade. Tudo bem amar a Lucy, mas sempre é bom saber o que fazer caso esse amor acabe um dia.

3. Inove nas pequenas coisas

Com a alta do empreendedorismo nos últimos anos, algumas experiências chamativas dominaram a discussão: Apple, Facebook e Twitter. Essas empresas têm algo em comum: foram baseadas em ideias ousadas e revolucionárias que criaram mercados que até então não existiam.

Por mais influência que esses relatos possam ter exercido sobre os empreendedores, também causaram um efeito oposto: desestimularam muitas pessoas de perseguirem seus sonhos ou de levar seu projeto ao estágio seguinte. E qual o motivo? Porque causaram uma falsa impressão. Levaram as pessoas a achar que *a única maneira de ser um empreendedor bem-sucedido consiste em ter uma ideia brilhante e revolucionária*. Na verdade, o oposto é verdadeiro: a maioria dos empreendedores não tem nenhuma ideia luminosa, mas sim uma série de pequenas iluminações.

Dan Isenberg, professor da Babson College, cunhou uma expressão que define esse fenômeno. Empreendedores de sucesso não inovam, mas sim inovam nas pequenas coisas. Eles não criam o Google, mas sim um mecanismo de busca mais direcionado e capaz de servir a um mercado ou espaço até então despercebido. Dois terços dos empreendedores da rede da Endeavor começaram a partir de inovações minúsculas. A técnica tem diversos benefícios: reduz os riscos ao começar de um modelo de negócios já testado; reduz custos ao fazer pequenas adaptações em vez de movimentos grandiosos e, além disso, funciona.

Em 1999, dois argentinos formados em Stanford, Marcos Galperin e Hernán Kazah, lançaram a Mercado Libre, uma empresa de leilões pela internet inspirada no eBay. Alguns afirmaram que se tratava de uma cópia, mas na verdade era uma mini-inovação. Quando a empresa surgiu, apenas 3% dos moradores da América Latina tinham acesso à web. Além disso, nem os compradores nem os vendedores confiavam no sistema postal do país, famoso pelos atrasos e pela falta de idoneidade. Por isso, a iniciativa teve de adaptar o modelo. Em primeiro lugar, eles se concentraram na venda de artigos novos em vez de itens usados, para conquistar a confiança dos consumidores. Além disso, quando os consumidores hesitavam nos leilões on-line, a empresa apostou em preços fixos e, finalmente, os empreendedores também estimulavam os compradores e vendedores a se encontrar em cafés e outros locais públicos, para fazer a entrega dos produtos, em vez de confiar nos correios.

Os fundadores passaram a integrar a rede de empreendedores da Endeavor e o site se tornou a principal plataforma de comércio eletrônico da América Latina, com cem milhões de usuários espalhados dos 12 países. Em 2007, a Mercado Libre abriu seu capital na NASDAQ, bolsa de valores de Nova York, com uma valorização de US$ 400 milhões. Seis anos depois, essa cifra tinha passado para US$ 6 bilhões.

Embora a mini-inovação seja valiosa na etapa das startups, pode ser ainda mais preciosa na fase do crescimento da operação, sobretudo quando um dos motores cai da corda e se arrebenta no chão. Quando seu produto não encontra aceitação no mercado, quando seu mercado não cresce ou sua ideia não encontra a adesão esperada, costuma surgir a tentação de jogar a cartilha fora e rezar uma Ave-Maria, em uma tentativa desesperada de conseguir um gol decisivo antes do apito do árbitro. Mas nem sempre um movimento ousado é a melhor saída para seu caso: às vezes, um pequeno ajuste basta para solucionar o problema.

Em 1957, Wilbert "Bill" Gore, um engenheiro químico que trabalhava na DuPont, fazia parte de uma equipe especialmente destacada que descobriu uma nova aplicação para o polímero sintético PTFE (politetrafluoretileno), base do que seria conhecido como Teflon. Mas a DuPont não estava interessada em pesquisar novas aplicações e o profissional preferiu deixar a empresa. Aos 45 anos, com cinco filhos para criar, ele e sua esposa Genevieve ("Vieve") começaram um novo empreendimento no porão da casa da família, em Delaware. Aproveitaram a comemoração de seus 32 anos de casamento, e "todos os nossos amigos disseram que não devíamos fazer aquilo", conta Vieve. "É difícil descrever o que é trazer o marido para casa e apostar tudo." Bill fez as contas e constatou que tinham dois anos para acertar o passo ou ele teria de voltar para a DuPont.

Tudo o que Gore fez foi uma mini-inovação do PTFE original, começando por um cabo com formato de fita que podia ser usado para isolar canos e fios. Durante dois anos, a família Gore tentou vender o produto, mas ninguém se interessava pela compra. O prazo final que eles mesmos haviam definido começava a se aproximar. "Pensamos seriamente em desistir", confessou Vieve. Um dia, enquanto Bill vagava pela casa, o telefone tocou no porão. Vieve, que estava trabalhando no processamento do pó de PTFE, atendeu à chamada. Era um profissional que trabalhava no departamento de águas de Denver e que queria conversar com o gerente de produto. Vieve respondeu que ele não estava naquele momento. Também podia ser o gerente de vendas, mas ela precisou responder que ele também não estava. E o presidente? Também não se encontrava, informou Vieve. "Mas que tipo de empresa é essa?", bradou o interlocutor do outro lado da linha.

Era uma empresa com um sonho em preparação e que logo se tornaria uma realidade. O homem ao telefone encomendou US$ 100 mil em fitas isolantes. Os Gores agora tinham uma empresa viável, ainda que com proporções modestas. Na década seguinte, o crescimento da iniciativa foi lento. Foi preciso que o filho do casal, Bob, que entrou na atividade em meados dos anos 1960, chegasse a uma mini-inovação capaz de mudar tudo.

Em 1969, temendo que a atividade envolvendo cabos e fios estivesse perdendo vigor, Bob começou a tentar "esticar" o PTFE ao máximo, a fim de descobrir qual era a maior maleabilidade possível. Um produto ainda mais flexível poderia reduzir os custos e elevar os ganhos, mas todas as tentativas fracassavam. Um dia, Bob, vestido com o guarda-pó branco usado no laboratório e luvas de amianto, pegou uma haste que estava no forno e a jogou longe, furioso. O tamanho da peça de metal aumentou em quase cinco vezes. "Quase não consegui acreditar no que vi", revelou Bob. Com medo que não passasse de obra do acaso, não contou o ocorrido a ninguém. No dia seguinte, repetiu a experiência, reuniu seu pai e alguns colegas e mostrou o fenômeno. "Ficamos todos em silêncio", contou Bill Gore. "Todos ali eram cientistas experientes e sabíamos reconhecer a importância do que Bob tinha feito."

Bob tinha acabado de descobrir o Gore-Tex. Essa mini-inovação, surgida a partir de um momento de desespero, permitiu que a empresa girasse rumo a uma direção totalmente nova. Gore se dedicou rapidamente à exploração da nova descoberta, mas não abandonou os clientes atendidos pela empresa, que em 1969 havia fornecido os cabos usados no primeiro pouso do homem na Lua, por exemplo. Agora iriam fornecer o tecido a ser usado nos trajes espaciais vestidos pelos astronautas da primeira nave espacial. Gore conseguiu ocupar 70% do mercado de roupas e acessórios impermeáveis (entre eles, as botas de neve das minhas filhas), e se tornou uma das 200 maiores empresas privadas em atuação nos Estados Unidos. A sequência de sucesso, que se prolongou ao longo de sete décadas, surgiu de uma série de mini-inovações derivadas de um único produto inicial.

Essa história mostra como os empreendedores precisam ter uma dose de obstinação necessária para se manterem fiéis às ideias iniciais, mas também contar com a abertura adequada para se voltar para produtos ou mercados mais atraentes quando perceberem a oportunidade. Essa abordagem foi muito bem exemplificada na experiência das "irmãs *escargots*".

As empreendedoras da rede da Endeavor, Maria e Penny Vlachou, cresceram em Corinto, na Grécia. Em 2007, durante uma viagem à Suíça, Maria conversava com Penny ao telefone e se queixou do preço elevado cobrado pelos *escargots*: uma dúzia custava € 37. Olhando pela janela de seu quarto, Penny respondeu com uma piada, dizendo que podia valer a pena criar os moluscos no fundo do quintal. "Se você fizesse isso, eu seria sua cliente!", garantiu a irmã. Em poucos meses, as duas haviam começado a criação e vendiam o produto para lojas e restaurantes. Mas, como não era possível investir de uma vez em uma grande quantidade, por causa da rápida deterioração dos *escargots*, optaram por uma mini-inovação: selecionaram uma rede de produtores que pudessem fornecer as quantidades on demand.

Quando conhecemos as "irmãs *escargots*", tive minhas dúvidas. "Nossa atividade não se restringe a empreendedores de *alto impacto*?", perguntei. Mas aí Adrian Gore, presidente da Endeavor África do Sul e um dos maiores devoradores de números que já conheci, respondeu: "Linda, me esforcei para achar as falhas no modelo de negócios das duas e não consegui". Um graduado auditor da EY declarou: "Estou pensando em abandonar meu emprego e começar a criar *escargots*".

O que todos mais admiraram foi a forma como Penny e Maria haviam adaptado sua estratégia para sobreviver nos momentos cruciais. Quando a dupla percebeu que os consumidores não tinham tempo para preparar os *escargots* comercializados vivos, as duas colocaram no mercado o item pré-produzido. Quando a crise financeira que atingiu a Grécia abalou o mercado interno de consumo de itens de luxo, voltaram o olhar para além das fronteiras. "Nossas vendas na Grécia não iriam aumentar", falou Maria, "por isso procuramos mercados em outros países. Todo problema tem uma solução." Hoje, 70% do faturamento da empresa fundada pelas irmãs gregas resultam das exportações para a Espanha, Itália e França. Impressionar um executivo sul-africano é uma coisa, mas Penny e Maria conseguiram vender *escargots* gregos para os franceses. *Vive la minnovation*!

Encontrar novos usos para produtos antigos é outra maneira de demonstrar flexibilidade em momentos de crise. Em 1914, os executivos da Kimberly-Clark faziam uma visita à Europa quando descobriram um substituto do algodão chamado *cellucotton*, feito de celulose de polpa de madeira, com uma pequena quantidade de algodão. A novidade foi vendida para as forças armadas norte-americanas para a confecção de máscaras de proteção contra gases, usadas na Primeira Guerra Mundial. Após o término do conflito, a empresa constatou um estoque imenso do material e pensou em descontinuar aquela linha de produção. Em vez disso, porém, os executivos preferiram produzir pequenos removedores de maquiagem, comercializados com o direcionamento para o mercado feminino. As mulheres escreviam para a empresa dizendo que o produto era ótimo e funcionava bem, mas que seus maridos e filhos viviam "roubando" as folhas para assoar o nariz. Os empreendedores gambás que atuavam dentro da Kimberly-Clark não deixaram o fato passar desapercebido e reposicionaram o produto: era o nascimento dos lenços de papel descartáveis da marca Kleenex.

Outra maneira de "mini-inovar" envolve a forma de comercialização do produto. Em 1959, as fundadoras da Mattel, Ruth e Elliot Handler, lançaram uma boneca nova em uma feira de brinquedos promovida em Nova York. A novidade tinha sido inspirada em uma boneca para adultos comercializada na Alemanha, chamada Lilli, famosa pelos seios fartos e pelas roupas insinuantes. O casal suavizou a maquiagem, mas preservou as curvas fartas. Se aquele objeto seria um modelo para as meninas pequenas, "parecia meio estúpido brincar com uma boneca sem peito", declarou Ruth. O nome da novidade foi inspirado na filha do casal, Barbara. A nova boneca se chamava Barbie Millicent Roberts.

As intenções do casal Handler estavam em sintonia com o que os fabricantes de brinquedos sempre haviam feito: direcionar o produto para a mãe das meninas. Porém, quando as mulheres viram aquela "adolescente cheia de curvas" ficaram revoltadas. O corpo da boneca não parecia real, argumentavam (e também não queriam que seus maridos ficassem olhando para aquela silhueta). Para o casal Handler, esse foi o momento comparável à queda do motor no meio da fábrica. Só que, em vez de entrar em pânico, fizeram um pequeno ajuste e apostaram em algo inédito até então no país: passaram a direcionar o novo produto direto para as crianças. A primeira aparição da Barbie em um anúncio de televisão ocorreu no *The Mickey Mouse Club*, em 1959. Naquele ano, a empresa vendeu 351 mil unidades do brinquedo.

Mas o maior mini-inovador do século 20 sempre será Henry Ford. Com seu modelo Ford T, aperfeiçoou o sistema de câmbio dos carros da época, melhorou o motor e elevou a suspensão. Também desenvolveu um novo tipo de aço, significativamente mais suave e três vezes mais resistente. E declarou: "Não inventei nada de novo. Apenas montei um carro com as descobertas de outros homens, feitas após séculos de trabalho". A mini-inovação mais importante de Ford foi a decisão de transferir o volante do lado direito para o lado esquerdo do veículo. Até então, os motoristas dirigiam preocupados com o risco de cair em um fosso e por isso prestavam atenção na direção das rodas, mas Ford previu que, no futuro, a principal preocupação dos condutores seria o fluxo de outros veículos e, por isso, fazia sentido se estivessem instalados mais perto do meio da estrada.

Costumo dizer aos empreendedores: "Parem de tentar inventar a roda o tempo todo". Em situações críticas, às vezes o movimento mais inteligente se resume a um pequeno ajuste. Uma inovação bombástica pode render mais presença na mídia, mas a mini-inovação conquista um mercado maior.

– 4. Largue as canetas –

Porém, não é caso de "mini-inovar" a ponto de perder o foco. Resista à tentação de lançar dezenas de produtos diferentes e tocar dezenas de projetos paralelamente. Aposte na concentração.

Em 2011, um incubador de negócios da Califórnia decidiu investigar quais tipos de startups cresciam e quais estagnavam – e se era possível identificar explicações possíveis para isso. Uma pergunta que fizeram foi: existe um limite para esse ajuste na rota? Para estudar o dilema, a equipe de pesquisadores analisou a quantidade de adaptações que uma empresa fazia em sua linha de produtos. Os pesquisadores compararam as startups que não fizeram mudança alguma, as que investiram em um ou dois ajustes e as que promoveram mais de duas alterações.

A descoberta da equipe: startups que se ajustavam conseguiram uma quantidade de dinheiro duas vezes e meia maior, tinham quase quatro vezes mais crescimento de usuários e 50% a mais de possibilidade de crescer rapidamente do que as startups que promoveram ajustes mais de uma vez ou nenhuma vez. Meu conselho: esteja aberto para fazer mudanças, mas não aberto *demais*.

Em 2010, Sugianto Tandio assumiu a fábrica de produtos plásticos que pertencia à família de sua mulher, na Indonésia. Durante quatro décadas, a empresa, chamada Tirta Marta, produziu embalagens flexíveis, mas Sugianto tinha outros planos. Com experiência na 3M, não demorou para conduzir a empresa em outra direção e encaminhou a Tirta Marta rumo à inovação *eco-friendly*. A prata da casa era um polímero plástico feito de tapioca (sim, isso mesmo) que seria o primeiro bioplástico certificado "Fair for Life" em todo o mundo. Além da vantagem de melhorar o ambiente, tinha o benefício adicional de proporcionar um meio de subsistência para produtores locais. Os varejistas adoraram, e os produtos plásticos conquistaram 90% do mercado local. Quando Sugianto se candidatou para ser um empreendedor da rede da Endeavor, estava construindo uma empresa com forte orientação ecológica.

Mas nossos especialistas identificaram uma falha. "É um ótimo *promoter* para a Indonésia e pode solucionar um problema que atinge o mundo. Mas tem modelos de negócios e produtos demais." Joanna Rees, integrante do conselho consultivo da Endeavor, declarou: "Ele passa muito tempo falando sobre a produção de canetas com logotipos, o que constitui uma atividade totalmente diferente. Estava faltando foco".

As discussões se prolongaram por mais de uma hora, mas os integrantes do painel chegaram à conclusão de que Sugianto merecia ser apoiado pela instituição. Diante da pergunta sobre se havia alguma recomendação em especial, Joanna não hesitou: "Sim! Largue as canetas!".

Um ano depois, a Tirta Marta estava dedicada à expansão rumo a outros países e ao desenvolvimento de sacolas de supermercado com características ecológicas. Nada de canetas biodegradáveis no horizonte...

O entusiasmo intenso pode ser uma das características mais valiosas de um empreendedor, mas algumas vezes pode funcionar como um fator de distração. Muitos empreendedores cometem o erro de ampliar a atividade para uma nova região antes que as marcas tenham conseguido uma consolidação no mercado local. Ou ainda inauguram novas linhas de produto quando a atividade inicial ainda está engatinhando.

Vale a pena comparar duas empresas icônicas. A primeira é a Apple. Steve Jobs era um árduo defensor do foco e da disciplina. Ele aprendeu essa filosofia enquanto trabalhava no projeto da Atari em substituição a um colega. Os jogos da Atari vinham sem manual e tinham de ser extremamente simples, para facilitar ao máximo a compreensão do usuário. As únicas instruções do videogame Star Trek eram: (1) Insira o *quarter*. (2) Fuja dos *klingons*.

Em 1997, quando Jobs voltou para a Apple após uma década afastado, a empresa produzia uma ampla gama de computadores e periféricos, incluindo uma dúzia de versões diferentes do Macintosh. "Qual deles devo recomendar aos meus amigos?", perguntava Jobs. Após algumas semanas de avaliação, finalmente chegou a uma conclusão. "Vamos parar", gritou Jobs no meio de uma reunião de discussão da estratégia. Pegou uma caneta e se encaminhou rumo ao quadro (isso mesmo, um quadro branco; Jobs acreditava que o recurso concentrava a atenção). Em seguida, desenhou uma tabela com quatro campos. Identificou as colunas com os termos "consumidor" e "pro" e as linhas com "desktop" e "portátil". E orientou a equipe: "A tarefa de vocês consiste em apontar quatro ótimos produtos, um para cada quadrante. Todos os demais produtos deixarão de ser produzidos". O que se "ouviu" em seguida foi um silêncio completo.

Segundo o próprio Jobs, "decidir o que não será feito é tão importante quanto decidir o que será feito. Isso vale para as empresas e também para os produtos".

A postura da Sony foi bem diferente. Como o *New York Times* ressaltou em 2012, a empresa, que já havia sido um farol de inovação, não apresentou lucros ao longo de quatro anos. Um ex-executivo da empresa reconheceu o fato ao declarar que "a Sony produz modelos demais e de nenhum deles pode dizer 'este modelo reúne nossa tecnologia mais avançada'".

Minha lição para os empreendedores é: evitem "poluir" a marca de vocês com uma infinidade de produtos ou serviços periféricos. Em vez disso, concentrem-se no que vocês fazem bem e explorem essa habilidade.

Um bom exemplo vem da fabricante de brinquedos mais famosa de todos os tempos. Em 1932, um dedicado carpinteiro dinamarquês chamado Ole Kirk Christiansen começou a produzir brinquedos de madeira: cofrinhos em forma de porquinho, ioiôs, trenzinhos para puxar e carrinhos. O empreendedor promoveu uma disputa entre sua equipe para chegar ao nome da empresa e ofereceu uma garrafa de vinho caseiro para quem apresentasse a melhor sugestão. Após avaliar as propostas de dois finalistas, Christiansen acabou escolhendo o nome que ele mesmo sugeriu, Lego, uma variação da expressão que em dinamarquês significa "brincar bem". É de se imaginar que ele também ficou com a garrafa de vinho!

Durante a Segunda Guerra Mundial, pais dinamarqueses ofereciam os brinquedos de Lego para seus filhos, mas o racionamento decorrente do conflito levou à falta de madeira. Por isso, em 1947 Christiansen comprou uma máquina injetora de plástico e começou a produzir blocos que podiam ser encaixados uns nos outros. Os clientes odiaram a novidade, pois preferiam os brinquedos de madeira. Nos anos seguintes, a empresa aperfeiçoou a qualidade e teve um crescimento modesto. Na década de 1970, porém, quando os *baby boomers* se tornaram pais e identificaram os objetos como uma alternativa educacional, os lucros da Lego começaram a dobrar a cada ano.

Na década de 1990, as imitações vindas da China inundaram o mercado, derrubando as vendas. Em reação, a Lego apostou na inovação. Os criadores conceberam versões de todas as cores, *tie-ins* (lançamentos baseados em produções de televisão ou de cinema) inspirados em *Star Wars* e *Harry Potter* e até joias da marca. O número de produtos da marca passou de sete mil para 12.400 e a empresa quase fechou as portas. Por volta de 2003, a Lego, como essas criaturas parecidas com o Frankenstein criadas por uma criança de 4 anos e que não consegue parar em pé, estava à beira da falência. "Quase cometemos suicídio pela inovação", afirmou um executivo graduado. Foi aí que a família Christiansen contratou um consultor que havia trabalhado na McKinsey para ocupar o posto de CEO da empresa. O executivo vendeu uma parte da organização, reduziu os salários e terceirizou a produção. Também deu orientações rígidas para que a linha de produtos voltasse a se concentrar nos blocos de montar. Todas as novidades teriam de passar pela avaliação de um conselho de designers. A linha encolheu para sete mil itens.

As vendas dos produtos da Lego se recuperaram, crescendo quase 25% ao ano. Em 2012, a empresa atingiu uma valorização de US$ 15 bilhões, ultrapassando a Mattel (e a Barbie!) na condição de fabricante de brinquedo mais valiosa do mundo.

Experimentar, explorar e ampliar a atividade são medidas que fazem parte da atuação de quem empreende, mas às vezes é preciso ir na direção contrária. Em algumas ocasiões, o melhor a fazer é se afastar da sedução das coisas novas. Ignorar tudo o que pode distrair. Parar de criar mais preocupações para a empresa. Seu motor não acabou de despencar no meio da fábrica: foi você que deixou que ele caísse ao não concentrar a atenção no que realmente era importante. Não se preocupe, pois não faltará tempo para ampliar sua atividade no futuro. Por enquanto, largue a caneta e volte para as ideias essenciais que permitiram que sua empresa chegasse onde chegou.

— 5. Pense alto, mas execute com cuidado —

Foi um tipo de presente inesperado dado pelos deuses das relações públicas que parece ter saído dos sonhos dos empreendedores. Em dezembro de 2012, o colunista da revista *Slate*, Farhad Manjoo, escreveu um artigo no qual chamava o agasalho de moletom com capuz produzido pela American Giant, uma empresa com sede em São Francisco, como a melhor *hoodie* já produzida. "Não dá para comparar as peças da American Giant com o que a concorrência faz", escreveu Manjoo. "Quem veste um moletom deles logo se pergunta por que todas as outras roupas não são iguais."

O depoimento se tornou viral. A ABD News, a NPR e a BBC também falaram no assunto. Em menos de 36 horas, a empresa tinha vendido todas as peças que tinha. "As prateleiras ficaram vazias", contou Bayard Winthrop, fundador da American Giant.

Que bela estória de um sucesso merecido, certo?

Mais ou menos. A empresa não conseguiu administrar a demanda e as prateleiras continuaram vazias pelos próximos *seis meses*. Um comprador inconsolado declarou à *Slate*, "A empresa até pode fabricar o melhor *hoodie* do mundo (vou poder dar minha opinião quando a peça que encomendei finalmente chegar), mas ficou claro que se atrapalharam para aumentar a produção e atender à procura gerada pelo artigo".

O constrangimento ficou ainda maior porque Winthrop, antes de montar a American Giant, era considerado um especialista em crescimento empresarial. Quando uma empresa precisava ampliar a atividade e não sabia como, contratava exatamente o cara. Agora, enfrentava o problema oposto. "Planejamento de estoque, sistemas internos, capacidade de expansão... tudo isso é lindo na teoria", falou Winthrop. Porém, quando a execução não coincide com o planejamento, acontece o que um repórter definiu como sucesso catastrófico, ou uma fama tão estrondosa e súbita que leva a empresa ao fracasso da noite para o dia.

Sonhar com grandeza é admirável, mas se você não dá conta de funcionar sendo pequeno, não espere que seu sonho vire realidade.

Em 2011, um grupo de empreendedores, capitalistas de risco e estudiosos do Vale do Silício que se autodenominavam Blackbox decidiram decodificar o que chamavam de "genoma" das startups do setor de tecnologia. "Mais de 90% das startups fracassam", alertou o grupo em um documento chamado "The Startup Genome Report". Segundo eles, isso acontecia "mais pela autodestruição do que pela ação da concorrência". Segundo eles, até quem era bem-sucedido passava por várias experiências "próximas da morte", ao longo de sua trajetória.

O Blackbox criou uma base de dados com 3.200 startups da internet que apresentavam rápido crescimento e recebeu um minucioso feedback de mais de 650 empresas. A principal conclusão do grupo foi: o crescimento antes do momento adequado constitui o motivo mais comum para o fracasso de uma organização recém-criada. Três quartos das startups fracassam por esse motivo, afirmaram os estudiosos. Agora pense nisso: a ameaça mais grave para o sucesso de uma organização não é a fabricação de produtos ruins, o design inadequado nem a falta de recursos. O maior obstáculo ao sucesso está em tentar ampliar a atuação antes do tempo. Ou, como o documento definiu, os empreendedores "tendem a perder a batalha antes por avançar na hora errada".

Alguns dos motivos mais comuns que levam as empresas ao fracasso:

- Criação de um produto que não resolve um problema.
- Gasto excessivo na captura de clientes, em vez de investir mais no aperfeiçoamento do produto.
- Seguir em frente sem considerar o feedback dos usuários.

A questão mais comum aqui é: não avance antes do tempo. Como declarou um dos entrevistados, "o crescimento consiste basicamente em se certificar de que a máquina está pronta para suportar a velocidade quando alguém pisar no acelerador". O relatório sobre o genoma das startups chegou a definir números. Empresas que abordam o processo de crescimento com uma postura passo a passo crescem 20 vezes mais do que a média.

Pude constatar isso na nossa rede. Quando Mark Chang inaugurou a JobStreet.com na Malásia, em 1997, ele acreditava que a iniciativa, um site de recrutamento parecido com o Monster.com, renderia um salário fixo estável e pouca coisa mais do que isso. "Realmente achei que seria uma atividade modesta", contou. Mas, assim que a empresa ganhou impulso, as pessoas começaram a perguntar para o Mark: "Por que você não amplia suas atividades em outros lugares da Ásia? Você já pensou em abrir o capital da empresa na bolsa de valores?". "Na época, havia muita gente querendo investir", ressaltou Mark. "Era difícil ignorar aquele monte de conselhos."

Naturalmente uma pessoa conservadora, Chang preferiu se concentrar no desenvolvimento do programa, inclusive as ferramentas específicas para a Shell e a Dell. Também contratou um CEO experiente para complementar suas habilidades de engenharia. Chang evitou o crescimento rápido. E qual foi o resultado dessa estratégia? Conseguiu sobreviver à explosão das empresas ponto.com de 2000, que varreu do mapa diversos de seus concorrentes. Também escapou do furacão de 2008. Hoje, Chang ocupa uma vaga no conselho da Endeavor Malásia e a JobStreet é apontada como uma das empresas da internet de mais sucesso no Sudeste Asiático. Em 2014, o site foi vendido por US$ 524 milhões. Chang recebeu a novidade com a serenidade habitual. "Nós só conhecemos o 'jeito *kerbau*' de fazer as coisas", explicou, fazendo referência a uma espécie de búfalo que vive na Indonésia. "Basta trabalhar duro e esperar a chuva."

Esse pode ser um lema para um empreendedor orientado pela execução: ser um búfalo asiático. Esforçar-se muito e esperar a chuva.

O empreendedor mexicano Miguel Ángel Dávila sabe muito bem como isso é difícil, sobretudo quando todo mundo resolve atacar. Com um MBA defendido em Harvard, Dávila achou que o México estava pronto para uma alternativa ao modelo "bloco de concreto e vara de madeira" de ir ao cinema, no qual os espectadores tinham de levar o bloco para se acomodar e a vara de madeira para afastar os ratos. Com alguns amigos, fundou a Cinemex, uma rede de salas confortáveis com projeção de alta qualidade, som *surround* e cadeiras dispostas em fileiras ascendentes, como em um estádio. Mas o grande lance, segundo ele mesmo me contou, foi uma mini-inovação: o acréscimo de suco de limão e de molhos tipo *chili* na pipoca, em vez da tradicional manteiga.

Porém, seu maior desafio estava bem longe do *glamour* típico de Hollywood: os sindicatos do país detinham um controle de mais de sete décadas sobre a atividade dos cinemas e isso incluía algumas regras pétreas, como uma que proibia aqueles que vendessem bebidas de vender alimentos. Quando os sindicatos boicotaram a estreia da iniciativa, Dávila contra-atacou junto aos trabalhadores, que aderiram ao lado da Cinemex. O sindicato foi substituído por uma força de trabalho moderna. Dávila precisou trabalhar duro para agradar tanto os clientes como os colaboradores, mas depois de uma década a chuva caiu: a rede Cinemex foi vendida por US$ 300 milhões.

Dávila, que integra o conselho da Endeavor no México, aconselha os empreendedores a não tentar concorrer com relatos de crescimento esplendoroso e veloz. "Isso é para o cometa Halley", garantiu, "que só aparece uma vez a cada cem anos". Em vez disso, "tente descobrir algo de que as pessoas necessitam e encontre uma maneira de oferecer isso melhor do que todo mundo".

Moral da história: não passe do zero ao seis com um passo só. Sonhe grande, mas caminhe devagar.

— 6. Antes de devorar o elefante, divida-o em pedaços mastigáveis —

Um dia, enquanto pendurava meu quadro branco na parede percebi algo: essas ideias, que surgiram de centenas de conversas diferentes e dezenas de cenários distintos, têm um tema em comum. É exatamente o mesmo assunto que norteou meu conselho para a fase das startups.

Pensamos no empreendedorismo como algo grande, assustador, formado por desgastantes testes de fé e por cruciais momentos de ruptura. Na realidade, é bem diferente. Trata-se de fortalecer suas emoções para entender o status quo, depois de controlar as emoções quando os problemas começarem a surgir. Trata-se de tomar iniciativas corajosas para desestabilizar o mundo, fazendo isso por meio de uma série de movimentos consistentes e que não irão desequilibrar quem empreende. Trata-se, ao mesmo tempo, de aceitar o risco e saber contê-lo.

Refere-se a atingir sonhos ousados por meio de passos cautelosos.

A lição aqui consiste em atuar no sentido oposto de todos que o cercam – e talvez até contra seu próprio instinto. Quando o caminho parecer suave e seguro, crie uma agitação. Esforce-se para imaginar algo novo, para propor uma ideia ousada, para sobressaltar o dia a dia. Como propus, olhe para um lado quando todos olham para o outro.

Porém, quando seu caminho parecer sinuoso e inseguro, aconselho a não perder a confiança. Fique calmo, reduza suas opções, aproxime-se das pessoas certas (e livre-se das erradas), promova mudanças com direcionamento preciso e cumpra suas promessas.

Siga em frente.

O jornalista Ben Sherwood passou anos entrevistando pessoas que sobreviveram a circunstâncias extraordinárias – de desastres aéreos a ataques de animais selvagens. No best-seller *Clube dos sobreviventes*, Ben conta que muitas pessoas que escapam de situações críticas adotam uma postura mental similar. "Em uma crise, ficam alertas, envolvidas e conscientes. Pensam – e planejam – antes de entrar em ação." O que não fazem é entrar em pânico ou em um estado de imobilidade nem se sentem sem saída.

O autor conta que no treinamento da Air Force Survival School, as pessoas são orientadas a controlar os momentos de confusão com um pensamento: para comer um elefante, é preciso cortá-lo em pedaços pequenos. A sobrevivência é um animal imenso e persistente. Se você tentar devorar um paquiderme de várias toneladas de uma só vez, irá desistir ou cair doente. Por isso, o segredo para sobreviver está em ir devagar, concluiu Sherwood. "Uma porção de cada vez. Mastigue bem antes de engolir. Depois pegue a porção seguinte."

O conselho também vale para os empreendedores. Reid Hoffman transmitiu uma mensagem similar aos fundadores que participaram do encontro da Endeavor. Muitos gurus comparam a arte de empreender com a participação de uma maratona ou uma volta em uma montanha-russa, falou, mas ele prefere afastar essas comparações. Em vez disso, Reid comparou os desafios de fundar e ampliar uma organização com o cenário encontrado pelos pioneiros que colonizaram o oeste dos Estados Unidos. "Eles não atravessaram as planícies em um dia, mas dividiram a trajetória em várias etapas. E passo a passo, dia após dia, foram se aproximando de seu sonho."

Crescer nem sempre significa apertar o passo. Para sobreviver às cruéis provas que constituem a etapa de ampliação, muitas vezes é preciso reduzir a marcha em alguns pontos. Como Henry Ford definiu, "nada é especialmente difícil se você dividir a tarefa em atribuições menores".

Falando tanto do departamento experimental do grande empreendedor como do meu: na próxima vez que uma parte de seu sonho desabar sobre o chão, respire fundo, recolha o que restou e volte ao trabalho. E pense nessa experiência como seu momento Ford T.

CAPÍTULO 6

Liderança 3.0

Cerca de quatro anos depois de fundar a Endeavor, minha assistente me demitiu. Eu estava no meio de uma viagem para Cambridge, em Massachussets, onde daria uma aula para os alunos do primeiro ano da Harvard Business School. A ocasião envolvia a apresentação do primeiro estudo de caso sobre a Endeavor (e foi nesse mesmo dia que fui apresentada como uma "caçadora"). Tudo aquilo me deixou bastante lisonjeada. O dia parecia consolidar uma conquista em minha jornada como empreendedora e me sentia realizada. Foi quando recebi uma ligação de Belle, minha assistente.

"Linda, você lembrou de autorizar a folha de pagamentos deste mês?", perguntou.

"Não, mas tenho certeza de que alguém fez isso", respondi. "Agora posso contar tudo o que aconteceu hoje?"

"Como 'alguém fez isso'? Você é a CEO. Ninguém mais tem autorização para pagar as pessoas." Belle fez uma pausa. "Muito bem", continuou. "Você está demitida. A partir de agora, você não cuida mais da folha de pagamentos. Talvez isso não seja claro para você, mas os *colaboradores* precisam pagar o aluguel."

"Colaboradores?", pensei. *"Eu não tenho colaboradores."* Na minha cabeça, as oito pessoas que na época trabalhavam no escritório de Nova York da Endeavor eram meus colegas. Eu não era gestora deles, era uma parceira. Não havia hierarquia, burocracias ou processos. Nós éramos uma startup e estávamos todos no mesmo barco.

Foi preciso que Belle, uma das colaboradoras mais jovens da minha organização, me ensinasse uma das lições mais valiosas para meu crescimento. Eu não era apenas a fundadora, uma colega de trabalho ou uma empreendedora: também era uma líder. E era melhor aprender a gerir ou corria o risco de ficar sem equipe para liderar.

Nos anos que se seguiram àquele duro despertar, vi muitos empreendedores tropeçarem no mesmo trecho ao longo do processo de crescimento. Depois de montar as startups e de colocá-las em marcha, muitos fundadores esquecem que é preciso administrar a organização que criaram. Ainda que no passado trabalhassem vestidos de pijamas, discutissem ideias acomodados na garagem de suas casas e respondessem e-mails no meio da madrugada, agora contam com instalações adequadas, colaboradores e reuniões "de verdade", mas continuam a funcionar em um modo "informal" típico de uma startup porque não conhecem outra maneira de liderar.

Porém, ao mesmo tempo em que a atuação improvisada não condiz com o papel de um líder, uma postura arrogante também não funciona. A maioria dos livros sobre liderança investem em dados tirados das biografias de generais famosos, campeões olímpicos e titãs das corporações, em geral incompatíveis com a administração real de uma empresa hiperconectada e com velocidade acelerada. Jack Welch e um empreendedor moderno, por exemplo, têm tanto em comum como um porta-aviões e uma prancha de surfe.

Eu quis identificar as "regras da Cachinhos Dourados" para a liderança no caso dos empreendedores – nada rígido demais a ponto de se aplicar apenas a empresas sem criatividade alguma nem "solto" demais a ponto de só fazer sentido para uma startup povoada por jovens de camiseta. Chamo essas novas habilidades de Liderança 3.0, na verdade uma estrutura para permanecer ágil em meio ao crescimento, saber navegar em meio ao fluxo intenso das mídias sociais e assumir os riscos calculados de se expor diante de sua equipe.

Todas as pessoas que encontrei estão em busca dessas regras. Empreendedores do tipo gazela, donos de saltos ágeis, com certeza precisam disso. O desenvolvimento da liderança sempre é apontado quando perguntamos aos empreendedores da rede da Endeavor quais são as principais necessidades na hora de ampliar suas organizações. Golfinhos norteados por sua missão e borboletas concentradas no estilo de vida também se mostram desconcertados diante do assunto. Na porta da escola, conversei com uma mãe que comandava uma empresa de design em plena sala de estar de sua casa e estava prestes a contratar o primeiro colaborador. "E se essa pessoa não fizer o que pedir?", queria saber a moça.

Porém, para minha surpresa até os empreendedores do tipo gambá, de ação "intraempreendedora", e os executivos mais graduados (aquele que pensava que dominavam as questões associadas à liderança) também procuram orientação sobre o assunto. Nos últimos anos, fui convidada por várias empresas relacionadas no índice da *Fortune 100* para apresentar workshops sobre a Liderança 3.0. No início, me perguntei o que os veteranos das grandes organizações, todos com projetos traçados para os próximos cinco anos, podiam aprender com os ágeis gestores de startups, estruturas em que os planos mudam a cada cinco minutos. Descobri que esses senhores das grandes instituições hoje consideram sua infraestrutura imensa e as deliberações árduas mais como um obstáculo do que como um ativo.

No caso dos líderes corporativos, o maior risco está em não ser ágil o bastante.

Com tantas startups consumindo o espaço até agora ocupado pelas grandes corporações, esses executivos se veem repetindo a frase da famosa cena na lanchonete mostrada no filme *Harry e Sally – Feitos um para o outro*: "eu quero a mesma coisa que ela pediu".

Mas o que os líderes empreendedores bem-sucedidos estão fazendo de certo? Em minha opinião, costumam partilhar quatro atributos. Eles são:

ÁGEIS
ACESSÍVEIS
CONSCIENTES (*AWARE*, EM INGLÊS)
AUTÊNTICOS

Os 3 R's podem estar bons para a sala de aula; para o escritório, os 4 A's. Vou explicar a seguir cada uma das características que estas iniciais representam.

– Agilidade –

Há alguns anos, uma noite meu marido entrou em nosso quarto e anunciou que queria que nos transformássemos em uma família ágil. Nunca tinha ouvido essa palavra ser usada nesse contexto, até então. Em seguida, com o entusiasmo de um convertido, explicou o que queria dizer.

Em 1983, Jeff Sutherland, principal responsável pela tecnologia de uma empresa que atuava no setor de finanças, estava apavorado com um problema no setor de desenvolvimento de softwares. As empresas costumavam adotar o "sistema em cascata", segundo o qual os executivos situados no alto da hierarquia disparam decisões a serem seguidas por engenheiros frustrados. Nesse cenário, 83% dos projetos fracassavam. Sutherland se tornou um empreendedor do grupo dos gambás. Projetou um novo sistema no qual as ideias não fluíam de cima abaixo, mas sim se infiltravam a partir da base. Segundo esse modelo (que seria identificado como ágil), os profissionais são reunidos em pequenos grupos, fazem reuniões diárias para avaliar o progresso, têm liberdade para experimentar e chegam a um sucesso ou constatam o fracasso rapidamente.

Hoje, o modelo ágil é uma prática padrão em centenas de países e as técnicas também chegaram a equipes gerenciais, do Google ao Facebook, passando pelo TED. Muitos empreendedores da rede Endeavor apostam no sistema. Wences Casares, ex-criador de ovelhas na Patagônia, me contou que a adoção do modelo ágil tinha sido a melhor decisão relativa à liderança que havia tomado. O modelo o lembrava constantemente que ele não estava certo o tempo todo e que as boas ideias podiam surgir de qualquer parte de sua empresa. (Por outro lado, se você perguntar a ele quando foi a melhor decisão que ele tomou em sua vida *pessoal*, ele responderá que foi ter se casado com Belle, a assistente ousada que me demitiu uma vez!)

Como costuma acontecer, minha família adotou algumas técnicas do sistema, inclusive uma nova forma de diminuir o caos que se instalava todas as manhãs e uma reunião familiar semanal para avaliar o progresso, em torno de questões como o consumo de mais verduras e a tentativa de gritar menos (claro que isso inclui os pais também). A equipe do TED se apaixonou tanto pela ideia que convidou Bruce, meu marido, para protagonizar um TED chamado "Programa ágil para famílias".

E, o que é mais importante, comecei a ver porque a característica é tão valiosa para quem empreende. Embora a abordagem tenha muitas ferramentas, três delas são específicas para quem lidera: (1) experimentação constante; (2) equipes reduzidas e autônomas; e (3) disposição para reconhecer os fracassos.

Em primeiro lugar, os líderes ágeis não se atêm a rígidos planos que mapeiam os cinco anos seguintes. Estimulam as equipes a fazer adaptações e experimentar coisas novas o tempo todo. Vejamos o caso da Haier, uma empresa chinesa fabricante de eletrodomésticos. Em 1993, quando Zhang Ruimin assumiu o posto de CEO, a entediada fabricante de geladeiras tinha acabado de escapar da falência e não via muitas possibilidades de competir com marcas globais grandiosas, como a GE e a Whirlpool. Zhang dividiu a organização em 400 equipes e estimulou os grupos a atuarem com mais autonomia e focados nas necessidades dos clientes. A equipe do valoroso centro de atendimento precisou se esforçar: seus integrantes se comprometeram a atender as chamadas antes que o telefone tocasse três vezes e encaminhar os técnicos dentro de um prazo de três horas.

Pouco tempo depois, um dos técnicos atendeu a um chamado para consertar uma máquina de lavar em uma área rural de Sichuan e logo descobriu que o dono havia usado o aparelho para tirar a lama das batatas que havia acabado de colher. Em vez de colocar a culpa do problema no consumidor, a equipe de atendimento relatou o caso para os engenheiros da Haies, anexando uma pesquisa que mostrava que milhões de outros chineses também usavam os aparelhos para lavar produtos sujos de terra. Os engenheiros então desenvolveram uma máquina que, além de lavar as batatas, também removia as cascas. Desenvolveram ainda um modelo destinado a criadores da Mongólia, utilizado para ajudar a transformar o leite em manteiga. Toda essa experimentação resultou na criação do cálice sagrado do mundo das lavanderias: uma máquina de lavar roupas que funcionava sem sabão. Em 2013, a Haier se destacou como a principal marca do setor em todo o mundo, pelo quarto ano consecutivo.

Em segundo lugar, líderes ágeis organizam seus colaboradores em equipes reduzidas e autônomas. Um grande número de comprovações mostra que, quanto maior a união entre os integrantes, melhor o trabalho. O famoso executivo do mundo da publicidade, George Lois; o guru da imagem por trás da Xerox, Tommy Hilfiger; a MTV e Don Draper, fonte de inspiração para a série *Mad Men's*, insistem que o tamanho da equipe é essencial para o sucesso. "Se você tem dez pessoas incrivelmente inteligentes, talvez não saia nada dali", explicou Lois. "Você pode contar com dez pessoas premiadas com o Nobel na mesma sala e enfrentar um monte de problemas." Qual o tamanho ideal das equipes? "Nada importante surge de uma concentração com mais três pessoas no mesmo espaço", assegurou. "*Nada.*"

Jeff Bezos concorda. Na Amazon, ele instituiu a regra das duas *pizzas*: se duas pizzas não bastam para alimentar uma equipe, ela está grande demais. Em um encontro da empresa, quando um participante sugeriu que os colaboradores deveriam se comunicar de maneira mais eficiente,

Bezos se ergueu e falou: "Nada disso! Comunicação é algo horrível!". Ele preferia uma empresa descentralizada e até desorganizada, na qual as ideias independentes predominem sobre o pensamento consolidado do grupo. Hoje, 90% da Amazon é administrada de maneira ágil.

Em terceiro lugar, líderes ágeis não têm medo da temida palavra que começa com F: fracasso. A disposição para aceitar que nem tudo dá certo sempre foi essencial para a fase de startup de quem empreende. Sobre as experiências que fazia para tentar desenvolver a lâmpada, Thomas Edison teria declarado: "Eu não fracassei dez mil vezes. Fracassei uma vez só. As outras 9.999 serviram para comprovar que não funciona mesmo. Quando conseguir eliminar todos os caminhos que não dão certo, vou achar um jeito que vai funcionar".

Porém, se saber fracassar na fase inicial é importante, o fracasso se torna ainda mais valioso para líderes que querem crescer. Várias das ideias mais inovadoras dentro das grandes organizações nunca chegam à superfície porque os "gambás" que as articulam temem perder uma promoção, prejudicar a imagem de seus superiores ou até serem demitidos. Uma pesquisa realizada em 2013 com 500 empresas norte-americanas revelou que cerca de 40% dos executivos entrevistados apontaram o temor de serem responsabilizados por erros ou falhas como o maior obstáculo para tomar iniciativas. Achavam melhor ficar quietos e continuar fazendo seu trabalho.

Nos dias atuais, um número cada vez maior de empresas está mudando essa atitude e procurando maneiras de criar um espaço em que se permita conviver com o erro. Em uma dessas organizações, o fracasso faz parte da ideia da marca. Em 1953, Norm Larsen, líder da recente Rocket Chemical Company, de San Diego, tentava resolver um problema enfrentado havia tempos pelo setor aeroespacial: a ferrugem. A General Dynamics, uma importante empresa de defesa, estava dedicada à construção do primeiro míssil balístico intercontinental dos Estados Unidos, mas a camada externa continuava apresentando corrosão. Larsen achou que uma solução química de deslocamento de água poderia manter a umidade afastada da carcaça de aço.

A primeira fórmula não deu certo, assim como a segunda. A terceira tentativa, assim como a quarta e a quinta, foram igualmente ineficientes. Ao tentar pela trigésima nona vez, ele achou que estava no caminho certo, mas foi apenas na quadragésima iniciativa que chegou a uma combinação de óleo e hidrocarbono capaz de conter a ação da água.

A General Dynamics comprou o primeiro lote, e o produto deu resultados tão positivos que os colaboradores começaram a levar a solução para casa, a fim de extrair a ferrugem de seus carros e arrumar portas com o problema. Isso deu uma ideia a Larson: por que não vender o produto direto aos consumidores em geral? Ele desenvolveu uma embalagem do tipo aerossol para acomodar sua fórmula secreta e não demorou para que as latas de cor azul e amarela aparecessem em prateleiras de todo o país. Larsen chamou o produto de WD-40, a partir da abreviação que ele havia registrado no seu caderno usado no laboratório: "Water Displacement, 40ª fórmula", algo como "quadragésima tentativa de elaboração do dispersor de água".

Até hoje, a WD-40 Company funciona na Califórnia. Em honra às origens da empresa, Garry Ridge, atual CEO, transformou o direito de errar em uma característica central das operações cotidianas da organização. Todos os 300 colaboradores da empresa são estimulados a dividir os resultados positivos ou negativos de suas experiências. "Aqui não existe punição pela falta de sucesso", falou ele. Nada daquela cultura de "apagar tudo", na qual no instante em que alguém tenta algo novo e não atinge os resultados esperados, vira alvo de ataques dos demais. "Na WD-40, não cometemos erros", afirma Ridge. "Temos momentos de aprendizado. Permitimos que as pessoas conversem sobre o que não está dando certo."

Uma das coisas que não dava certo é que, durante anos, os clientes se queixaram do "desaparecimento" do canudo vermelho que vinha dentro da lata de WD-40. A equipe designada para resolver o problema não teve êxito. O grupo recorreu a uma empresa externa especializada em design, que apresentou um "canudo inteligente" embutido na tampa. A novidade aumentava o preço unitário em US$ 1,25, mas os consumidores adoraram. Um deles escreveu: "estamos falando de economizar tempo". De um faturamento de US$ 130 milhões apresentado pela empresa quando Ridge assumiu a presidência em 1997, o valor passou a US$ 300 milhões uma década depois, mesma época em que o índice de retenção de colaboradores superou em três vezes a média nacional.

Um ardoroso defensor dessa liderança tolerante com os erros é Scott Cook, um dos fundadores e presidente do conselho executivo da Intuit. Em 2011, ele declarou em uma conferência da *Economist* que, em 35 anos de atividade, sua opinião sobre liderança havia mudado radicalmente. "Meu pai aprendeu sobre o assunto nas forças armadas norte-americanas, durante a Segunda Guerra Mundial", contou. "No tempo dele, os líderes eram aqueles que selecionavam as opções, tomavam as decisões e diziam o que os outros deveriam fazer. Era mais ou menos como Eisenhower planejando o Dia D." Nos nossos dias, continuou, os líderes precisam se comportar mais como Thomas Edison. "A nova habilidade na liderança consiste em liderar por meio de tentativas."

Como exemplo, Cook citou uma equipe formada por cinco empreendedores do grupo dos gambás que atuava na TurboTax. A teoria desses profissionais: se as pessoas pudessem preencher formulários de impostos a partir de seus celulares, não pagariam contadores para executar a tarefa. As primeiras tentativas da equipe fracassaram, mas o que veio em seguida surpreendeu a todos. Quando os clientes começaram a enviar imagens de seus formulários de declaração de imposto de renda (W-2, nos Estados Unidos), a precisão aumentou. Em janeiro de 2011, o Snap-Tax foi lançado em todo o país; durante duas semanas, destacou-se como aplicativo financeiro mais utilizado tanto no Android como no iOS, com mais de 350 mil downloads.

"Quando os gestores tomam as decisões", falou Cook, elas são baseadas em "questões políticas, convencimento e material em PowerPoint". Quando os líderes delegam o poder a equipes autônomas, prevalece a melhor ideia.

Nunca é tarde demais para acolher o fracasso. O famoso líder empresarial da Índia, Ratan Tata, adotou essa abordagem já no final de sua carreira. Aos 75 anos, o executivo comandava um conglomerado com mais de cem empresas, que produziam de programas de computadores e aço a saquinhos de chá, e movimentavam US$ 100 bilhões ao ano. Em seu último ano na presidência, Tata instituiu uma competição peculiar: um prêmio para a *melhor ideia fracassada*. "O fracasso é uma mina de ouro", falou. É o único jeito de estimular a inovação, manter a empresa renovada e premiar os colaboradores que ousam tentar coisas novas.

Basta lembrar do conselho de um dos maiores executivos do mundo dos negócios: não tenha medo do F de fracasso.

Em vez disso, aposte na agilidade. Abandone o planejamento a longo prazo em favor da adaptação constante; troque os procedimentos burocráticos por equipes que podem ser alimentadas com duas pizzas e crie uma cultura capaz de valorizar a experimentação e de aceitar decepções ocasionais em consequência da repetição sem sentido.

E, sempre que possível, saiba mudar sua mentalidade e dar um A para alguém que, a princípio, tirou um F.

— *Acessibilidade* —

Aquele painel reunia quatro estrelas. Marc Benioff, fundador e CEO da Salesforce.com, conduzia um debate com o general Colin Powell, então na reserva, e Jeffrey Immelt, executivo graduado da GE. O cenário era a conferência Dreamforce 2012 e o assunto era liderança.

Powell começou. "Nasci analógico", declarou, "e venho tentando me adaptar desesperadamente ao mundo digital". (Benioff ressaltou que estava se saindo bastante bem, uma vez que o ex-secretário de Estados norte-americano conta com quase três milhões de seguidores no Facebook). Powel lembrou que, no meio de tanta tecnologia, os líderes correm o risco de ficar desconectados de suas equipes. "Os profissionais mais jovens são digitalmente ligados e é preciso se manter em dia com o ritmo deles", declarou. Os líderes não podem mais se acomodar em suas cadeiras e esperar que os problemas cheguem até eles. Precisam tomar a iniciativa e envolver os colaboradores de todos os níveis.

Immelt concordou. "Na minha atuação, estou sempre combatendo a burocracia e grandes dimensões", explicou. Immelt tinha acabado de dar início a um esforço imenso para levar a GE de volta às raízes empreendedoras. Citando o "grande filósofo" Mike Tyson, Immelt sugeriu que empresas grandes como a GE também fossem mais flexíveis: "Todo mundo tem planos até levar um soco no olho". Grande parte dessa mudança depende de executivos como ele, que precisam aprender a ser mais sensíveis às mensagens dos colaboradores. E a tecnologia pode ajudar.

"O que a mídia social faz para mim é dar acesso aos clientes e aos colaboradores", explicou Immelt. Por meio de plataformas digitais, hoje ele conta com dados brutos vindos da força de vendas no próprio campo de atuação. Ele pode usar isso para pressionar os gestores da cadeia corporativa, dizendo: "O que está acontecendo aqui, rapazes?". Além disso, a mídia social o obrigou a se transformar em um líder mais aberto, admite. "Você precisa estar disposto a dividir mais e aprende a lidar melhor com isso." No caso de Immelt, isso significou a criação de um blog interno para os colaboradores da GE. "Mantive o blog por dois anos e era minha voz. Transmitia minha mensagem, do meu jeito." Sem muitos sorrisos, acrescentou que não permitia que os integrantes do conselho lessem os posts do blog.

Immelt não está sozinho. Em 2012, uma pesquisa feita pela empresa Weber Shandwick com executivos de dez países descobriu que a "sociabilidade" dos CEOs havia dobrado nos dois anos anteriores. Dois terços dos presidentes postavam informações no site da empresa e metade deles colaborava com a intranet da organização. Como os líderes do Marriot e da Zappos, alguns tinham um blog. Outros, como Rupert Murdoch, Marissa Mayer e Richard Branson, utilizavam o Twitter. Os fundadores do Google, por exemplo, mantêm um canal de perguntas e respostas com os colaboradores. Garry Ridge, da WD-40, envia mensagens inspiracionais diárias aos colaboradores e promete responder qualquer reclamação em menos de 24 horas.

Seja qual for a forma escolhida para a interação, sua equipe vai apreciar. Metade dos colaboradores ouvidos na pesquisa da Weber

Shandwick declararam que se sentiam mais estimulados quando os CEOs de sua empresa se manifestavam pelas redes sociais.

Eu tive dificuldades para aprender isso. Nos primeiros anos à frente da Endeavor, desfrutava da fama de não saber delegar. Tinha sérios problemas para descentralizar e abrir mão do controle. Para piorar, não fazia a menor ideia de como gerir uma equipe em crescimento. Se quisesse mesmo ampliar a atuação da organização, teria de seguir o conselho que vivia repetindo para os empreendedores e recorrer à contratação de executivos habilitados.

Foi assim que acabei contratando uma gestora de operações. Depois de menos de um ano, ela se queixou de que todas as pessoas "desviavam" dela e vinham me procurar. Pediu demissão. Um ano depois, contratei outro COO, mas logo ficou claro que a equipe não se dirigia a ele. "Ele é corporativo demais para nossa cultura", diziam as pessoas. Tive de pedir que deixasse nossa organização. Nesse momento, eu havia piorado bem as coisas: os rumores de que me comportava como uma "primeira dama" ganharam força e, mesmo depois que contratei vários graduados VPs vindos da Dell, Boomberg e do Vale do Silício, o problema permanecia igual.

Nessa época, estávamos começando a enfrentar uma crise. Se no passado todo o escritório podia se fartar com uma pizza, agora era preciso chamar um caminhão de comida para alimentar a todos. A Endeavor contava com quase 300 integrantes de dedicação exclusiva em todo o mundo. Eu precisava de um parceiro e procurei Fernando Fabre, economista e durante seis anos o diretor administrativo da Endeavor no México. Fabre era adorado por nossos empreendedores e respeitado em toda nossa rede de atuação. Também era a pessoa quase sempre escolhida por todos no planeta que tinham alguma questão a resolver comigo (só isso já ocupava boa parte do tempo dele!).

"Olá, Fernando, tudo bem?", perguntei.

"Tudo bem, e com você?."

"Tudo ótimo. Diga-me uma coisa: você gostaria de ser o novo COO da Endeavor?."

Silêncio no outro lado da linha.

Continuei com a conversa. "Você sabe que nossa organização está crescendo e vou ter de me concentrar em outros lugares. Por isso, precisamos de alguém forte para cuidar da administração do dia a dia. Achei que você...."

Fernando me interrompeu. "Linda, sei de tudo isso," falou. "Mas não vou aceitar a proposta para esse cargo fracassado de COO. Se quiser que assuma a presidência da Endeavor, eu aceito."

Concordei e ele assumiu. Fernando se mudou para Nova York e começou uma nova era na organização. Nessa época, voltei a meter os pés pelas mãos. Não com Fernando especificamente, mas com todo o mundo; achava que com um novo presidente e outros executivos graduados estávamos começando a nos sentir como uma organização madura, e por isso fiz o que as organizações maduras fazem: comecei a marcar reuniões regulares com a equipe de gestão.

Só que não deu certo. Em primeiro lugar, Fernando era obrigado a promover inúmeros encontros de planejamento antes dessas reuniões e a cuidar de diversos acompanhamentos em seguida. "Minha agenda ficou tomada por reuniões para discutir outras reuniões", contou ele. Em segundo lugar, aqueles encontros não faziam parte de nossa cultura. Antes, a Endeavor era uma organização comunal; agora o "gabinete" se reunia em uma sala de reuniões fechada com paredes de vidros, de forma que todos podiam ver que não tinham sido convidados. Era claro que precisava encontrar outra maneira de liderar.

A solução estava nas mídias sociais. Por sugestão de vários integrantes mais jovens da equipe, a Endeavor tinha acabado de lançar o Salesforce Chatter, uma rede social instalada no ambiente de trabalho que permite que os colaboradores postem perguntas, comentários e dúvidas. Fernando se esforçou com afinco para que todos se envolvessem. Ofereceu diversos incentivos para que os integrantes da equipe fizessem contribuições semanais e ele próprio começou a publicar comentários sobre as partidas de futebol. Eu o desafiei em um "*Chatter throw-down*" para ver quem conseguia reunir mais "*likes*".

O plano deu certo. Toda nossa equipe espalhada pelo mundo participava do Chatter, às vezes preferindo usar o recurso a mandar um e-mail. Surgiram várias ideias inéditas e novas conexões ganharam força. A Endeavor tinha voltado a suas raízes de startup e a ser uma empresa colaborativa. E as reuniões regulares foram abolidas.

Talvez o melhor exemplo de como os líderes precisam sair de suas bolhas venha da pessoa que vive na maior bolha do mundo: o presidente dos Estados Unidos. Quando Barack Obama foi eleito, como todos os que o antecederam no cargo, ele temia desaparecer atrás da muralha do novo cargo. Obama fez questão de manter seu BlackBerry pessoal, por exemplo, para que os amigos e assistentes pudessem entrar em contato direto com ele (o presidente norte-americano não pode usar um iPhone por questões de segurança).

Durante a campanha presidencial de 2008, um desses assistentes, um pastor de 24 anos da igreja Pentecostal chamado Joshua DuBois, enviou um e-mail não solicitado direto para o BlackBerry de Obama durante um momento especialmente difícil. A mensagem continha uma citação ao Salmo 23 da Bíblia. Esse foi um movimento ousado: mandar uma oração para o gestor. "Eu não sabia como ele iria reagir", contou DuBois. "Mas, depois de poucos minutos, o presidente me respondeu e falou que a mensagem tinha sido útil para ele, e que ele gostaria que eu mandasse todos os dias." Os e-mails falavam de temas diversos, como a Bíblia, história, jazz e fatos da atualidade, e Obama gostava tanto de recebê-los que pediu que DuBois continuasse a mandar mesmo após a mudança para a Casa Branca. "Todos os dias, recebo algo que me faz refletir", contou o presidente.

Os presidentes, assim como os líderes, não se comunicam apenas com suas equipes, mas também com o mundo todo. Aqui, também, Obama apostou na abertura. Foi o primeiro presidente a usar o Twitter e a participar de um chat on-line sobre a experiência de morar em Zillow. Além disso, digitou de próprio punho várias respostas no fórum on-line Ask Me Anything, promovido pelo Reddit. Em 2012, enquanto os republicanos estavam reunidos na convenção realizada na Flórida, Obama se acomodou em um discreto escritório de Charlottesville, na Virgínia, munido apenas de uma mesa, uma luminária e um MacBook Pro.

Obama teclou: "Olá, aqui é o Barack Obama, presidente dos Estados Unidos. Podem me mandar suas perguntas". Nos primeiros nove minutos chegaram duzentas perguntas, que abordavam de assuntos sérios ("O senhor está pensando em aumentar os recursos destinados ao programa espacial?") a temas mundanos ("Qual a cor de sua escova de dentes?"). O assessor digital de Obama estava incumbido de selecionar as perguntas e havia um "digitador" a postos para digitar as respostas dadas pelo presidente. Porém, o plano não funcionou, pois Obama se recusou a largar o teclado. "Pode deixar que faço isso", alegou.

E foi o que fez. Sobre a conciliação entre o trabalho e a vida familiar: "A grande vantagem que tenho é que moro no emprego – nem preciso me preocupar com a condução!". Sobre a cerveja consumida na Casa Branca, a White House Beer: "Posso falar de primeira mão que é bem saborosa". Sobre a decisão mais difícil que teve de tomar ao longo do mandato: "A decisão foi se devia ou não aumentar nossas forças no Afeganistão". (Pequenos detalhes, como esquecer de grafar "Afeganistão" com letra maiúscula, ajudavam a aumentar a credibilidade do presidente.) Quase três milhões de pessoas visitaram a página durante os 45 minutos que durou a sessão de perguntas e respostas e, nas 24 horas seguintes, mais dois milhões consultaram a troca de mensagens.

Não importa qual seja o tipo de organização na qual você trabalha, hoje todos os líderes precisam estar acessíveis – tanto para os parceiros mais próximos como para os colaboradores mais afastados e os contatos mais esporádicos. Em outras palavras, precisam agir como empreendedores. E sabe o que mais? A maioria dos líderes que abandonam a existência dentro da bolha gosta de respirar ar puro. Como o presidente escreveu no final do seu primeiro fórum Ask Me Anything: "A propósito, se vocês estão querendo saber o que achei sobre essa experiência de responder a perguntas, a resposta é: nada mal!".

— *Consciência (Aware)* —

Há alguns anos, estava preparando uma palestra sobre a Endeavor para ser apresentada a cerca de 500 pessoas, entre apoiadores, mentores e empreendedores. Mostrei um rascunho de minha apresentação a Bruce, meu marido, e ele reprovou: "Super-Homem demais, Clark Kent de menos". Em seguida, Bruce explicou (de forma suave, porém firme) que achava que estava gastando muito tempo alardeando nossos sucessos e conquistas e reservando pouco espaço para discutir os desafios e necessidades que tínhamos de enfrentar. "Quando você se mostra invencível, deixa de parecer real", explicou. "Além disso, perde a oportunidade de convidar o ouvinte a se juntar a você". A observação dele me fez pensar. Agora que estamos em uma época em que os líderes precisam descer do Olimpo, qual postura devem adotar em relação aos colaboradores e clientes?

Uma resposta, vinda de uma nova geração de estudiosos e pensadores, aponta que os líderes precisam se mostrar bem mais abertos às próprias limitações e assertivos quanto a assumir responsabilidades. Precisam estar conscientes disso.

Dois especialistas em comportamento corporativo, Alison Fragale, da University of North Carolina, e Adam Grant, da Wharton School, encontraram comprovações consistentes dos perigos de uma posição de onipresença na hora de se apresentar aos outros. Em seu livro *Dar e Receber*, Grant aborda o que chama de "comunicadores desprovidos de poder", ou "aquelas pessoas mais inclinadas a fazer perguntas do que a dar respostas; a se expressar de maneira mais suave do que se mostrarem cheias de certeza; a admitir seus pontos fracos, em vez de ressaltar os aspectos fortes e a buscar orientação, em vez de impor seu ponto de vista sobre os demais". Enquanto os "comunicadores poderosos" afastam as pessoas com suas qualidades aparentemente sobre-humanas, os "desprovidos de poder" atraem os demais com suas imperfeições e consciência delas.

Em outras palavras, líderes eficientes são menos super e mais humanos.

Uma vez, ouvi um termo que pareceu perfeito: "*flawsome*". Combinação das palavras *flawed*, que significa "com falhas", e *awesome* ("impressionante"). Trata-se de uma maneira de definir algo que é ótimo, apesar de imperfeito. No mundo dos negócios, a expressão acabou sendo associada a uma consciência dos defeitos, ou à disposição em admitir as próprias limitações. Isso inclui seus produtos, seus colaboradores e sua empresa.

Em abril de 2009, dois colaboradores da rede de lanchonetes Domino's fizeram um vídeo no qual aparecem introduzindo lascas de queijo no nariz e esfregando o recheio nos traseiros (lindo, né?), antes de acomodar os ingredientes no sanduíche que logo seria servido aos clientes. O vídeo se tornou viral e foi visto por um milhão de pessoas no YouTube. Embora os dois colaboradores que criaram as imagens tenham sido demitidos e processados, a empresa precisou enfrentar um verdadeiro pesadelo para tentar recuperar sua imagem. A Domino's levou 48 horas para se manifestar, o que é uma eternidade em tempo de mídias sociais, e depois divulgou um fraco vídeo de pedido de desculpas, protagonizado pelo líder da empresa, Patrick Doyle.

Mas é preciso esclarecer que Doyle não deixou as coisas por isso mesmo. A crise revelou que a rede tinha problemas de imagem que ultrapassavam de longe o "descuido" dos preparadores de lanches. A empresa passou meses pedindo feedback e uma pesquisa apontou a pizza da casa como a pior do país, empatada com a da Chuck E. Cheese. Doyle tomou a decisão pouco comum de assumir as críticas. Nove meses após a crise inicial, a Domino's divulgou um vídeo incrivelmente honesto chamado *The Pizza Turnaround*, no qual anunciava que estava abandonando o modelo antigo. O vídeo mostrava colaboradores da Domino's comentando o quanto as pessoas detestam os lanches da marca. Doyle surge pela primeira vez, encolhido, enquanto um cliente declara, "Deve ser muito difícil, né? Não parece que existe amor na pizza da Domino's". Doyle respondeu: "Você pode deixar que os comentários negativos o desanimem ou então o motivem a colocar energia no seu processo". Um colaborador acrescentou: "Pega bem no coração. É isso o que fiz nos últimos 25 anos". Outro colaborador começava a chorar.

Quando a nova receita chegou às lanchonetes, a Domino's criou um link entre o Twitter e o site da rede (#newpizza), mostrando tanto elogios como críticas. Também introduziu um rastreador de pizzas on-line, que estimulava os clientes a deixar seus comentários. As respostas eram enviadas em tempo real para os colaboradores e expostas em um painel eletrônico da Times Square. O boca a boca explodiu e as vendas aumentaram. E, o que foi mais importante, o esforço reconstituiu o moral da empresa. Com a Domino's de volta às manchetes, mas agora por motivos positivos, os colaboradores estavam "orgulhosos de ir trabalhar todos os dias", afirmou um executivo. Em 2011, a CNBN escolheu Doyle como o executivo do ano.

Dois empreendedores da rede da Endeavor foram ainda mais longe ao assumir as críticas e recuperar a boa imagem junto aos colaboradores. Os brasileiros Mario Chady e Eduardo Ourivio eram amigos desde a infância e fundaram uma rede de fast-food inspirada nas cantinas italianas, com atendentes que fazem até malabarismos. A concentração em um atendimento simpático e divertido tirou a empresa da rota da falência e em poucos anos o Spoleto reunia 300 endereços. Então, em um dia de 2012, o grupo de humoristas Porta dos Fundos colocou no YouTube um vídeo no qual fazia paródia dos atendentes "engraçadinhos" da rede alimentícia:

"Bom dia", fala a cliente.

"Bom dia", responde o atendente/chef.

"Eu queria um *penne*..."

"*Penne!*" o chef grita para o pessoal da cozinha. "Molho?".

"Eu queria... hum... molho de tomate."

"Molho de tomate. Acompanhamento?."

"Acompanhamento? Eu queria milho...."

"Milho. Que mais?".

"Ha, eu queria...."

"Presunto. Isso, milho e presunto. O que mais?."

"Humm..."

"O que mais? Vai, fala!."

"Calma!".

"O QUE VOCÊ QUER?".

No final da cena, o atendente joga pedaços de palmito no rosto da cliente, que lamenta: "Eu só queria almoçar...". O atendente/chef explode: "Ninguém mandou vir almoçar no inferno".

O vídeo fez um sucesso imenso e recebeu mais de nove milhões de *views*. Embora o título do vídeo fosse apenas *Fast-food*, todo mundo sabia que se tratava do Spoleto. Os humoristas se prepararam para receber um telefonema dos advogados da rede, mas, quando o telefone tocou, quem estava na linha era um dos fundadores da empresa. "Queremos convidar vocês para tomar uma cerveja", falou Eduardo.

Contrariando as orientações do departamento jurídico e da equipe de relações públicas do Spoleto, Mario e Eduardo foram ao encontro. Tomaram cerveja, contaram piadas e finalmente os fundadores da rede apresentaram suas intenções: primeiro, queriam patrocinar o canal dos humoristas no YouTube; segundo, queria que os humoristas substituíssem o título do vídeo para "Spoleto"; e, finalmente, queriam contratar o Porta dos Fundos para fazer continuações do vídeo.

Por que os fundadores da empresa iriam pagar para fazer os outros darem risadas deles?

"Apenas seguimos a lógica da nossa cultura", contou Eduardo, "sem nos levar a sério demais, mas sim dando um jeito de achar uma piada".

No segundo vídeo, o chef furioso é demitido e começa a trabalhar em um call center. Ele volta ao Spoleto e exibe um avental no qual se lê "Em treinamento". Quando ele destrata outra cliente, finalmente tenta se controlar. Surge uma tela com a inscrição: "Isso jamais deve acontecer, mas às vezes foge ao nosso controle. Se você foi mal-atendido no Spoleto, conte para a gente e nos ajude a melhorar", seguida de um endereço de e-mail.

A paródia feita sobre a paródia teve mais de quatro milhões de visualizações mas, o que foi mais importante, animou os colaboradores da rede. "Os atendentes adoraram", falou Eduardo. A exposição ajudou no recrutamento de novos talentos. "Durante as entrevistas de seleção, 40%

dos candidatos citaram os dois vídeos como principal motivo para se candidatarem ao trabalho", ressaltou.

Nos dias atuais, é maravilhoso trabalhar em uma empresa que seja *flawsome*.

O aprendizado para os líderes é que, na era em que as mídias sociais ampliam e deixam uma marca digital permanente de nossos erros, a reação se tornou mais importante do que nunca. Um empreendedor que conheço transformou sua reação aos erros na assinatura de toda a sua marca.

Danny Meyer é um badalado *restaurateur* de Nova York, no comando do Union Square Café, da Gramercy Tavern e do Shake Shack. Meyer e seus estabelecimentos romperam recordes ao acumular 25 prêmios James Beard. Nascido em St. Louis, Danny visitou a Europa quando era adolescente e depois trabalhou como guia turístico em Roma. Durante essas viagens, ele se encantou com o atendimento cordial que experimentou. "O abraço que acompanha a comida deixa o sabor melhor ainda", afirmou. Essa percepção levou ao que chama de estratégia central de seu negócio: a hospitalidade "iluminada". Como ele descreve em seu manifesto sobre liderança, o livro *Colocando a Mesa*, "a hospitalidade existe quando você acredita que a outra pessoa está do seu lado".

O teste de Danny na condição de líder consistiu em levar sua visão de atendimento (que aperfeiçoou em seu primeiro restaurante, no qual estava presente o tempo todo) e descobrir uma maneira de transportar essa cultura para uma crescente coleção de estabelecimentos espalhados pelos Estados Unidos. Apesar de crescer, queria manter a sensação de ser pequeno. E queria que seus clientes se sentissem acolhidos.

Com o passar dos anos, tive a oportunidade de conhecer um pouco melhor Danny, e a resposta dele a esse desafio estava em aceitar que nem todo mundo se sente satisfeito o tempo todo – e preparar sua equipe a reagir da maneira correta. O chef começava já na fase de contratação, que incluía um questionário idiossincrático com perguntas do tipo "Como seu senso de humor o ajudou em sua carreira profissional?", "O que havia de errado no seu emprego anterior?" e "Você prefere

Hellmann's ou Miracle Whip?". A explicação de Danny: para atender bem é preciso contar com uma boa dose de diversão e essas perguntas davam uma ideia se os candidatos iriam se encaixar ou não.

Em segundo lugar, Meyer treina todos os colaboradores no que chama de diferença entre hospitalidade e atendimento. O atendimento, define ele, se resume a apresentar opções ao cliente de forma automática e oferecer uma conversa vazia. Como exemplo, o chef cita o Ritz-Carlton, onde os colaboradores respondem um protocolar "o prazer é meu" em resposta a absolutamente tudo. "Ouvir a mesma frase o tempo todo pode parecer um pouco arrepiante, depois de um tempo", aposta Danny. "É como escutar os comissários de bordo repetirem 'até logo' e 'muito obrigado' 200 vezes, enquanto os passageiros desembarcam do avião." Prestar um serviço é cumprir o ato mecânico de entregar um produto, acredita Danny. "A hospitalidade é a forma como essa entrega chega aos sentimentos do cliente."

Finalmente, Danny decidiu registrar sua teoria no papel. Escreveu um manual passo a passo de como os colaboradores devem tratar os consumidores descontentes. Algumas dicas são:

- Deixou cair uma tigela de sopa sobre o cliente? Ofereça-se para pagar a lavagem a seco e mande para a mesa um prato, para que o cliente possa desfrutar dele enquanto os outros comem.
- Cometeu um erro? Nunca procure uma desculpa. Diga que lamenta muito o que aconteceu, mas jamais diga que "hoje faltaram alguns colaboradores".
- Alguma coisa saiu errada durante a refeição? Peça que a cozinha prepare uma sobremesa extra ou uma bebida, a título de cortesia da casa.

Acima de tudo, afirma Danny, os colaboradores precisam escrever o "último e grandioso capítulo" de todos os incidentes. Quando Bob Kerrey, ex-senador e cliente habitual, informou gentilmente a Danny, em um almoço no Eleven Madison Park, que na noite anterior um de seus acompanhantes havia encontrado, em um jantar na Gramercy

Tavern, um besouro na salada e que a equipe soube lidar muito bem com o problema, o líder se sentiu constrangido. Ele não queria que a história acabasse assim e por isso mandou uma salada extra para a mesa do senador, acompanhada de um bilhete com a inscrição "RINGO". O garçom explicou que "Danny quer deixar claro para o senhor que a Gramercy Tavern não é o único de seus restaurantes que consegue completar uma salada com um beatle".

Nos dias atuais, liderar não se limita a transmitir uma imagem positiva, mas também envolve a forma de reação quando as coisas não vão bem. Nem o Super-Homem é um super-herói o tempo todo. Para ser um líder eficiente, tenha consciência de como os outros o percebem e aprenda a abordar seus aspectos falhos. Valorize o Clark Kent que existe dentro de você.

– *Autenticidade* –

A recomendação final para um líder empreendedor pode ser a mais desafiadora – e também a mais importante – de todas. Aprenda a se expor. Permita-se ser vulnerável.

Seja autêntico.

No final de 2005, o time de futebol americano Indianapolis Colts chegou invicto à décima terceira partida. Se continuassem assim, o treinador da equipe, Tony Dungy, seria o primeiro afro-americano a liderar um time campeão do Super Bowl. Dungy sempre havia exercido uma liderança diferente. Bastante espiritualizado, ele não escondia sua fé.

Dungy transferiu seus valores para um estilo de liderança baseado na compreensão, o que é raro em sua profissão. Quando treinava uma equipe em Tampa, seu *placekicker* (chutador) começou a perder *extra points* importantes. Em vez de tirar o jogador do campo, Dungy sondou se havia algo errado e ficou sabendo que a mãe do atleta acabara de morrer de câncer. Dungy o consolou: "Você faz parte de nosso time". Na semana seguinte, o *kicker* marcou o *extra point* que levou o time à vitória. Sobre o treinador, o jogador declarou: "O que ele fez foi tirar a pressão que estava me prejudicando. Outros técnicos simplesmente me mandariam para o banco".

Conforme a temporada de 2005 se aproximava dos momentos decisivos, Dungy liberou seu time para o feriado de Ação de Graças, um acontecimento raro. O filho mais velho de Dungy, Jamie, que estudava em uma faculdade em Tampa, foi de avião visitar o pai. Quando a rápida visita chegou ao fim, Jamie correu para embarcar e não houve tempo para um abraço de despedida. "Eu sabia que veria meu filho de novo no Natal e aí daria um abraço nele", escreveu o técnico em seu livro de memórias, *Fora do comum*.

No mês seguinte, os Colts finalmente perderam uma partida. Três dias depois, o telefone de Dungy tocou à 1h45min da manhã. "Espero que nenhum dos nossos jogadores tenha se machucado", pensou o treinador. Mas não era um dos jogadores: Jamie tinha sido encontrado em seu apartamento em Tampa, depois de se enforcar. "Enquanto a enfermeira falava comigo, comecei a rezar por Jamie descontroladamente", Dungy escreveu. "Mas, conforme as palavras chegavam, ia ficando cada vez mais claro que não adiantava mais. Jamie tinha morrido."

Além da dor que sentiu na condição de um pai que perde um filho, Dungy também enfrentou um desafio como líder. Todo o time dos Colts foi até a Flórida para o enterro, e Dungy se dirigiu aos jogadores durante sua fala. "Continuem sendo quem vocês são", falou. "Na dúvida, sejam mais ousados ainda, porque nossos garotos estão recebendo hoje muitas mensagens equivocadas sobre o que significa ser um homem neste mundo."

O dirigente do time informou Dungy que ele poderia se afastar pelo resto da temporada, se quisesse. O técnico discutiu a oferta com sua família e decidiu voltar para o campo. Com os Colts já classificados para os *play-offs*, a última partida da temporada regular não importava, mas para o time aquilo tinha muito significado. Quando o time venceu, a multidão explodiu. "Embora a gente não precisasse daquela vitória", lembrou Dungy, "os jogadores fizeram questão de vencer, por mim e pela minha família".

Naquele ano, os Colts perderam o *round* inicial dos *play-offs*. Na temporada seguinte, Dungy se tornou o primeiro treinador afro-americano a vencer o Super Bowl.

Isso aconteceu em um tempo em que os líderes conseguiam manter tragédias pessoais como a de Dungy longe das equipes que comandavam. Essa época acabou. As mesmas forças que obrigam os líderes atuais a serem mais ágeis, acessíveis e conscientes (mídias sociais, profissionais mais jovens, maior necessidade dos colaboradores de se sentirem envolvidos em seu trabalho) também exigem que tenham mais abertura em relação às próprias vidas. A vulnerabilidade, que já foi um atributo negativo à personalidade de um líder forte, tornou-se quase um pré-requisito.

A principal representante da ideia de vulnerabilidade como valor positivo é hoje Brené Brown, professora da University of Houston e autora do livro *A Coragem de Ser Imperfeito*. Embora assuntos "suaves" em geral sejam considerados do domínio de Oprah Winfrey, Dr. Phill e similares, a mensagem de Brown foi adotada pela comunidade dos negócios. Ao falar em um fórum sobre liderança promovido pela revista *Inc.*, a especialista declarou que o empreendedorismo tem tudo a ver com a coragem para se abrir. "Ser um empreendedor é ser vulnerável todos os dias", definiu. Trata-se de uma combinação de incerteza, risco e exposição emocional. Mas, ao mesmo tempo em que as pessoas costumam procurar a vulnerabilidade nos demais, alertou, tendem a reprimi-la nelas mesmas. O desafio está em aceitar que não se trata de uma fraqueza, mas da "pulsação absoluta da inovação e da criatividade".

De todas as qualidades da Liderança 3.0, aprender a ser autêntica e basicamente vulnerável foi a mais difícil para mim – mas também foi a lição que mais incorporei no meu modo de ser.

Em 2008, meu marido descobriu que tinha um tipo raro e agressivo de câncer ósseo. Os médicos encontraram um osteosarcoma de cerca de 25 centímetros no fêmur esquerdo dele. Na época, nossas filhas tinham três anos. Durante seis meses, Bruce enfrentou mais de 12 aplicações de quimioterapia pesada e, em várias ocasiões, precisou ficar internado. Depois, passou por uma cirurgia de 16 horas de duração, na qual os médicos substituíram seu fêmur por uma peça de titânio, reposicionaram a fíbula da panturrilha até a coxa e removeram metade do quadríceps. Antes dele, só duas pessoas haviam sobrevivido a essa cirurgia. Após a recuperação, voltou a se submeter a mais quatro meses de quimioterapia. Durante mais de um ano, Bruce viveu dentro de hospitais, deslocando-se com a ajuda de muletas, vendo seu cabelo cair e perdendo peso, mas lutando para sobreviver.

O câncer de Bruce entrou em nossas vidas no exato momento em que a Endeavor se preparava para um crescimento rápido, atuando no dobro de países e continentes e disseminando nosso projeto com vigor. Inicialmente, fiquei paralisada, sem saber como enfrentar a situação. Estava decidida a acompanhá-lo em todas as sessões de quimioterapia e consultas médicas e também precisava garantir a estabilidade de minhas filhas. Mas, em meu trabalho, as exigências também estavam aumentando. Meu instinto de líder, sobretudo de uma líder do sexo feminino, me mandava fazer o que havia sido treinada a fazer: seguir em frente, dividir o problema e exibir uma expressão de valentia. Jamais deixar alguém ver meu suor ou, pior ainda, minhas lágrimas.

Mas, na verdade, não tinha escolha. Nenhuma expressão de blefe poderia esconder toda aquela luta. Por isso, fiz exatamente o contrário. Primeiro, comuniquei o conselho. Telefonei para o presidente, Edgar Bronfman Jr., responsável por defender com veemência nosso projeto de expansão, e revelei minha situação. Ele garantiu que o conselho iria colaborar. As constantes demonstrações da parte dele quanto à sua inteligência emocional e sensibilidade me ajudaram a superar muitas situações desgastantes, e por isso, de certa forma, a reação dele não me surpreendeu. Nem estranhei quando a equipe da Endeavor deu conta do recado durante minha ausência, quando cada um se adaptou e assumiu tarefas diferentes. A expansão não seria interrompida.

Mas o que aconteceu em seguida realmente me surpreendeu. Em meados de 2009, os médicos disseram que Bruce estava livre do câncer e voltei ao trabalho em tempo integral. Só que aquela experiência havia me transformado. Assim, resolvi baixar a guarda e remover a muralha que havia erguido para isolar as questões da Endeavor da minha vida pessoal. Passei a comentar com as pessoas a evolução de Bruce e falava sobre as reações de minhas filhas gêmeas. Em uma ocasião, cheguei a desabar. Em vez de me afastar dos colegas de trabalho e de me manter a distância deles (Será que eles saberiam o que dizer? Alguém iria me considerar uma pessoa fraca?), minha vulnerabilidade nos aproximou.

E também modificou minha postura como líder. Ao me mostrar como realmente era, ao deixar claro que precisava das outras pessoas, ao assumir nas reuniões e e-mails e, claro, por meio das minhas lágrimas, que não era invencível, permiti que as pessoas – sobretudo os colaboradores – se relacionassem comigo de uma forma inédita até então. Ao sinalizar que precisava de ajuda, recebi o apoio que nunca receberia de outra forma.

E a cultura de nossa organização tinha sido transformada. Vários colegas mais jovens se aproximaram de mim e admitiram que, antes da minha crise familiar, admiravam minha dedicação e empenho profissional, mas não me consideravam, bem, digamos, uma pessoa de trato fácil. Agora que achavam que sabiam quem eu era *como pessoa*, se diziam mais dispostos a me seguir para qualquer direção.

Sempre pensei que precisava ser uma líder invencível e imitar o rosto de pedra e as estátuas de líderes que aprendi a admirar enquanto crescia. Mas todas aquelas expressões desprovidas de emoções são exatamente o que deixou de ser habitual. Visto que uma tendência essencial dos líderes empreendedores é a de serem forças de destruição criativa, eles precisam desfazer de maneira criativa os estilos de liderança antigos. O risco é que você fica um pouco mais exposto, mas a recompensa é o estabelecimento de um vínculo mais profundo com sua equipe.

Deixe os bustos de bronze e de mármore para os Césares, Lincolns e Pattons. Os líderes de hoje precisam mostrar uma extensão emocional bem mais ampla. Você pode começar adotando a fórmula da Liderança 3.0 e ser ágil, acessível, consciente e autêntico.

E ao fazê-lo, chute alguns A's.

CAPÍTULO 7

Círculo de mentores

Para muitos, ele é conhecido como o "inspirador dos nerds", o "iluminado" ou "o orientador". Ele é uma das pessoas mais influentes do Vale do Silício, ainda que poucos fora de um reduto limitado tenham ouvido seu nome alguma vez na vida. Gosta de dar abraços, de provocar, de praguejar. E também construiu uma fama de ser o conselheiro mais eficiente e "atuante nos bastidores" do mundo empresarial norte-americano.

Bill Campbell é o exemplo máximo de melhor amigo de um empreendedor. Ele é um mentor. Eric Schmidt declarou: "A contribuição dele ao Google simplesmente não pode ser exagerada". Danny Shader, CEO do PayNearMe, falou: "Com exceção do meu pai, ele é a figura masculina mais importante da minha vida". Steve Jobs, que costumava fazer caminhadas semanais com Campbell e levou o estudioso para fazer parte do conselho da Apple, declarou: "Há algo de profundamente humano nele".

Nascido e criado na região de produção siderúrgica da Pensilvânia, Bill Campbell se revelou um fracasso em seu primeiro emprego de verdade. Na condição de técnico do time de futebol americano da Columbia University, ele obteve 12 vitórias, 41 derrotas e um empate.

Seu erro fatal, acredita, foi não ter sido rígido o bastante a ponto de pedir que os jogadores colocassem o esporte acima de tudo. Depois, foi trabalhar com publicidade e se tornou vice-presidente de marketing da Apple, empresa em que ajudou a preparar o famoso anúncio veiculado em 1984, apresentado no intervalo do Super Bowl daquele ano. Posteriormente, começou uma startup e ocupou o cargo de CEO na Claris e na Intuit.

Mas foi o papel de Campbell como mentor informal que gerou o maior impacto. Com um estilo que a revista *Fortune* associou a uma combinação de Oprah Winfrey, Yoda e o técnico de futebol americano Joe Paterno, Campbell se tornou o homem que os maiores empreendedores do Vale do Silício procuravam quando se viam em apuros.

Seu primeiro cliente foi Jeff Bezos. O conselho da Amazon contratou Campbell para se assegurar de que o ex-Wall Streeter contava com o "traquejo operacional" indicado para comandar uma empresa. No Google, Campbell foi recrutado quando Schmidt assumiu como CEO para amenizar a transição entre os fundadores da empresa. A reação inicial de Schmidt foi: "Não preciso de ajuda". Mas logo Campbell estava auxiliando em tarefas desde a contratação de executivos graduados à condução de reuniões com o conselho. Como Schmidt definiu, "eu perguntava o que deveríamos abordar em determinada reunião e ele apontava os três itens mais importantes, além do tom mais indicado para a conversa". Quando o Google comprou o YouTube, Campbell foi enviado para oferecer o mesmo tipo de orientação para o CEO Chad Hurley.

O que Campbell acha que está oferecendo? "Quando estou por perto por um tempo, dou algumas orientações aqui e ali", explicou. "Qual é a velocidade ideal de crescimento, com qual velocidade devem contratar, como captar recursos, como investir o dinheiro e quando chegou a hora de contratar o pessoal das finanças." E quanto ele cobra por isso? "Meus honorários são conhecidos", falou ao *New York Times*. "Não cobro nada. Ninguém precisa negociar comigo." No Google, conseguiu o privilégio de uma das cobiçadas vagas no estacionamento.

No mundo dos negócios, poucas ideias geram imagens mais intensas de individualismo declarado do que a do empreendedor do tipo "faça você mesmo". Segundo a mitologia, eles fazem tudo sozinhos. Mesmo quando atuam em dupla ou em pequenos grupos, os empreendedores são considerados verdadeiros tratores, capazes de abalar o *establishment* e lutar contra moinhos de vento. A filósofa Ayn Rand traduziu bem esse ideal em seus romances *A nascente* e *A revolta de Atlas* e hoje é bastante apreciada nos círculos empresariais por glorificar as conquistas individuais. O economista Friedrich Hayek disseminou a ideia de que as mudanças na sociedade são forjadas por criativos lobos solitários.

Essa imagem de autossuficiência é irresistivelmente romântica, encontra-se profundamente arraigada mas está totalmente equivocada. Mais do que qualquer outro no mundo dos negócios, quem empreende precisa de ajuda. De muita ajuda. Uma pesquisa que fizemos com os empreendedores da rede Endeavor mostrou que a contribuição mais valiosa para o sucesso deles (depois de suas equipes) não vinha dos responsáveis pelos recursos que financiaram a iniciativa, mas das pessoas que ofereciam boas orientações. Segundo a definição de um dos empreendedores, "sempre há muito dinheiro envolvido e o valor monetário é sempre fixo. Mas bons conselhos são sempre raros".

Neste capítulo, vou abordar a melhor maneira de seguir esse caminho. Desde o início, a adoção de mentores sempre foi uma parte importante do modelo de trabalho da Endeavor. Em nossos 15 primeiros anos, nossos mentores voluntários ofereceram mais de um milhão de horas de orientações a nossos empreendedores. Tom Friedman, autor do livro *O Mundo é Plano*, nos definiu como "capitalistas de mentores". O que pude aprender é que quase tudo o que as pessoas pensam sobre ter um mentor está errado. Para quem começa, aconselho que esqueçam aquela ideia de que é preciso passar muitos anos em busca "da pessoa certa", com a qual estabelecerá um relacionamento de confiança que durará a vida toda. Por acaso, mentores são nossa alma gêmea?

As coisas mudaram. Hoje, é preciso identificar um conjunto de mentores logo no início da carreira e outro grupo com características diferentes quando sua realidade como empreendedor for outra. É preciso contar com alguém que o oriente quanto à liderança, para a construção da marca e na hora de lidar com aquele colega do tipo "pedra no sapato" que tem causado problemas para você. Vai precisar até de mentores *mais jovens* do que você para ajudar a lidar com as novidades.

Em nosso tempo hiperacelerado, os relacionamentos com mentores não são mais casamentos que precisam durar quase meio século. Se meu objetivo é ampliar a atuação da minha empresa, preciso de um grupo específico de pessoas. Como bem explicou Kath Kram, destacada especialista no assunto, "a orientação antes era 'vá procurar um mentor adequado para você'. Hoje, aconselhamos as pessoas a construir uma pequena rede com cinco ou seis pessoas que assumam um interesse ativo em seu desenvolvimento profissional". Deixe a monogamia para a vida pessoal: no seu trabalho, é preciso contar com a presença de vários "cônjuges".

Mas como abordar essa realidade? Para mim, o modelo correto é a abordagem 360 graus: um círculo de conselheiros capazes de dar uma combinação alterada de afeto verdadeiro, aconselhamento procedente, insights originais e direção clara. Esse círculo de mentores é tão novo no ambiente convencional de trabalho como o empreendedorismo para a economia tradicional. E, como não é de surpreender, os empreendedores estão comandando a revolução. A seguir, veja o que você precisa fazer para se integrar ao movimento.

— *Arranje alguém como Simon Cowell* —

O primeiro mito sobre os mentores que quero demolir é que eles são seus protetores e têm como principal ocupação protegê-lo dos danos, além de garantir que você se sinta bem. Não é assim. Eles são portadores da verdade – ou, pelo menos, deveriam ser. Isso leva a uma pergunta fatal: será que você consegue lidar com a verdade?

Tanto em inglês como em português, a palavra "mentor" tem origem no nome do personagem grego Méntor, do épico *A Odisseia*, de Homero. Nesse poema clássico, quando Ulisses (ou Odisseu) parte para lutar na Guerra de Troia, entrega o filho mais novo, Telêmaco, aos cuidados de seu amigo Méntor. Essa figura paterna "arranjada" teria a incumbência de oferecer sabedoria e estímulo ao jovem, mas, na verdade, Méntor não cumpre o que era esperado (rouba os bens de seu protegido). Telêmaco cresce tímido demais para conseguir enfrentar os muitos pretendentes que cortejam sua mãe, Penélope. A deusa Atena, disfarçada de Méntor, resolve intervir. "Esqueça o que aconteceu na sua infância", aconselha ela a Telêmaco. "Você não é mais um garoto." Atena ajuda o jovem a criar coragem, enfrentar os pretendentes e partir em busca de seu pai. Oferece o afeto verdadeiro de que ele tanto necessita. Telêmaco segue o conselho, mata os cortejadores, reencontra seu pai e se torna um símbolo da perseverança.

Essa tradição de afeto verdadeiro ainda está viva na terra onde foi travada a Guerra de Troia.

Na Turquia, o *döner* equivale ao que o cachorro-quente representa para os Estados Unidos. Uma comida de rua bastante apreciada, feita com carne assada em um espeto e cortada em fatias para consumo imediato, o *döner* constitui um dos símbolos das profundas raízes do país como um centro de comércio e turismo. Porém, conforme o país se tornou mais próspero, uma nova geração de famílias começou a perder o hábito de comer alimentos preparados e vendidos em plena rua. Os empreendedores Levent Yilmaz e Feridun Tunçer identificaram uma oportunidade e decidiram criar uma despretensiosa rede de restaurantes, especializada em *Iskender döner*, preparados com molho de tomate e iogurte, mas servidos em um ambiente limpo e com lugares para sentar. Deram à empresa o nome de Baydöner ("Sr. Döner") e se concentraram na então nova onda de praças de alimentação instaladas dentro de shopping centers, mas com o intento de conferir aos restaurantes os padrões internacionais.

Levent e Feridun eram ambiciosos e, assim que abriram o primeiro restaurante, registraram a marca Baydöner em 20 países estrangeiros. A dupla acreditava que não demoraria para inaugurar 200 filiais por toda a Turquia e que, em breve, haveria uma unidade da marca em cada praça de alimentação do Oriente Médio e da Europa. E tiveram um início promissor: o principal restaurante da rede "bombou" no primeiro ano e inauguraram 40 filiais por todo o país.

Mesmo assim, quando os apressados empreendedores entraram para a rede da Endeavor, nossos orientadores não demoraram para oferecer um conselho à dupla: sem pressa. Primeiro, os dois enfrentavam desafios associados ao mercado imobiliário, porque a construção de um shopping center sempre demora. Em segundo lugar, os salários começavam a crescer, pressionando a margem de lucros. E, finalmente, a expansão para outros mercados poderia ser difícil, uma vez que os consumidores talvez tivessem gostos alimentares diferentes e nem todos os colaboradores apresentassem as habilidades necessárias. Um mentor saudita lembrou que a internacionalização da marca exigiria mais treinamento, porque a mão de obra encontrada nos outros países dificilmente saberia como preparar um *döner*. Sami Khouri, líder do conglomerado libanês, foi definitivo: "Vocês precisam crescer primeiro no mercado turco, antes de arrumar as malas".

Aquele conselho foi duro para os ouvidos de dois empreendedores que almejavam criar um império. Porém, um ano depois, Levant me contou que foi a melhor orientação que recebeu na vida. "Sami estava certo. A gente nem tinha 70 filiais na Turquia ainda e queria implantar 250. Antes da expansão para além das fronteiras, tínhamos de concluir nossa expansão interna. Depois disso, vamos poder pensar em correr o mundo."

Minha experiência me mostrou que o que os empreendedores acham que esperam dos mentores está errado. Eles acreditam que estão em busca de um homem de negócios sábio e mais experiente, que não vai hesitar em abrir portas e oferecer motivação. Em vez disso, porém, o que precisam é de alguém disposto a falar a verdade, ainda que dura. Em vez de um banho morno, a maioria dos empreendedores precisa é de uma ducha de água fria.

Os melhores relacionamentos entre mentores e discípulos que vi até hoje segue esse trajeto. A relação se baseia na honestidade, ainda que dolorosa. O pioneiro da internet, Kevin Ryan, é um mentor habitual na rede da Endeavor. É um empreendedor determinado, responsável por iniciativas como o Gilt Groupe, a Business Insider e 10gen. Tem o instinto natural de estimular quem pretende empreender, mas descobriu que é mais eficiente na hora de oferecer os conselhos mais indesejados. Em 2009, Kevin conheceu Amin, um jovem jordaniano decidido a melhorar a educação no Oriente Médio. Amin montou uma empresa dedicada ao treinamento de professores. Kevin, que faz parte do conselho de Yale, adorou a ideia. "Educação é o assunto que mais me encanta hoje", declarou.

Porém, um ano depois a empresa estava estagnada e Amin tentava se entender com seus investidores. Coube a Kevin fazer o cruel anúncio: "Adoro a área em que você está atuando", falou para Amin, "mas essa empresa não justifica o tempo que você investe nela". Depois, Kevin confessou: "Para muitas pessoas, ouvir a verdade pode ser difícil e por isso tanta gente foge dela. Mas, no caso do Amin...". Kevin prosseguiu: "não foi uma mensagem especialmente difícil de transmitir porque, de várias formas, era uma mensagem de inspiração. E, como ele é tão talentoso, acho que deveria e tem todas as condições para montar uma empresa a partir do zero".

No ano seguinte, Amin fundou outra empresa de reforma no ensino chamada ASK (de *Attitude*, *Skills* e *Knowledge*). Em menos de dois anos, a empresa reunia mais de 95 colaboradores e gerava uma renda de US$ 4 milhões. E, o que era mais importante, agora os programas mostravam resultados. Amin me confidenciou: "Fiquei paralisado nos detalhes do conflito com os investidores. Kevin me mostrou que ficamos estagnados apenas quando decidimos parar de andar".

Já é bastante difícil encontrar os mentores adequados e obter as orientações convenientes. Porém, o maior desafio de todos consiste em seguir os conselhos recebidos. Minha experiência me conduziu a uma máxima simples: dedique especial atenção às sugestões com as quais você mais discorda a princípio.

Essa situação se aplica especialmente para as pessoas que já alçaram voos. Quanto mais um empreendedor se destaca, menos ele escuta.

Em 2009, o Twitter era uma startup em rápido crescimento com o que parecia ser um horizonte ilimitado, mas com uma estrutura organizacional caótica. Evan "Ev" Williams, um dos fundadores, era o CEO – mas a empresa não contava com CFO, CTO nem COO. O conselho insistia para que Williams preenchesse esses cargos, mas ele não concordava. Fundador de diversas startups e criador do termo "blogger", William gostava de estar cercado de amigos – pessoas nas quais confiava e pouco dispostas a questioná-lo. Porém, ao restringir seu entorno apenas a colaboradores que concordavam com ele, o empreendedor não contava com ninguém disposto a falar a verdade.

Foi aí que o conselho revolveu endurecer. Decidiu contratar (adivinha quem?) o "inspirador dos nerds", Bill Campbell. Como Nick Bilton registrou em *Hatching Twitter*, na primeira reunião, Williams perguntou: "Qual é a pior coisa que posso fazer na condição de CEO, capaz de comprometer minha empresa?". Resposta de Campbell: "Contratar seus amigos". Em seguida, o coach deu início a uma explicação de dez minutos de duração sobre os perigos de misturar amizade e negócios (demita sua sogra!). Os fundadores do Twitter nunca tinham atentado para essa distinção. As reuniões de trabalho eram encontros sociais e as saídas em grupo muitas vezes se transformavam em brainstormings. Para Campbell, essa era uma receita para o desastre. Williams anotou tudo o que ele disse.

Depois dessa reunião, o CEO se dedicou a fazer exatamente o contrário do que o mentor havia orientado. Williams incumbiu sua irmã de fazer as compras para a cozinha da empresa e contratou a esposa para projetar a nova disposição do escritório. Também trouxe um monte de amigos que conhecia do Google, entre eles Dick Costolo, que tinha acabado de vender sua startup para o gigante das buscas. Em uma festa, Williams se aproximou do antigo colega e perguntou sem rodeios se ele aceitava ser o COO de sua empresa. Depois, Costolo tuitou: "Primeiro dia como diretor de operações. Tarefa número 1: minar o presidente e consolidar o poder".

Ex-comediante de improviso, Costolo estava fazendo uma piada – embora sua mensagem viesse a se mostrar previdente. Williams e

Campbell tinham começado a se reunir todas as semanas e, embora @ev sempre se mostrasse disposto a ouvir os conselhos do orientador, parecia hesitante quanto à implantação. O conselho de administração não gostou, pois seus integrantes achavam que a indecisão de Williams estava provocando a estagnação na empresa. Costolo, por sua vez, se revelou um excelente diretor de operações, chegando inclusive a arrecadar US$ 25 milhões em acordos com a Microsoft e o Google. Diante de um CEO que não levava em consideração as orientações do conselho nem as sugestões do melhor mentor do setor, os membros do *board* se demitiram. Williams foi convidado a se afastar da empresa. Quem entrou em seu lugar? Seu amigo de longa data @dickc.

O fato de ter a ideia e a coragem para tomar uma iniciativa não significa que você tem as condições de adotar as medidas árduas necessárias para o crescimento. As habilidades são bem diferentes e identificar a hora certa de agir é quase sempre muito difícil. É preciso contar com alguém capaz de oferecer um aconselhamento honesto e, depois, saber colocá-lo em prática.

Um exemplo marcante de como dizer a verdade pode ser mais eficiente do que "dourar a pílula" é o caso de Simon Cowell, o amargo executivo do mundo das gravadoras que arregimentou desafetos no início da década de 2000, ao disparar críticas ácidas aos candidatos que participavam do programa *American Idol*, do qual era jurado. Algumas de suas avaliações mais famosas são:

"Você parece mais um gato que foi jogado do Empire State."
"Está parecendo um chihuahua que pensa que é um tigre."
"Seja quem for seu preparador de voz, mande-o embora já!"

Claro que as declarações de Cowell produziam reações. Quando Adam Levine, vocalista do Maroon 5, foi convidado para ser o mentor de jovens cantores em um programa de televisão concorrente, o *The Voice*, ele disse aos produtores, "Não vamos nos divertir à custa das pessoas. Não vamos nos sentar e criticar os candidatos de maneira mesquinha". Porém, embora o *The Voice* seja uma atração televisiva divertida e com bom índice de audiência (tudo bem, confesso que assisto), ainda não conseguiu produzir um astro musical de impacto. Cowell, por sua vez, ajudou a projetar pelo menos meia dúzia de nomes consagrados, como Jelly Clarkson, Carrie Underwood, Susan Boyle e One Direction. "Não se trata de ganhar ou não aquele troféu bobo", explicou Cowell. "Estou falando de orientar alguém que deseja se tornar um astro."

Se quiser que uma pessoa o ajude a se sentir melhor (ou até alguém fácil de conviver), procure um Adam Levine. Porém, se seu intento for crescer, saia em busca de um Simon Cowell.

— *Corte o cordão umbilical* —

O segundo grande mito que envolve os mentores é que o empreendedor encontra "a pessoa certa" e segue ao lado dela até o final da carreira. Mas isso não é verdade. Quem está começando precisa de um conjunto diferente de mentores, de acordo com cada configuração específica de desafios que surgirem à sua frente. Porém, o que é ainda mais importante é que os orientadores que são engajados já no início de sua trajetória podem oferecer um mau conselho, acabar se incomodando com a atribuição, transformar-se em um concorrente ou perder sua relevância. É preciso encontrar uma maneira de seguir adiante e obter a ajuda necessária.

Chega um momento em que é preciso cortar o cordão umbilical.

Quando era um garoto na Jordânia, Ala' Alsallal adorava livros. Gostava tanto a ponto de mal conseguir esperar para ler o último volume do Harry Potter em árabe. Mas a demora até que a versão traduzida chegasse às livrarias era de cerca de oito meses, e por isso Ala' preferia fazer ele mesmo a tradução e publicá-la na internet. O tempo que ele levava para conseguir fazer isso: três meses. Embora sua intenção fosse das melhores, a prática contrariava as leis, como ele logo ficou sabendo, assim que foi processado pelos editores do livro.

Mas Ala' não se deixou abater. Enquanto se dedicava ao trabalho de conclusão do curso de ciência da computação, elaborou um plano para abrir a primeira livraria on-line do Oriente Médio. A ideia parecia descabida sob diversos aspectos: (1) o acesso à web ainda era um luxo no mundo árabe; (2) com medo da falta de segurança, os consumidores hesitavam em informar os dados de seus cartões de crédito; e (3) a Amazon já tinha saído na frente e desfrutava da fama de engolir a concorrência. Mas Ala' não desanimou. Registrou o nome de domínio Jamalon.com (que significa "no topo da pirâmide") e elaborou um business plan. Em seguida, saiu em busca de potenciais mentores.

O alvo inicial do jovem era o orientador ideal para quem está começando, Fadi Ghandour, fundador da Aramix, empresa de logística de atuação mundial e primeira organização árabe a ter seus papéis negociados na bolsa de valores de Nova York. Fadi, também integrante do conselho de administração da Endeavor, adora os empreendedores. Mas é do tipo que fala a verdade, doa a quem doer. "Ala' era do tipo 'pé no saco', no bom sentido", conta Fadi. "Quando o conheci, percebi que era uma pessoa especial." Mas o modelo de negócios não estava pronto. "Falei para ele terminar a graduação, voltar e se empenhar um pouco mais", relembrou Fadi.

Dois anos depois, com o diploma na mão, Ala' lançou a Jamalon, com sede na casa de sua família e um investimento inicial de US$ 2 mil. Quando chegava um pedido, Ala' comprava o livro da editora e mandava para o cliente pelo correio. Para promover sua marca, mandou pintar a van da família de roxo e saía com ela pelas ruas da cidade. Depois de dois meses de atividade, Ala' obteve US$ 15 mil em investimento inicial de Fadi e outra cota no mesmo valor de outro apoiador. Todo mundo garantia que o empreendimento dele "seria engolido pela Amazon".

Passaram-se mais dois anos e Ala' entrou para a rede da Endeavor. Apesar do crescimento estável, o empreendedor tinha algumas preocupações e decidimos tomar uma medida radical. Telefonamos para Diego Piacentini, responsável pelas transações internacionais da Amazon. Se a Amazon iria engolir a Jamalon, Diego participaria do processo. Mas Diego também tinha sido Mentor Endeavor do Ano em 2011. "Sinto inveja dos empreendedores", confessou Diego. "Desde o começo da minha carreira trabalhei como executivo, mas me sinto inspirado pelas pessoas que fundam seus próprios empreendimentos."

No início, os dois eram parceiros. Diego orientou Ala' a mudar seu modelo de negócios. Em vez de comprar os livros sob encomenda, a Jamalon passou a estocar os 15 mil títulos mais pedidos, garantindo uma entrega expressa. Diego também intermediou um acordo entre a Jamalon e a Amazon, que iria atender os pedidos da Jamalon fora do Oriente Médio. Para Ala', trabalhar com Diego era útil – e taticamente relevante. "Gosto de manter um bom relacionamento com os concorrentes", explicou. Mas aí a Jamalon começou a crescer e Diego percebeu que o projeto de Ala' se confrontava demais com os planos da Amazon. Não conseguiria mais oferecer orientações imparciais. "Nesse caso, não é possível servir a dois senhores", explicou Diego.

Embora Ala' quisesse preservar o contato, disse que tinha chegado a hora de cortar o cordão umbilical. Diego e Ala' mantiveram a relação pessoal, mas seguiram rumos profissionais distintos.

Outra forma de se afastar naturalmente de seu mentor ocorre quando os empreendedores ingressam em uma nova profissão. Depois de cortar o cordão umbilical com a vida anterior, é preciso recorrer a uma parteira para começar a nova existência. Isso é especialmente válido no caso dos empreendedores do grupo das borboletas, que decidem empreender depois de seguir trajetórias mais convencionais. Essa necessidade se torna tão intensa que é preciso investir em uma nova solução.

Aos cinquenta e poucos anos, Gerry Owen trabalhava como assistente de pastor em uma megaigreja de Garland, no Texas, quando foi buscar a caixa de orações no santuário, em um domingo pela manhã. Dentro, havia um cartão com o pedido: "Rezem por mim. Preciso vender minha cafeteria". Owen perguntou para a esposa: "A gente pode fazer isso?". Gerry e Melissa haviam se casado alguns meses antes (em uma cafeteria!) e havia anos que ela sonhava em abrir um estabelecimento do gênero. Mas os dois não tinham experiência alguma.

Melissa trabalhava como enfermeira em salas cirúrgicas e Gerry havia trabalhado como executivo na Frito-Lay, antes de se dedicar à religião. Precisavam de orientação – e encontraram um mentor pela internet.

No início da década de 2000, Duncan Goodall era um administrador formado em Yale e consultor de negócios que odiava sua vida. Trabalhava mais de cem horas por semana e vivia viajando. "Para minha mulher, eu era praticamente um estranho", falou. Por isso, abandonou o emprego e comprou uma cafeteria em New Haven, mudou o nome do local para Koffee on Audubon e começou uma operação no setor de alimentos. Ficou conhecido como o "professor de cafeterias" de Yale.

Mais tarde, Goodall se candidatou para se tornar um mentor no PivotPlanet, um dos inúmeros sites projetados para conquistar os que sonham em abrir um empreendimento com empreendedores experientes. "O salário é bom, mas esse não é o verdadeiro motivo pelo qual estou aqui", falou. "Em termos mais filosóficos, acredito que as pessoas são mais felizes e livres quando são donas de seu próprio negócio."

O casal Owen encontrou o perfil de Goodall no site. Por um pagamento de US$ 2 mil, poderiam acompanhar o mentor durante dois dias e receberiam orientações sobre todos os assuntos – de como tirar um café expresso às formas de apresentação do balcão de doces. Goodall deu algumas dicas sobre o crescimento:

- Os colaboradores são sua maior fonte de alegria e de frustração.
- Para ganhar dinheiro, é preciso prestar atenção aos menores detalhes (e aos detalhes "certos").
- Se você quiser oferecer de tudo a todos, será nada para ninguém. Escolha um nicho específico de clientes e ofereça tudo a ele.

Dois anos depois de ler o pedido de oração, Gerry e Melissa inauguraram a Fourteen Eighteen Coffehouse, no centro de Plano. (A primeira coisa que Goodall recomendou ao casal foi: "Não comprem a cafeteria que está à venda, mas montem a cafeteria de vocês".) O novo estabelecimento era elegante, com sofás confortáveis, jogos e música ao vivo. Inspirado por Goodall, Owen distribuiu um manual que orientava os colaboradores a se ajustarem, ou seja, a aprimorar tudo o que faziam até conseguir fazê-lo da forma correta.

A principal lição tirada desses exemplos é que atuar ou ter um mentor pode ser comparado a uma porta giratória. Não importa se você está começando seu processo de expansão ou se está apenas dando mais um passo, procure o orientador adequado para cada nova etapa do seu empreendimento. E, se quem o orientava já não pode mais ajudá-lo, demonstre sua gratidão, mas saiba cortar o cordão umbilical.

— Ligue para um amigo-inimigo —

O terceiro mito sobre os mentores que gostaria de desfazer é que eles precisam ser mais experientes do que você. Algumas vezes, as dicas mais valiosas não vêm de alguém que passou pelo que você está passando em outro momento, mas de alguém que passa pela experiência nesse exato momento.

Conheci um grupo de empreendedores turcos do setor de tecnologia unidos por uma dose equilibrada de amizade, envolvimento profissional e relação de mentoria. Eles jogam pôquer juntos, saem para se divertir e passam férias juntos. Os mais velhos do grupo são Nevzat Aydin, de 36 anos, e Sina Afra, de 45 anos. Eles se conheceram na década de 2000, quando Sina estava inaugurando um site de vendas relâmpago similar ao Gilt, e Nevzat administrava um serviço de entrega de alimentos pedidos pela internet parecido com o Seamless. Os pais daqueles jovens não tinham ideia do que eles estavam fazendo. "Nós dois tínhamos negócios na internet e ninguém entendia isso, então trocávamos experiências", explicou Sina. "Um jovem empreendedor procura informações em toda parte. A orientação mais valiosa vem de pessoas que enfrentam os mesmos desafios e que se movem rumo à mesma mudança transformacional."

Uma vantagem dos mentores de mesma situação é que os relacionamentos costumam ser menos formais e mais frequentes, o que permite que seus iguais consigam enxergar além da imagem lustrada que você costuma exibir em público. Foi o que aconteceu com esse grupo. Nevzat trouxe outro jovem empreendedor, Hakan Nas, que tinha uma joalheria com vendas pela internet. O novato rapidamente encontrou seu lugar. Os amigos costumavam se divertir juntos e seguir uns aos outros pelo Twitter. Um dia, Hakan postou algo sobre participar de um painel em uma universidade, um dos vários compromissos envolvendo palestras que tinha aceitado. Nevzat tuitou de volta, dizendo que o colega deveria ficar no escritório e cumprir o expediente. "Pelo jeito que ele escreveu pareceu divertido", falou Hakan, "mas também foi um bom conselho".

No ano seguinte, Hakan começou a aparecer na imprensa, após se envolver com uma modelo. Nevzat o repreendeu: "Agora as pessoas conhecem você como o cara que namorou a modelo e não por ser o presidente de sua empresa. Sua vida pessoal está ofuscando sua imagem profissional". Hakan ficou surpreso, mas agradeceu. "Nevzat me explicou que ele não estava me dizendo o que fazer, mas queria me alertar para o que estava acontecendo de verdade. Ficou preocupado com minha imagem. Muita gente me dá conselhos sobre o trabalho, mas ele se concentra mais no papel de me orientar como um líder."

Ao contrário do que as pessoas costumam achar, algumas vezes os melhores conselhos não vêm de um sábio consagrado sentado em sua poltrona, mas do cara que está curtindo a vida ao seu lado numa pista de dança. Algumas pesquisas comprovam essa teoria. Kathy Kram, especialista em mentores, e Lynn Isabella, professora da University of Virginia, comparou as duplas de "mentores-colegas" com algumas relações mais tradicionais e descobriu uma imensa reciprocidade quando as duas partes estavam na mesma etapa de suas trajetórias. Os colegas "podem orientar e aconselhar", escreveram as estudiosas. "Podem apresentar informações valiosas, além de oferecer apoio na hora de lidar com problemas pessoais ou de perseguir o crescimento profissional."

Essa é a filosofia por trás de grupos como o YPO, *Entrepreneurs' Organization* e redes de apoio de colegas, como a iniciada pela British

Telecom. "Descobrimos que 78% de nossos colaboradores preferiam aprender com seus iguais", explicou um executivo da BT, "mas o assunto mobilizava pouca atenção e poucos recursos". Por isso, a empresa implantou o Dare 2 Share, uma plataforma de *podcasting* que permite aos colaboradores dividirem conhecimentos e orientações.

Mas o que acontece se os colegas são concorrentes? Isso pode enriquecer o relacionamento. Kathryn Mayer, coach de liderança executiva e autora do livro *Competição Colaborativa*, sustenta que os relacionamentos de mentoria podem ser ainda mais frutíferos se houver alguma dose de competição. Os "amigos-inimigos" também podem ser seus amigos.

Vejamos o caso de dois dos concorrentes mais famosos do mundo da tecnologia moderna. Em 2001, quando o Google tinha poucos anos de existência, seus fundadores, Larry Page e Sergey Brin, encontraram Steve Jobs. O trio foi fazer uma longa caminhada e Jobs ofereceu conselhos à dupla de empreendedores. Chegou até a recomendar seu mentor pessoal, Bill Campbell, como fonte de orientação.

Porém, em 2008, Page e Brin foram alvo de um dos famosos ataques de Jobs, que logo depois abriria espaço para um dos igualmente famosos processos jurídicos da Apple. Motivo: a invasão do Google na seara do iPhone, com a criação do Android. E, embora eu gostasse que minhas duas filhas um dia lessem esse livro (*Competição Colaborativa*), acho que vale a pena reproduzir na íntegra o que Jobs disse a Walter Isaacson sobre o fato: "O processo que estamos movendo está dizendo 'Google, vocês roubaram o iPhone, estão roubando a gente'. Isso é um roubo. Vou gastar até meu último suspiro se for preciso, e cada centavo dos US$ 40 bilhões que a Apple tem no banco, para que seja feita justiça. Vou destruir o Android porque ele é fruto de um roubo. Estou disposto a começar uma guerra nuclear por causa disso. Estão morrendo de medo porque sabem que têm culpa no cartório. Fora o mecanismo de busca, os produtos do Google – o Android, o Google Docs – são um lixo".

Muito bem, senhor boca suja, o senhor mandou seu recado. Mas vale lembrar: apenas três anos depois, quando Page decidiu voltar à presidência do Google, ele foi conversar com a única pessoa do Vale do Silício que havia retornado ao comando da empresa que tinha criado. Page falou que a ideia da reunião partiu de Jobs. "Ele já estava bem doente", contou Page. "Eu considerei uma honra a disposição dele de dedicar um tempo para mim." Porém, segundo o relato de Isaacson, foi Page que perguntou a Jobs se podia fazer a ele uma visita. Job não ficou entusiasmado. "Minha primeira reação foi dizer, 'Dane-se!'", contou Jobs a seu biógrafo. Mas depois Jobs lembrou que Bill Hewlett, um dos fundadores da HP, uma vez o orientou no passado e achou que deveria fazer o mesmo. "Aí telefonei de volta para Page e falei que tudo bem."

Page apareceu na casa de Steve Jobs em Palo Alto (os dois moravam a menos de três quarteirões de distância). Passaram todo o tempo discutindo o futuro do Google. "A coisa que mais recomendei foi que tivessem foco", contou Jobs. "O Google hoje está em todos os cantos do mundo. Quais são os cinco produtos nos quais vocês querem se concentrar? Livre-se do resto, porque eles não ajudam. Vocês vão acabar ficando como a Microsoft. Vocês estão lançando produtos que são adequados, mas não têm nada de genial."

Pouco tempo depois, Page reuniu seus colaboradores e os orientou a se concentrar em algumas poucas prioridades, como o Google+ e o Android, e a transformá-los em produtos "lindos", como Jobs faria. No ano seguinte, Page anunciou que o Google deixaria de produzir alguns produtos e que ele pretendia se concentrar na unificação da experiência do usuário, estratégia que havia transformado a Apple na maior empresa do mundo. Na época, porém, não haveria mais nenhuma acusação de que Page estava "roubando" o manual da Apple: a estratégia seguida pelo Google tinha vindo de ninguém menos que o próprio Steve Jobs.

— *Nem todos os mentores têm cabelos grisalhos* —

Por que John Donahoe precisaria de ajuda? Aquele homem alto, com charmosos cabelos grisalhos e bastante bonito aos 55 anos, se apresenta com a distinção de alguém que passou a vida inteira entre os primeiros lugares da classe. E tinha passado mesmo! Formou-se em economia em Dartmouth, obteve um MBA em Stanford e trabalhou na firma de consultoria Bain durante quase vinte anos, sendo seis deles no cargo de CEO. Quando nos encontramos para jantar, ele presidia o eBay e colhia os louros pelo rejuvenescimento do gigante do e-commerce. John me impressionou por ser uma das poucas pessoas no Vale do Silício que não precisavam dos conselhos de Bill Campbell (embora os dois fossem amigos). Achei que, naquele momento de sua carreira, ele não tivesse de aprender mais nada.

Mas estava errada.

Naquele jantar, John me contou uma história que mostra com perfeição como a mentoria passa por transformações na era do empreendedorismo. Em 2012, quando o eBay apresentava um valor de mercado estimado em US$ 40 bilhões, John entrou em contato com o influente *venture capitalist* Marc Andreessen e pediu para ser apresentado para o melhor jovem empreendedor do Vale do Silício. John achava que o site do eBay estava ficando parado demais e queria algumas dicas sobre como atualizar o design. Andreessen o apresentou a Brian Chesky, então com 32 anos e fundador e CEO do Airbnb, prestigiada plataforma on-line que permite às pessoas alugar de um cômodo em uma casa a uma residência inteira.

John foi até o escritório da Airbnb e perguntou a seu "colega" muitos anos mais jovem o que ele fazia para atender às necessidades por mudança de seus clientes, para atualizar o design do site e para modernizar seus produtos. "Eu anotava tudo como um louco", contou John. Depois de duas horas, John se preparou para ir embora. "Ah, não!", Chesky falou, "Você não precisa fazer nada disso. Mas agora é minha vez de aprender." O ex-aluno da Rhode Island School of Design então começou a interrogar o guru da administração sobre como reorganizar sua equipe, como centralizar as operações, como liderar. Desde então, os dois passaram a se reunir com frequência. John declarou: "Comecei a orientá-lo sobre os princípios eternos da liderança e ele se tornou meu mentor sobre como administrar uma empresa bem mais empreendedora".

Nos dias de hoje, não basta contar com orientadores experientes e capazes de apresentar a dura verdade e colegas dispostos a oferecer um feedback direto. Também é preciso contar com mentores mais jovens do que você. Não é muito difícil adivinhar os motivos. Em primeiro lugar, pessoas mais jovens têm acesso a gostos, hábitos e costumes da geração delas. Se você tem mais de 40 anos, teria adivinhado que um aplicativo que apaga as imagens de um telefone em menos de dez segundos chegaria a valer bilhões de dólares? Em segundo lugar, os mais jovens conhecem a tecnologia porque já nasceram na era digital e não precisaram migrar para ela. Finalmente, eles estão loucos para ajudar. Ao contrário de tentar conseguir um horário na agenda de uma apreciada senhora que já foi parte do governo, marcar um encontro com os magos das mídias sociais é moleza. Basta mandar um Snapchat.

Algumas pessoas chamam essas relações de "mentoria reversa", mas prefiro definir como "mentoria de cabeça para baixo". Jack Welch muitas vezes recebe os créditos por ter legitimado a ideia. No final da década de 1990, ele mandou que os 500 executivos mais graduados da empresa procurassem os colaboradores situados logo abaixo na hierarquia para aprender sobre a internet. O conceito desde então ganhou impulso, com destaque para locais como GM, Unilever e Wharton School. Em um raro estudo acadêmico sobre a ideia, Sanghamitra Chaudhuri e Rajarshi Ghosh descobriram que a "mentoria de cabeça para baixo" se mostra particularmente eficiente na economia empreendedora de hoje porque força as empresas a abandonar as hierarquias e a incorporar as melhores ideias, não importa de onde venham.

Chaudhuri e Ghosh descobriram que a maior vantagem desses programas é que conseguem envolver os representantes da geração dos *baby boomers* e entusiasmar os profissionais que pertencem à geração Y, também chamados de *millenials*. A Merrill Lynch implantou uma iniciativa para ensinar os executivos como liderar diversos grupos de colaboradores, enquanto a Lockheed Martin recorreu a uma iniciativa similar para fortalecer o moral entre os mais jovens. Uma das empresas mais antigas dos Estados Unidos, a Procter & Gamble, que tem 176 anos de atividade, usou um sistema de "mentoria de cabeça para baixo" para abordar um problema especialmente persistente: a ausência de mulheres nos altos quadros administrativos da empresa. Em 1992, apenas 5% dos vice-presidentes e gerentes gerais eram do sexo feminino. "Havia reuniões em que bastava olhar ao redor para ver participantes na sala, e todos eram homens", contou o CEO John Pepper. "Não fazia sentido", acrescentou, sobretudo quando o assunto em discussão eram produtos de higiene feminina.

Foi aí que a P&G lançou a Female Retention Task Force e apontou a executiva responsável pela linha Tide, Deborah Henretta, para assumir a função de empreendedora-gambá. A primeira coisa que ela fez foi mudar o nome do grupo para Advancement of Women Taks Force. (lembrete para quem nunca esteve grávida: para as mulheres, o termo "retenção" tem um significado bem diferente do que no caso dos homens...) Em seguida, Henretta promoveu pesquisas de mercado para descobrir porque dois terços dos colaboradores que deixavam a empresa eram mulheres. A executiva constatou que as colaboradoras saíam para ter filhos, como era esperado na empresa. Em cada 50 demissionárias, 48 estavam mudando para outros empregos com alto índice de estresse, nos quais as jornadas de trabalho seriam ainda mais longas. Elas não se importavam de trabalhar: apenas não queriam trabalhar na Procter & Gamble.

Qual foi a solução encontrada por Henretta? A criação de um programa chamado Mentor Up, no qual os gestores mais graduados se tornariam "protegidos" de funcionárias mais jovens. A ideia foi recebida com ceticismo pelos dois lados. Quando a gerente de marca Lisa Gevelber, então com 39 anos, foi indicada para formar dupla com Rob Steele, vice-presidente de 43 anos, ela pensou: "O que posso dizer ao Rob que sirva para ensinar alguma coisa nova?". Steele foi ainda mais resistente. "Será que realmente quero isso?", pensou. Porém, com o tempo, a relação de mentoria entre ambos se fortaleceu. Gevelber explicou que as mulheres se sentiam preteridas nas promoções e desconsideradas pelo fato de terem filhos. As funcionárias que eram mães afirmavam que ter de sair no meio do dia para levar uma criança doente ao médico resultava em caras de reprovação por toda a empresa.

Nos primeiros cinco anos, o número de mulheres nos cargos de vice-presidência e gerência geral se multiplicou por seis. Em 2012, 43% dos gerentes de todo o planeta eram mulheres. E, quanto a Henretta, a revista *Fortune a* citou na lista das "Mulheres mais poderosas" por seis anos seguidos. Em 2013, a executiva assumiu o posto de presidente mundial do grupo de beleza da P&G. Coube a uma empreendedora-gambá passar batom nos lábios de um dinossauro...

No seu best-seller *Lean In*, Shery Sandberg atribui a Pattie Seller, profissional da *Fortune*, a concepção de uma nova metáfora para os caminhos profissionais modernos. "As carreiras hoje são um trepa-trepa, e não mais uma escada." A mesma definição vale para a mentoria: em vez de apenas olhar alguns degraus acima em busca de alguém capaz de "puxá-lo", tente voltar seu olhar para o lado, para frente ou para baixo; para qualquer lugar onde possa haver alguém capaz de oferecer o suave impulso de que você necessita.

— *Dê comida para os peixinhos* —

Depois de se consolidar em meio a um círculo de mentores, falta ainda um passo para completar o círculo: tornar-se um mentor.

Em 2011, fui convidada para visitar um grupo de executivos mexicanos ricos em um dos clubes mais seletos do país. Conforme andava pelos corredores, me ocorreu perguntar se era a única mulher de negócios naquele lugar. "Não", respondeu meu anfitrião. "Tem mais uma além de você."

Quem me convidou para o evento foi Pedro Aspe, ex-ministro de economia do México, que estava interessado em estimular o empreendedorismo no país. Ele se ofereceu para me apresentar a alguns "executivos decisivos". Quando entrei na sala, entendi que ele havia subestimado o grupo: ali estavam reunidos os representantes de

10% do PIB mexicano, entre eles Carlos Slim, na época considerado "o homem mais rico do mundo."

Slim começou a conversa. "Linda, não consigo entender. Estamos começando a ver o florescimento de jovens empreendedores no Brasil, na Argentina e no Chile. Por que isso não acontece no México?".

"Com todo meu respeito", falei, "vocês são os 'peixes grandes' deste país. E aqui vocês tendem a *devorar* os peixes pequenos".

Os homens olharam para mim com expressão impassível. Houve silêncio, que interrompi com uma risada ansiosa. Olhei para Pedro, que fez um gesto para que continuasse. "Se vocês querem que o empreendedorismo se desenvolva aqui", falei, "por que não pensam em construir um aquário, no qual os peixes grandes – vocês – aprendam a *alimentar* os peixes menores?".

No ano seguinte lançamos a Endeavor México, da qual Pedro foi nosso presidente fundador e quatro outros presentes naquela reunião ocuparam lugares no conselho de administração. Na década seguinte, abrimos escritórios em nove estados mexicanos e oferecemos apoio a mais de 80 empresas de rápido crescimento. Em 2012, a principal revista mexicana sobre negócios publicou um artigo sobre o pujante ecossistema empreendedor do país. A manchete era: "Peixes grandes alimentam peixes pequenos". A fonte: um dos homens presentes naquela sala.

Ao longo de vários anos, a Endeavor promoveu detalhadas pesquisas que demonstram o efeito multiplicador da mentoria. Quando empreendedores orientam outros empreendedores, o espírito da inovação se dissemina. Wences Casares, por exemplo, o ex-criador de ovelhas da Patagônia que se transformou em um pioneiro da internet e que conheci no período inicial da Endeavor, vendeu sua plataforma e e-trading em março de 2000, ao Banco Santander, por US$ 750 milhões. A notícia incendiou jovens empreendedores de toda a região. "Se o Wences conseguiu, eu também consigo", repetiam. Wences se tornou um investidor-anjo, passou a integrar o conselho da Endeavor e hoje dedica uma hora por dia para prestar orientação aos integrantes da nova geração.

Se Wences conseguiu, você também pode chegar lá.

Especialistas que estudaram como fenômenos como a felicidade e o divórcio se disseminam, identificaram o que eles chamam de "teoria do contágio social". A ideia é que, quando uma pessoa adota uma filosofia capaz de transformar uma vida, ela se sente estimulada a transmitir esse princípio aos outros. O desejo de tentar a sorte, de promover mudanças e de perseguir os sonhos faz parte dessa lista. O espírito empreendedor é contagioso e a principal maneira de disseminá-lo é por meio do relacionamento entre mentores e aprendizes.

Quando comecei a auxiliar os empreendedores, não situei o acompanhamento de um mentor em um lugar tão elevado na lista de necessidades para quem empreende. Com certeza, os recursos financeiros iriam aparecer em primeiro lugar. Porém, duas décadas depois, percebo o quanto estava errada. Ouvi a mesma coisa de tantos empreendedores diferentes que agora acredito que seja assim mesmo: o capital de mentoria oferecido por um mentor tem mais valor que o capital financeiro.

E qual é a explicação? Parte dela está associada à experiência adquirida quando tentava conduzir a Endeavor para a etapa seguinte. Tínhamos uma organização em crescimento e uma ideia maravilhosa. Eu estava cheia de entusiasmo e de vontade, mas continuava trombando em paredes. Iria chegar a um lugar complicado, para me sentir isolada, assustada e exposta.

Em todas as encruzilhadas, minha forma de sair bem delas resultou da ajuda proporcionada por outras pessoas: colegas do setor sem fins lucrativos, veteranos de empresas em rápido crescimento, a primeira geração de mães que trabalhavam fora. Sobretudo, procurei ajuda do meu conselho de administração. Quando Edgar assumiu a presidência, sem querer ele se tornou *meu* mentor, protegendo meu trajeto, ao mesmo tempo em que me impulsionava para frente. E fez isso sem receber nenhum reconhecimento. Um dos motivos pelos quais o acompanhamento de um mentor se tornou tão central para eu ser quem sou é que estou sempre tentando ajudar as pessoas que se encontram em situações similares às vividas por mim – em que se sentem mais sozinhas, mas que sempre encontram alguém para ampará-las.

Essa constatação me traz de volta ao que falei no início deste livro: as maiores barreiras para o sucesso, frente às dificuldades impostas pelo empreendedorismo, não são de natureza física, financeira, educacional ou nacional. São psicológicas. O segredo para desobstruir o caminho para o sucesso está em acreditar em você mesmo e encontrar outras pessoas que também acreditem. Essa segunda tarefa pode ser a mais difícil de todas, e é aí que entra a mentoria.

Tudo na vida do empreendedor é condicional. Se o trabalho não é interessante ou divertido o bastante, um colaborador sempre pode ir embora. Se o lucro ou o impacto não atendem às expectativas, os fundadores deixam a iniciativa. Se o produto ou serviço não for eficiente o bastante, os consumidores deixam de comprar. Até o apoio de sua família pode, algumas vezes, ser condicional. O empreendedor está sempre enfrentando o precipício, sob o risco de se sentir abandonado e à beira de despencar.

É por isso que você precisa de um amplo círculo de mentores: eles ajudam a manter seu equilíbrio.

Mas onde eles podem ser encontrados? Essa talvez seja a lição mais surpreendente de todas: existem grandes chances de que você já os conheça – ou conheça alguém que os conhece. Segundo minha experiência, o problema verdadeiro em conseguir encontrar o apoio necessário está no fato de que ninguém sabe que você está procurando isso. Esse é um tema comum em todas as discussões sobre os problemas do crescimento. Algumas vezes, a coisa mais importante que você pode fazer é admitir que é vulnerável e que precisa de ajuda, acima de todas as coisas.

É como diz o velho ditado taoísta: "Quando o aluno está pronto, o mestre aparece". Está em busca do mentor correto? Procure. Conte qual é sua necessidade para as pessoas que o cercam.

Abra a porta e seus mentores entrarão.

PARTE III

Voltar para casa

CAPÍTULO 8

Ambiente de trabalho voltado para os objetivos

Quando minhas filhas cursavam o terceiro ano, em uma manhã bem cedo, Tybee e eu estávamos caminhando até a escola para assistir a uma encenação da turma de Eden da peça *A Tempestade*. Tybee começou a me falar com entusiasmo sobre um livro que estava lendo, um manual a respeito da autoestima de garotas que eu, sorrateiramente, havia deixado no quarto das minhas filhas. Estava especialmente animada em relação a um capítulo que falava sobre a moda e a imagem do corpo feminino ao longo da história.

"Mamãe, você acredita que as mulheres já foram capazes de fazer coisas malucas para ficar na moda?", perguntou. "Algumas tiravam as costelas para conseguir apertar os espartilhos ao máximo!"

"Nossa, é mesmo?", perguntei.

"E você sabia que na década de 1920 as mulheres começaram a enfaixar o peito para ficarem com o corpo mais parecido com o dos homens?"

"Para falar a verdade, só soube disso há pouco tempo", respondi. "Mas estava justamente lendo um livro sobre como os empreendedores não se limitam a tentar fazer dinheiro, mas também querem transformar o mundo em um lugar melhor. E aprendi algumas coisas sobre a mulher que acabou com essas faixas!"

Então, contei uma história para Tybee.

Ida Kaganovich nasceu em 1886, na Bielorrússia. Seu pai era um estudioso da lei talmúdica e sua mãe sustentava a família com uma pequena loja de doces. Quando se tornou adolescente, Ida se mudou para a Polônia para estudar matemática e russo, além de trabalhar como aprendiz de costureira. Enquanto morava no país, Ida se tornou socialista, convencida da ideia de que o capitalismo jamais proporcionaria justiça para as mulheres. Ao voltar para seu país, conheceu um colega revolucionário chamado William Rosenthal.

Em 1905, Ida e William, vítimas de perseguição, emigraram para Hoboken, em Nova Jersey. Sem a intenção de arrumar um emprego como operária em uma fábrica, Ida comprou uma máquina de costura Singer e começou a confeccionar criações próprias. "Por que se arriscar?", perguntavam seus amigos. "Porque não quero trabalhar para outras pessoas", respondia. A socialista convicta tinha se transformado em uma capitalista dos panos e das agulhas.

Só que os trajes que valorizavam a forma feminina, criados por Ida, não combinavam com as peças íntimas usadas na época. Na década de 1920, o espartilho utilizado com a função de comprimir o peito feminino, comum na era vitoriana, tinha saído de moda, substituído por uma faixa de tecido que apertava os seios contra as costelas. As faixas eram consideradas necessárias para que as mulheres pudessem dançar o *charleston* sem que o movimento dos seios incomodasse. As mulheres que tinham preocupações com a moda queriam um visual mais próximo do *look* masculino.

Mas Ida não tinha uma aparência nada masculina. Ela era do tipo robusto e criava vestidos voltados para mulheres "de verdade", como ela. "As empresas gostavam de anunciar, 'Fique parecida com o seu irmão'", contava a estilista. "Bom, só que isso não é possível. A natureza criou a mulher com várias curvas e por que lutar contra isso?"

Ida e William começaram a projetar uma alternativa – no caso, vestidos com "taças" que serviam para acomodar os seios femininos. No início, esses acessórios eram embutidos nas roupas, mas logo os "suportes" ganharam tamanha popularidade que Ida e William começaram a vender as peças à parte, por US$ 1. Para marcar o contraste em relação à "*boyish form*", escolheram para os acessórios a marca Maidenform.

A partir de sua loja situada na 57th Street, os empreendedores acidentais deram início a uma revolução. Os dois aproveitaram outra novidade da época: a publicidade. A marcante campanha "Eu sonhei" mostrava uma mulher em ambiente de trabalho ou lançando uma bola de beisebol vestida apenas com um sutiã da Maidenform com a legenda: "Eu sonhei que fui trabalhar usando meu sutiã Maidenform" ou "Eu sonhei que fiz a abertura das World Series usando meu sutiã Maidenform". Uma imagem mostrava a modelo com uma saia vermelha e sutiã branco, cercada de urnas e fogos de artifício, com a frase: "Eu sonhei que venci a eleição usando meu sutiã Maidenform".

Um sutiã Maidenform no Salão Oval: isso sim que é sonhar grande!

Na década de 1930, a Maidenform vendia meio milhão de sutiãs por ano; nos anos de 1970 a cifra anual chegava a cem milhões de unidades. Mas expliquei para a Tybee que o que mais interessou nessa história é que ela mostra como, tal qual a moda, o empreendedorismo também sofreu transformações ao longo do tempo. No passado, para os empreendedores bastava dizer que estavam contribuindo com a sociedade ao oferecer produtos criativos, gerar lucros e garantir salários regulares aos colaboradores. Considerando esses critérios, Ida Rosenthal foi um grande sucesso.

Só que os tempos mudaram. Os produtos, lucros e holerites não bastam mais. Hoje, a sociedade se importa bastante com a forma como os empreendedores tratam seus colaboradores. Os consumidores querem ter certeza de que as organizações promovem da porta para dentro os mesmos valores divulgados no mercado, e os profissionais em busca de emprego fazem questão de saber qual é a política da empresa, em relação aos colaboradores, antes de enviar um currículo. A cultura faz parte da marca.

Nesse aspecto, porém, Ida foi um fracasso. Adepta das técnicas gerenciais modernas, aquela CEO apressava as linhas de produção, ameaçava os trabalhadores sindicalizados e argumentava que suas costureiras tinham obrigação de trabalhar por períodos mais longos, uma vez que se cansavam menos porque seus seios estavam "devidamente amparados". Assim, o único lugar em que as mulheres jamais sonhariam em trabalhar era na Maidenform!

Nas duas partes iniciais deste livro, abordei as dificuldades que os empreendedores enfrentam para colocar seus projetos em prática, perseverar e ampliar sua atuação. Mas para viver como um empreendedor falta um terceiro elemento, que começa quando quem inova se debruça sobre uma série de questões importantes: Qual é o objetivo que estou tentando atingir? Qual é o significado do que estou fazendo? Qual tipo de vida pretendo ter?

Dedico os dois próximos capítulos à discussão das respostas a essas perguntas. Todas as questões precisam ser avaliadas à luz dos aspectos práticos do empreendedorismo. É hora de dedicar a máxima atenção possível. Às vezes, considero essa parte como a faceta *artística* do empreendedorismo. Chamo essa etapa de "voltar para casa".

O primeiro aspecto envolve os caminhos para construir uma empresa que não se limite a maximizar a eficiência, mas que mantenha a coerência com seus valores. Hoje, os empreendedores se encontram à frente de uma nova era, na qual as empresas posicionam os talentos no centro dos modelos de negócio. E elas não têm escolha. Depois de crescer cercados de liberdades empreendedoras, os colaboradores esperam contar com a flexibilidade. Insistem na colaboração – e demandam propósitos.

Testemunhei vários líderes lutando contra essas questões ao longo de anos (e lutando com eles mesmos). E veja só o que aprendi: se você pretende constituir uma empresa consistente, não basta mais apenas seguir seu próprio estilo de liderança: é preciso alocar uma quantidade de tempo semelhante (ou maior) para pensar em como atender e promover o talento.

A liderança, por mais árdua que seja, pode se revelar o lado mais fácil da equação, pois pelo menos você pode controlar seu próprio comportamento. A criação de um ambiente que libera os instintos empreendedores de sua força de trabalho – uma visão de mundo que poderíamos chamar de "*employeeship*" ("empregadorismo") – é a parte mais árdua.

A seguir, algumas orientações que podem ajudar.

— *Patrimônio psíquico* —

Em qualquer grande cidade do mundo, olhe ao redor e verá os nomes das maiores corporações impressos nas edificações mais grandiosas. De Dubai a Dallas, inúmeras empresas construíram sedes impressionantes para expressar seu poder econômico. Quanto maior o edifício, mais poderosa é a marca.

Mas, em Buenos Aires, você pode procurar e não encontrará um nome em nenhuma construção grandiosa.

A Globant é uma empresa de tecnologia fundada em 2003 por quatro amigos, em um bar. A partir da sede na Argentina, os despojados criadores definiram ambições ousadas. "Nosso objetivo é ser o líder mundial na criação de softwares inovadores", explicaram. Apoiados em uma seleta lista de clientes, que incluía a Disney, a American Express e a Coca-Cola, a Globant rapidamente se expandiu para oito países e o rendimento anual da empresa chegou a US$ 150 milhões. O quadro de colaboradores reuniu cerca de três mil pessoas.

Conforme a atuação da Globant crescia, os fundadores precisaram enfrentar uma decisão bastante comum: tinham de ampliar a operação e mobilizar sua força de trabalho para uma nova fase de crescimento. A forma mais fácil de fazer isso seria por meio do agrupamento de todos em uma sede exuberante e sofisticada. A medida viraria notícia na imprensa, chamaria a atenção da concorrência e o mundo ficaria sabendo da chegada de um novo jogador importante. Em resumo, todos iriam adorar.

Todos – com exceção dos colaboradores da empresa.

A Globant havia transformado a cultura do local de trabalho no núcleo de sua identidade. Promoveu iniciativas de construção de times como o Stellar, um programa de reconhecimento de parceiros no qual os colaboradores, chamados de *globers*, podiam oferecer estrelas de ouro como premiação para colegas que difundiam os valores essenciais da organização. Os colaboradores tinham espaço para competir por novos projetos. Quando a Nike convidou a Globant para concorrer à obtenção de uma conta de campanha publicitária, a empresa não acionou o setor de marketing, mas preferiu recorrer a uma iniciativa de *crowdsourcing* na qual todos da empresa podiam opinar. Uma centena de *globers* mandou sua contribuição. A Globant ganhou a conta e o *glober* autor da proposta vencedora foi premiado com um iPod.

Nada mobilizou tanto o foco dos trabalhadores da Globant quanto a questão sobre onde iriam trabalhar. A ideia dos fundadores era reunir todos os colaboradores em uma construção no centro da cidade, mas, quando identificaram no mapa os endereços dos colaboradores, descobriram que quase ninguém morava na região central. Obrigar os colaboradores a perder horas com longos deslocamentos significaria roubar deles um precioso tempo pessoal e violar um dos valores essenciais da empresa: cada *glober* podia definir o próprio horário de expediente. Por isso, os empreendedores apostaram em um movimento contrário: construíram três unidades menores em localidades escolhidas para evitar a complicação no deslocamento.

A experiência da sede "invisível" da Globant captura com perfeição a primeira grande questão que acho importante considerar quando se abordam os profissionais de hoje: é preciso saber o que os motiva. Se você acha que o item número um é dinheiro, avalie melhor. A maior mudança isolada que atingiu a força de trabalho na era do empreendedorismo foi a lista de prioridades que as pessoas levam para o emprego. O salário depositado na conta faz parte dessa lista, mas cada vez mais várias outras considerações também a integram: impacto que são capazes de causar, liberdade, qualidade de vida.

Existem vários benefícios para essa nova realidade (as empresas com menos recursos financeiros podem entrar na disputa pelos talentos), mas também não faltam riscos. Se os colaboradores não receberem o que esperam, eles vão embora.

Em uma manhã de segunda-feira de 1965, Bill Gore, ex-engenheiro da DuPont que fundou a W.L. Gore & Associates, fazia seu habitual passeio pela fábrica situada em Delaware. Só que naquele dia ele notou algo diferente: não conseguia dizer os nomes de todos que estavam ali. Em vez de deixá-lo feliz (afinal, sua empresa estava crescendo!), essa constatação o entristeceu. Em seguida, lançou uma ordem: nenhuma instalação da Gore contaria com mais de 200 colaboradores. Além disso, cada unidade seria multidisciplinar – nada de isolar o departamento de relações públicas ou de colocar os engenheiros em um gueto. Todos deveriam conhecer os demais colegas pelos nomes e ser capazes de trabalhar com todos os integrantes da equipe.

Em seguida, vieram outras instruções, conforme Gore desenvolvia uma filosofia que chamou de Lattice Organization (algo como "organização entrelaçada"). O empreendedor escreveu: "A maioria de nós gosta de executar as coisas de acordo com o procedimento formal e cumprir as tarefas de maneira objetiva e fácil". Gore introduziu uma abordagem informal e sem hierarquias, capaz de estimular a criatividade individual. Em sua empresa, não existiam cargos nem descrições de postos de trabalho. Também não havia "subordinados" e "gestores" – todos os colaboradores eram "associados" orientados por "padrinhos", que se organizavam em times autogeridos. A abordagem de Gore ficou conhecida como "desadministração" e ajudou sua empresa a se transformar em uma das iniciativas mais inovadoras dos últimos cinquenta anos, com resultados exitosos em áreas tão variadas como medicina (implantes cardíacos), energia limpa (filtros de ar), artigos de higiene bucal (fio dental Glide) e música (cordas de violão Elixir).

Mas a "desadministração" não se aplica a todas as pessoas. Uma vez, Gore declarou que para quem não consegue se adaptar a uma estrutura amorfa, cria-se "uma situação desconfortável". A atual "des-CEO", Terri Kelly, admitiu que muitos colaboradores ainda precisam de maior condução externa. "Algumas pessoas esperam que outros digam a elas por onde ir", explicou. Mas a grande maioria dos "associados" de Gore apreciam a liberdade. Eles se tornam criadores de suas próprias vidas profissionais, empreendedores inseridos em um conjunto de empreendedores. Como um deles declarou, "desde que você passa pela porta, esta organização confia que irá tomar boas decisões". Atualmente, a rotatividade de colaboradores na empresa é de 8%, menos da metade da média apresentada no setor. Também é uma das poucas instituições a figurar todos os anos na lista de "melhores lugares para trabalhar", apontada pela revista *Forbes* desde que a publicação começou a divulgar esse ranking, em 1984. Em 2004, a revista *Fast Company* elegeu a Gore a "empresa mais criativa dos Estados Unidos".

Em uma economia onde as empresas competem por serviços em itens como qualidade e preço, encontrar maneiras de liberar a criatividade vem se tornando cada vez mais essencial. Uma pesquisa feita pelo Hay Group descobriu que organizações com profissionais bastante envolvidos têm 50% mais de retenção dos colaboradores, 89% mais de satisfação de clientes e um crescimento dos lucros 400% mais alto. As lojas de varejo com boas avaliações no quesito satisfação dos colaboradores geram um ganho US$ 21 superior por pé* quadrado. Ainda assim, a maioria das empresas não se dedica o bastante quando o assunto é motivar suas equipes. Uma pesquisa do Gallup com empresas de todo o mundo revelou que apenas 13% dos colaboradores se dizem envolvidos com seus trabalhos.

Mas o que você pode fazer para revigorar os integrantes de seus times? Parece claro que a resposta apontada como a mais óbvia à primeira vista — aumentar os salários — não é completa. Em 2013, quando a Endeavor analisou os empreendedores e colaboradores das 60 empresas de crescimento mais veloz em nossa rede, descobrimos que todas utilizam diversas estratégias que se assemelham à "organização entrelaçada" de Gore. Entre as similaridades estão a ausência de estruturas hierárquicas, a comunicação aberta e frequente, o espaço para que os colaboradores apresentem e implementem suas ideias e criativos sistemas de recompensas. Como declarou Nemr Badine, empreendedor digital de marketing que atua no Líbano, "No final das contas, o incentivo monetário é interessante, mas é preciso considerar as necessidades emocionais das pessoas. É preciso fazer que as pessoas se sintam parte de algo maior".

É o que gosto de chamar de "patrimônio psíquico".

Uma crescente linha de pesquisa mostra que os colaboradores precisam de mais do que as cenouras há tempos penduradas diante deles.

---

*Medida de comprimento equivalente a doze polegadas ou 30,48 cm (NT).

Dan Ariely, economista da Duke University, realizou diversos estudos para avaliar a eficácia dos incentivos financeiros. A pesquisa é imprecisa, admite o estudioso, porque os acadêmicos não têm recursos para fazer testes em Wall Street. O primeiro teste foi feito na Índia. Ariely pediu a 87 participantes para executarem tarefas simples e depois ofereceu recompensas que variavam de US$ 0,50 (um dia de trabalho) a US$ 5 (um mês) e de US$ 5 a US$ 50 (cinco meses de trabalho).

A economia tradicional poderia alegar que o desempenho dos participantes deve melhorar de acordo com a dimensão das recompensas, mas Ariely descobriu o contrário. Os grupos com menores premiações não tinham desempenho pior que os que receberam prêmios intermediários. Para uma surpresa maior ainda, os que receberam melhores recompensas apresentaram o resultado mais fraco. Quando Ariely repetiu o estudo no MIT e ofereceu premiações de US$ 60 e US$ 600 aos estudantes, chegou às mesmas conclusões. Em oito das nove experiências similares que Ariely realizou em todo o mundo, descobriu que incentivos financeiros mais altos resultavam em um desempenho pior. Conclusão do estudioso: os seres humanos se contentam naturalmente ao fazer as coisas, mas não quando são pagos para isso.

Ariely não está dizendo que as pessoas não deveriam receber por seu trabalho (nem eu afirmo isso). O que ele sustenta é que achar que seus colaboradores precisam apenas de um holerite é uma visão ultrapassada. Os empreendedores entendem isso melhor que a maioria das pessoas porque, em geral, enfrentam problemas de caixa quando iniciam seus projetos. Sem a possibilidade de se apoiar na força do dinheiro, são obrigados a encontrar outras formas de motivar os colaboradores. Uma das técnicas: repensar os títulos dos cargos.

Os empreendedores da rede Endeavor, René Lankenau e Luis Garza, perceberam que havia um problema no México: uma ampla oferta de bebês com uma imensa carência de creches. Para solucionar esse descompasso, René e Luis montaram sua empresa, a Advenio, para oferecer cuidados com crianças *on-site* nas organizações, começando na Cidade do México. Conforme a Advenio passou a atuar em outras cidades, os fundadores começaram a se preocupar com a possível perda do controle de qualidade e deram um passo incomum para uma startup: contrataram uma pessoa especialmente para monitorar a cultura da empresa. Qual é o cargo dela? Mãe-gestora. Essa profissional, por sua vez, contratou um gestor de sonhos para ajudar os trabalhadores a atingir seus objetivos. Esses cargos, além de serem divertidos e capacitadores, também transmitiam a mensagem de que o êxito de cada colaborador era muito importante para o sucesso da empresa.

Por atuarem em um ambiente que não está voltado à geração de lucros, os empreendedores do tipo golfinho perceberam há muito tempo a necessidade de incentivos não necessariamente financeiros. Nancy Lublin administra a Do Something, organização sem fins lucrativos que estimula as pessoas a tomar iniciativas por meio da mudança social. Todos os anos, ela recruta mais de dois milhões de voluntários. Nancy é a CEO, embora costume dizer que o cargo que ocupa na empresa é o de "veterana principal". Uma das ideias de Nancy: distribuir denominações que façam os colaboradores se sentirem orgulhosos. "As pessoas desejam um título mais elevado, então por que não dar isso a elas?" Em seu livro *Zilch*, Nancy escreveu: "O melhor de tudo é que dá para inventar um cargo novo, capaz de deixar os colaboradores valorizados".

Diversas instituições com fins lucrativos seguiram o exemplo. No Pinterest, os designers são chamados de *pixel pushers* (algo como "impulsores de pixels"). O proprietário de uma rede de lojas de guloseimas se identifica como "*gummy bear*-gestor" e uma agência de anúncios apresenta seus assistentes administrativos como "agentes de primeira impressão" (*first-impressions officers*).

Crie uma boa impressão junto a seus colaboradores: deixe que opinem quanto à escolha das denominações.

Outro passo consiste em seguir o manual da Globant e oferecer mais autonomia para os colaboradores. Por anos, as empresas disponibilizaram uma quantidade reduzida de tempo para que as pessoas trabalhassem em projetos independentes. Na 3M o limite era de 15% do tempo, enquanto no Google chegava a 20%. No LinkedIn existe uma iniciativa de permitir que as pessoas se dediquem a um projeto aprovado por até três meses, o que corresponde a 25% do ano.

Porém, esqueça a disputa pelas porcentagens por alguns instantes. A Quicken Loans mantém um projeto chamado Buller Time, que permite a dedicação a projetos independentes todas as segundas-feiras após às 13h. O Facebook coordena uma maratona chamada Prototype Forum, que estimula as pessoas a desenvolver produtos experimentais. Uma ideia vencedora da iniciativa foi o Facebook Wi-Fi, que oferece conexão sem fio à internet grátis em cafés de todo o mundo se eles fizerem o log in e informarem as coordenadas à empresa.

Os empreendedores do tipo borboleta que atuam em pequenas empresas também encontram maneiras criativas de proporcionar mais autonomia aos colaboradores. Na Artists Frame Service de Chicago, por exemplo, os profissionais que se ocupam das molduras contam com parafusos coloridos específicos. Jay Goltz, fundador da empresa, explicou o impacto dos "parafusos de assinatura": "A medida cria o orgulho por ser dono de algo". Além disso, a qualidade das molduras aumentou significativamente depois que a autonomia substituiu o anonimato. "Quando um arame de uma moldura se solta e aparece, sabemos quem fez aquele trabalho", conta Goltz.

Os dias em que os empreendedores podiam depender de seu carisma natural e das ideias brilhantes para compensar a oferta de ambientes de trabalho considerados ruins ficaram no passado. Hoje, os colaboradores nutrem expectativas mais altas. Como Dan Pink ressaltou no livro *Motivação 3.0*, a melhor maneira de satisfazer às motivações internas das pessoas está em oferecer liberdade, autoria e objetivos. Na minha avaliação, esses itens compõem um patrimônio psíquico. São especialmente essenciais para as gerações opostas – as formadas pelos colaboradores mais jovens e os mais velhos. Nenhuma geração posiciona o dinheiro como o método de premiação mais importante. Em vez disso, escreveu Pink, "escolhem uma variedade de fatores não monetários, desde uma 'ótima equipe' à 'habilidade de contribuir para a sociedade por meio do trabalho'". E, se não conseguem encontrar essa realização, trocam de emprego. Em outras palavras, transforme o ambiente de trabalho de sua empresa em um local mais empreendedor ou assista à partida de seus colaboradores rumo à fundação de seus próprios empreendimentos.

– *O papel da cultura* –

A cada dois anos, a Endeavor promove um evento no qual nossos fundadores se encontram com líderes empresariais de perfil ousado para discutir estratégias, tendências e caminhos para que suas organizações avancem. Em 2013, uma das palestrantes foi Jenn Lim, CEO e "diretora-gestora de felicidade" da Delivering Happiness, empresa que fundou ao lado de Tony Hsieh, CEO da Zappos. A missão de Jenn consistia em inspirar os outros a seguir o exemplo da varejista on-line e transformar a alegria em uma estratégia essencial do negócio. Na Zappos, os trabalhadores são chamados de *zapponians* e o período anual de descanso recebe o nome de *zolidays*. Anualmente, a empresa lança o *Zappos Culture Book*, publicação criada pelos colaboradores.

A mensagem de Jenn a nossos empresários era que, como a cultura de uma empresa constitui sua marca, os colaboradores são o principal ativo e, por isso, convém ter certeza de que você conta com os ativos corretos. Mais ou menos no meio de sua apresentação, Jenn disse uma coisa que me marcou porque traduziu uma lição que aprendi, assim como muitos de nossos empreendedores: os líderes de sucesso "contratam devagar e demitem rápido".

A primeira metade da equação envolve dedicar o tempo necessário, de forma que no futuro ele não custe mais dinheiro. A Zappos tem dois sistemas de entrevistas. Em primeiro lugar, a equipe de contratação faz perguntas sobre a experiência e as habilidades do candidato. Em seguida, o departamento de recursos humanos faz a avaliação para aferir qual o grau de adequação à cultura da casa. A Zappos leva isso tão sério que oferece US$ 4 mil para os recém-contratados que queiram deixar a empresa após a primeira semana de trabalho, com o objetivo de não desperdiçar recursos com o treinamento de um profissional que não se adapta ao grupo. Isso mesmo: a Zappos paga para o colaborador ir embora depois de cinco dias, caso ele acredite não se encaixar na cultura interna!

O que me marcou em relação à Zappos é que os colaboradores não são apenas destinatários de sua cultura, mas funcionam como "embaixadores". Os colaboradores não podem sustentar os valores da empresa se não comungarem com eles – e é por isso que convém analisá-los com cuidado.

Ninguém entendeu isso melhor do que Debra Jane Sivyer. Debbi cursava o ensino médio quando conseguiu emprego como *foul ball girl* em um time de beisebol e em apresentações de esqui aquático. Aos 18 anos, conheceu o economista Randy Fields, com quem se casou no ano seguinte. Dona de casa dedicada, Debbi preparava biscoitos e enviava para o trabalho do marido. Como todo mundo gostava dos *cookies*, pensou em abrir uma loja. "Eu sabia de minhas dificuldades", contou ela. "Era jovem, não tinha a formação de uma faculdade e não vinha de família rica. As pessoas achavam que não tinha juízo." O marido afirmou que o projeto era descabido e seu pai reprovou a ideia. "Mas o que me fez seguir adiante mesmo", falou, "foi quando minha mãe disse que eu seria um fracasso".

A primeira loja da Mrs. Fields Chocolate Chippery foi inaugurada em agosto de 1977. Às três da tarde, sem ter vendido um biscoito sequer, Debbi encheu uma bandeja e foi para a rua, distribuir os *cookies*. No final do dia, tinha atraído muita gente para sua loja e contabilizou US$ 75 em vendas. Em 1980, funcionavam 15 lojas; em 1986 já chegavam a 350 unidades. (Nessa época, Debbi comprava 10% da oferta mundial de noz macadâmia.) Mas ela tinha um problema: contratar pessoas capazes de reproduzir a personalidade otimista e de recriar a "experiência Mrs. Fields". A empreendedora lembrava de todos os aniversários dos clientes, por exemplo, e esperava que os colaboradores fizessem o mesmo. Foi aí que desenvolveu uma criativa estratégia de seleção.

Primeiro, ela trazia uma bandeja de biscoitos e pedia que os candidatos o provassem, a fim de avaliar o entusiasmo pelo produto. Em seguida, os orientava a levar as bandejas de biscoitos para a rua e distribuir amostras de degustação, para verificar o grau de extroversão. Finalmente, pedia que cantassem *Parabéns a você* no meio da loja, uma vez que essa seria uma das tarefas caso fossem contratados. "Eu não queria ver quem cantava bem", explicou. "Queria saber se estavam dispostos a fazer o que eu pedisse para agradar os clientes. Quando você está tentando montar um empreendimento e querendo agradar os clientes, é preciso fazer o que for necessário." Debbi chamou o processo de 3 S's: *sampling* (degustação), *selling* (venda) e *singing* (canto do *Parabéns a você*).

Se é tão importante não ter pressa na hora de contratar, demitir sem demora é igualmente crucial. No livro *Empresas Feitas para Vencer*, o especialista em gestão Jim Collins fala sobre a dupla importância de colocar as pessoas certas a bordo e desembarcar do veículo os passageiros inapropriados. Collins afirma que os bons motoristas (no caso, os bons líderes) não começam perguntando "onde", mas "quem". "O ponto de partida deles consiste em trazer as pessoas certas, afastar as pessoas indevidas e acomodar cada passageiro no lugar adequado."

Kevin Ryan, o empreendedor em série que transformou a DoubleClick em uma startup com 20 colaboradores em uma empresa global com mais de 1.500 colaboradores, chama esse processo de "adição por subtração". Ele explicou: "Parte da construção de uma grande equipe está em aprender a reconhecer quando as pessoas não estão correspondendo para, em seguida, deixá-las ir embora". O conselho de Ryan: "Não permita que uma situação que está ruim fique pior ainda".

Um dos motivos pelos quais me tornei obcecada em encontrar o caminho certo para deixar as pessoas inapropriadas irem embora é que há muito tempo não era muito boa em encontrar colaboradores adequados. Em outras palavras, costumava ser ruim na contratação e por isso tive de me aperfeiçoar na arte de demitir. No entanto, embora em termos gerais concorde com Jim Collins e Kevin Ryan (é preciso deixar as pessoas irem embora), minha experiência com empreendedores me levou a acreditar que existem maneiras melhores e outras piores de fazer isso.

Em primeiro lugar, após atuar com fundadores em mercados emergentes, aprendi que a maioria das pessoas vive e trabalha em universos restritos. Seus colaboradores às vezes também são ex-colegas, vizinhos, os filhos da melhor amiga de sua mãe, o garoto que conheceu no quarteirão. Você não pode demitir alguém cruelmente e achar que dá para fazer negócios, almoçar ou ir fazer compras sem acumular nenhum carma negativo.

Em segundo lugar, na era das redes sociais, até mesmo um ex-colaborador funciona como porta-voz para sua marca. Essa pessoa que você acabou de demitir vai postar a experiência no Facebook e comentar suas opiniões no Twitter, deixando um rastro digital de reclamações sempre disponível para o próximo candidato que digitar o nome da sua empresa no Google. Existem até alguns sites, como o Glassdoor.com, que servem como espaço aberto para fofocas sobre horários, condições de trabalho e até eleições do tipo "o pior gestor do mundo". Esqueça as portas giratórias: hoje, a maior ameaça para os empreendedores são as paredes que falam. Não existem mais segredos.

Tudo isso coloca mais pressão sobre a arte de demitir colaboradores. Nada define mais sua cultura do que a forma como você trata as pessoas das quais não necessita ou não deseja mais ter por perto. Uma cena clássica dos filmes, porém bastante real para muitas pessoas, mostra os gestores cancelando o e-mail dos colaboradores, pegando de volta as chaves, guardando as listas de contatos e apontando o caminho da rua para um ex-colaborador que se afasta com uma caixa de papelão solitária, ocupada com plantas sem viço e fotos desbotadas dos filhos. Esse tipo de postura draconiana pode ser necessário em algumas raras situações, como as demissões feitas por bancos ou empresas de segurança, onde a sabotagem é um risco. No entanto, no caso de quase todos os empreendedores que conheci, esse tipo de demissão de pessoas não só é desnecessário como também pode se revelar destrutivo.

Existem maneiras melhores de afastar um colaborador e sempre é possível fazê-lo usando um pouco de tato. Só porque você tomou uma decisão rápida de demitir alguém não significa que a pessoa precisa desaparecer da sua frente. Você pode permitir que usem seu escritório para procurar trabalho ou se oferecer para ser uma referência. Pode ainda deixar que o próprio colaborador informe as outras pessoas. Não sou ingênua: de qualquer jeito, é uma situação estranha e desconfortável. Eu mesma cheguei a ensaiar vários discursos diante do espelho e já vi muitas lágrimas. Qualquer pessoa que você demitir não vai sair agradecendo sua iniciativa.

Mas, se você soube agir de forma correta, elas também não sairão atirando por aí. Em muitos casos, vão agradecer pelo período de transição. No mundo hiperconectado de hoje, isso tem uma importância vital. Nossa experiência com empreendedores mostra que, quando você está construindo uma empresa, minimizar os detratores pode ser ainda mais crítico do que maximizar os entusiastas.

Essa nova maneira de lidar com as pessoas é tão séria que até mesmo minhas filhas perceberam. Um dia, quando as meninas tinham seis anos, começaram a cantar uma música boba junto com alguns amigos. A melodia era a mesma de *Parabéns a você*.

> *Minha mãe odeia o trabalho*
> *Ela demitiu um idiota*
> *Depois contratou um macaco*
> *Que devorou minha lição de casa*

No final da música, Tybee se virou para a amiga e falou, "Bom, na verdade minha mãe não demite as pessoas. Ela apenas diz que elas vão ser mais felizes em outro lugar".

— *Se você não pode vencê-los, talvez seja o caso de... juntar-se a eles* —

Numa manhã de verão, no quinto andar do famoso Puck Building, no SoHo, em Nova York, uma multidão de novos colaboradores da badalada marca de óculos Warby Parker se juntou para a grande reunião semanal da empresa. "Este é nosso maior número de contratações", falou Neil Blumenthal, um dos fundadores. Com 33 anos, ele provavelmente era a pessoa mais velha no ambiente. "Vamos lá!", Blumenthal falou para um novato. "Conte um fato divertido para a gente!".

Fatos divertidos são uma tradição da Warby Parker e uma das muitas maneiras que a empresa encontrou para adequar o local de trabalho à personalidade juvenil de sua força de trabalho. Os colaboradores mais jovens são diferentes: não gostam de esperar, não gostam de cumprir tabela nem de fazer tarefas repetitivas. E não adianta revirar os olhos e insistir para que façam as coisas do seu jeito. Seu comportamento precisa se adequar a algumas das posturas deles, mas o mais importante é: o trabalho que executam precisa fazer sentido – para eles e para o mundo.

Na Warby Parker, um dos objetivos dessa troca de experiências é deixar o ambiente de trabalho mais jovial. Um dos oito valores básicos da empresa é "acrescentar diversão e novidade a tudo o que fazemos". Os fatos divertidos são uma tentativa de conseguir isso. Embora ninguém tenha superado a revelação de uma antiga funcionária de que ela havia segurado no colo o filho caçula de Michael Jackson, Blanket, os relatos atuais são ecléticos e, mais importante, úteis para formar vínculos. Kate, funcionária que trabalha com estratégia de produtos, é campeã de rodeio. Natalie, que atua no atendimento ao cliente, foi uma das dançarinas que participaram do *show* de Beyoncé no intervalo da final do Super Bowl. Julie perdeu a capacidade olfativa aos 16 anos, enquanto surfava.

A Warby Parker vende óculos baratos pela internet e em diversas lojas de varejo. Pelos padrões comerciais contemporâneos, os colaboradores da empresa poderiam se sentir subvalorizados – mas, ao contrário, eles se mostram capacitados, otimistas e envolvidos. "Eu sei que, tecnicamente, é como trabalhar em um call center", reconhece Mikayla Markrich. (Fato divertido: Mikayla já foi guia de turismo, daqueles que se deslocam com diciclo, no Havaí, sua terra natal.) "Mas não me sinto assim. As pessoas logo pensam no estereótipo: profissionais mais velhos, desanimados, o tipo de trabalho de fim de carreira. Aqui todo mundo é jovem e inteligente. E não somos tratados como meros representantes do atendimento ao cliente. Somos vistos como parte da equipe."

O que Blumenthal percebeu foi que, para ter sucesso, ele e seus parceiros precisavam oferecer aos jovens colaboradores bem mais do que apenas empregos seguros com bons benefícios: precisavam proporcionar também um sentimento de pertencimento. Todos os novos contratados ganham um vale-refeição de um restaurante tailandês (culinária escolhida na época da fundação), um exemplar do livro *Os Vagabundos Iluminados*, de Jack Kerouac (o nome Warby Parker deriva de dois personagens criados pelo autor) e um par de óculos, sejam eles necessários ou não. Todas as semanas, os colaboradores relatam aos gerentes como está o seu "índice de felicidade", em uma escala de zero a dez. Blumenthal fez uma pesquisa com os colaboradores e perguntou por que quiseram trabalhar na Warby Parker, bem como os motivos para permanecer na empresa. "Para ambas as perguntas, a remuneração não era a principal razão", lembra. "A cultura e a oportunidade de aprender e de criar um impacto foram apontados como bens mais decisivos."

A maioria dos colaboradores da Warby Parker pertence sobretudo à geração Y (também chamada de *millennials*), categoria que reúne quem nasceu entre 1982 e 2000. Constituem o grupo de trabalhadores contemporâneos mais estudados, em parte porque formam a categoria com crescimento mais veloz (os jovens da geração Y correspondem a 36% da força de trabalho norte-americana e devem chegar a 46% até 2020), mas também porque conseguem desconcertar os trabalhadores mais velhos. Os pesquisadores descobriram que os *millennials* reúnem três qualidades fundamentais que os distinguem dos demais grupos.

Primeiro, eles cresceram em um mundo sem fronteiras e sempre conectado – e esperam o mesmo do local de trabalho. São adeptos da velocidade e querem as coisas para ontem. A boa notícia é que nunca tiveram a experiência de trabalhar em regime "das nove às cinco" e por isso não se apegam às antigas rotinas controladas por relógios de ponto. Em vez disso, se mostram bem mais dispostos a trabalhar em horários diferentes e se dedicarem até concluir um trabalho.

Em segundo lugar, os jovens da geração Y se preocupam mais com a marca pessoal do que a da empresa. Uma lição que esse grupo certamente aprendeu com seus pais é que eles podem obter aquilo que desejam. Se não conseguem encontrar satisfação pessoal na sua empresa, vão procurar em outro lugar. Em um estudo, esses profissionais declararam que bastavam algumas semanas para saber se prefeririam permanecer onde estão ou sair à procura de um novo emprego. Já os representantes da geração dos *baby boomers* (nascidos entre 1946 e 1964), pelo contrário, esperam passar pelo menos quatro anos em um trabalho antes de mudar.

Por causa de todos esses fatores, os trabalhadores mais jovens querem acreditar que eles *fazem a diferença*. Uma pesquisa feira pela Net Impact, em 2012, descobriu que 72% dos alunos universitários apontaram que ter um trabalho que permitisse causar algum impacto no mundo era um item muito importante para a felicidade deles. Seus pais podiam se contentar em passar horas a fio no escritório de uma empresa e depois fazer contribuições para as campanhas de arrecadação de fundos ou iniciativas de caridade, mas os *millenials* não veem fronteiras entre o trabalho e o serviço à sociedade e querem trabalhar para alguma organização que também se preocupe com isso.

A FAA, agência governamental norte-americana com meio século de existência, sediada em Washington e encarregada de supervisionar a aviação, demorou para aprender essa lição. Durante anos, os responsáveis pelo recrutamento na instituição usaram um tom habitual para o governo federal norte-americano. Como explicou Ventris Gibson, responsável pelos recursos humanos, "nossa mensagem sempre foi a de que você deve vir trabalhar na Federal Aviation Administration, tornar-se um controlador de tráfego aéreo ou um inspetor de segurança e, em troca, receber bons benefícios. Sendo honesta, para minha geração de *baby boomers* essa mensagem funcionava muito bem".

Só que para os novos recrutas a estratégia não era convincente. Os trabalhadores mais jovens estão à procura de um trabalho que tenha significado para eles – e não de benefícios – e consideram a instituição uma burocracia parada no tempo. Com a geração de veteranos controladores de tráfego aéreo chegando à idade de se aposentar, a FAA enfrentou uma crise de recrutamento. Em 2008, a situação ficou tão crítica que a agência teve de recorrer à contratação de recém-saídos do ensino médio para preencher seus quadros.

Mas foi aí que Gibson e sua equipe entenderam os sinais: a FAA não era uma estrutura burocrática indigesta, mas a base de funcionamento da sociedade. Todos os dias, quase dois milhões de passageiros embarcam em voos domésticos nos Estados Unidos. A aviação une as famílias, amplia os horizontes das pessoas e permite que quase todas as empresas prosperem. A FAA constitui a espinha dorsal do país.

Por isso, Gibson mudou a mensagem de recrutamento. "Agora, ressaltamos a ideia de que, se você vier trabalhar na FAA, pode fazer parte da mudança da agência que vai transformar a aviação", falou ela. "Para os *millennials*, mostramos como eles podem fazer a diferença no setor aeroespacial e deixar sua marca." O site da agência anuncia: "Trabalhar na FAA oferece uma oportunidade única de experimentar uma carreira na qual seu impacto não só atinge todo o setor da aviação, mas todo o mundo também". A nova abordagem funcionou. "Antes a gente precisava de muito mais tempo para recrutar os melhores e os mais brilhantes colaboradores", falou ela. "Agora que mudamos nossa proposta de valor, os talentos batem à nossa porta."

Finalmente, os *millennials* precisam estar conectados uns com os outros o tempo todo. Criados em lares em que as famílias formavam uma equipe e sendo alunos de escolas nas quais estudavam em grupo, os *millennials*, quando começam a trabalhar, também querem fazer parte de um time. Além disso, costumam não se incomodar com fluxogramas e cadeias de comando. Um departamento precisa dar conta de um trabalho em um prazo recorde? Eles se oferecem para ajudar a concluir a tarefa, sem problemas. Também querem ter a certeza de que não existem áreas proibidas e de que podem expressar suas opiniões em todas as decisões.

Uma maneira de lidar com isso é apostar na transparência. Na Warby Parker, a equipe inteira se reúne às quartas-feiras para se atualizar sobre as realizações de todos os departamentos. Na Endeavor, Fernando e eu tivemos de dar um passo adiante, adotando uma técnica que vimos outros empreendedores usarem: um rodízio das funções. Nossos colaboradores

AMBIENTE DE TRABALHO VOLTADO PARA OS OBJETIVOS ••• 229

sempre estavam inquietos em relação ao que os demais estavam executando e, por isso, instituímos um sistema da rotação na carreira. Os recém-contratados iniciam nas equipes de pesquisa e de seleção; depois de doze a dezoito meses, começam a atuar mais perto dos nossos empreendedores e, um ano depois, podem se candidatar para atuar em outros países ou departamentos. A agência de notícias Thomson Reuters começou a enfrentar dificuldades para reter os recém-contratados porque os novatos queriam compreender o funcionamento da empresa toda e não gostavam da atuação segmentada. A saída foi montar um sistema no qual os novos colaboradores passavam por três postos, permanecendo nove meses em cada um. Após a iniciativa, a taxa de retenção dos associados na Thomson Reuters subiu para 95%.

Outro mecanismo típico dos *millenials* cada vez mais disseminado é o *hackathon*. Surgido no universo dos softwares no final de 1990, *hackathon* (combinação dos termos *hack*, ou programar de maneira excepcional, e *marathon*, maratona em português) é um evento ininterrupto e movido a muita cafeína, geralmente com duração de um ou dois dias, em que as pessoas se reúnem em uma corrida louca para concluir um projeto. O Facebook foi um dos primeiros a adotar a novidade e, desde 1996, já promoveu mais de 30 edições. O botão de "curtir", o bate-papo e as funções de vídeo são acréscimos surgidos nos *hackathons*. Esses eventos são a melhor forma de fazer *crowdsourcing* de um problema e constituem um modelo híbrido entre *A Rede Social* e *Animal House*.

Ou pelo menos eram. Hoje, esses eventos se tornaram parte do *mainstream* e muitas vezes envolvem uma competição, com diferentes equipes disputando um prêmio.

- Em 2013, a British Airways reuniu cem talentos do Vale do Silício (entre eles, Vinny Lingham, empreendedor da rede da Endeavor) e os incumbiu de encontrar soluções para aumentar o número de mulheres no âmbito conhecido como STEM (do inglês *science, technology, engineering* e *mathematics*). O desafio? Tinham de fazer isso a 30 mil pés de altitude, pois o evento aconteceu a bordo do

voo 9120 da BA, entre São Francisco e Londres. Após o desembarque, os participantes apresentaram suas ideias em um encontro sobre inovação.
- Naquele mesmo ano, um grupo de empreendedores do grupo dos gambás que atuavam no Boston Children's Hospital procurou o MIT para propor um *hackathon* com a finalidade de melhorar o atendimento pediátrico. Ao longo de um fim de semana, médicos, enfermeiros, especialistas, nutricionistas, engenheiros e programadores trabalharam em conjunto. Entre as propostas apresentadas, estavam o RightByte, plataforma móvel que reúne receitas para famílias que enfrentam alergias alimentares; o eNgage, um robô dançante que lembra as crianças quando é hora de tomar os remédios; e a Comfy Ball, uma "bola inteligente" que permite que as crianças sinalizem a intensidade da dor que estão sentindo.

O que é importante em relação a esses *hackathons* é que eles desconstroem conceitos antigos como *time sheets* e as agendas com compromissos. Criam um espírito de trabalho em equipe e de busca de solução coletiva para os problemas. Em outras palavras, fazem as coisas no tempo próprio dos jovens da geração Y.

E o tempo e os valores dessa geração estão se espalhando para além da faixa demográfica específica. Vejamos a DreamWorks, empresa na qual os colaboradores têm em média 36 anos. A empresa cinematográfica lança apenas cerca de três filmes por ano e suas ações flutuam de acordo com o desempenho de bilheteria, de modo que os fundadores (Steven Spielberg, Jeffrey Katzenberg e David Geffen) refletiram muito sobre como cultivar a cultura do local de trabalho. O campus da DreamWorks reúne a combinação usual no sul da Califórnia, que inclui alamedas arejadas, mesas de piquenique e de pingue-pongue. Os colaboradores são agrupados em times nos quais vale a regra das duas pizzas e a empresa sedia aulas de tudo – de ioga a técnicas de humor de improviso.

Mas o que realmente importa: a DreamWorks adaptou sua cultura para atender às expectativas da geração Y, que responde por 20% da força de trabalho. A empresa evita acomodar os colaboradores em silos e todos podem contribuir para a execução de todos os projetos criativos. A organização chega a treinar as equipes para conversar de forma consistente com os executivos mais graduados, o que significa que os contabilistas podem comentar sobre as reviravoltas de um filme de animação e os assistentes têm espaço para recomendar músicas para a trilha sonora de uma produção indicada para o Oscar. Para consolidar sua determinação, a DreamWorks inclui os nomes de todos os colaboradores nos créditos de todos os filmes. Graças a essas políticas, o estúdio tem conseguido manter uma força de trabalho leal, com um índice de rotatividade inferior a 5%. Como explicou o responsável pelos recursos humanos da empresa, "estimulamos todos os colaboradores a atuarem como seu próprio CEO".

E essa é a questão: os *millennials* são para outros trabalhadores o que os empreendedores são para o resto do setor produtivo: a energia, a preocupação com a inovação e o impulso pela criatividade coletiva deles estão contaminando todos ao redor. Essas ideias podem ter começado no meio da multidão de *hoodies*, aqueles caras vestidos de moletons com capuz, mas cada vez mais valem para todo mundo. Você não pode vencê-los, e por isso talvez seja o caso de, você sabe, juntar-se a eles.

#aoladodeles.

— *Coloque as fotos dos filhos em cima da mesa* —

Minha certeza final, consolidada a duras penas, sobre como motivar os colaboradores, também é bastante simples em teoria, mas de difícil aplicação na prática: diga a eles que vivam a vida, ou melhor, que tenham uma vida própria e deem um bom exemplo. E, quando falo em "ter uma vida", estou me referindo a uma existência que não gire exclusivamente em torno do trabalho.

Quando trabalhava na Endeavor havia cerca de três anos, período em que era normal trabalhar sem parar, fui visitar nossa equipe em São Paulo, no Brasil, onde nossa diretora operacional era uma líder ainda mais dinâmica do que eu. Ela administrava a unidade mais eficiente de nossa rede. Comandava uma equipe qualificada e com produtividade acima da média. No primeiro dia que passei na Endeavor Brasil, reuni todos os colaboradores para dizer o quanto estava impressionada. Após o encontro, vários integrantes da equipe me puxaram de lado. "Precisamos falar com você", avisaram. "Você pode dizer à nossa gestora para, de vez em quando, dar uma pausa para o almoço? Nenhum de nós nunca sai da mesa de trabalho. Estamos assustados."

Quando voltei para a sede da Endeavor em Nova York, a primeira coisa que fiz foi marcar minhas primeiras férias em três anos. Percebi que minha equipe não parava nunca porque me viam trabalhar o tempo todo e achavam que esperava o mesmo deles. Notei a diferença em seguida, quando via as pessoas voltarem de seu descanso com ar revigorado e energizadas. Eu não tinha percebido a importância do exemplo que transmitia a eles na condição de líder.

Hoje, sempre deixo claro que preciso sair para pegar minhas filhas na escola todas as manhãs e que faço questão de estar em casa, quase todas as noites, na hora do jantar. Quando há uma apresentação de balé ou uma atividade na escola, vou assistir e nossa família agora viaja em férias com regularidade. Eu posso levantar cedo; posso mandar e-mails antes de ir para a cama, mas a prioridade está no equilíbrio da vida pessoal e profissional. E minha equipe deve fazer a mesma coisa.

Essa lição sobre a definição de limites é especialmente importante no mundo atual, em constante atividade. Em média, os norte-americanos têm direito a 14 dias de férias por ano, mas tiram apenas dez, o que resulta em quase 600 milhões de dias de férias não desfrutados a cada ano. Por outro lado, os trabalhadores franceses têm direito a 30 dias e usufruem desse direito integralmente, e ainda assim 90% deles ainda se queixam de que "o descanso deveria ser mais longo".

Pela primeira vez na minha vida vejo sinais concretos de que os americanos estão levando mais a sério a necessidade de parar. O Zulily é um site de transações on-line voltado para pais e filhos. Fundado em 2009 por Darrell Cavens, então com 40 anos e pai de dois filhos, o site cresceu e chegou a reunir mais de 800 colaboradores nos cinco primeiros anos. Cavens rapidamente aprendeu que duas coisas aliviavam a ansiedade dos integrantes da equipe: os holerites e as cadeiras (especificamente, os lugares onde as cadeiras estavam localizadas). Mas precisou de um pouco mais de tempo para constatar que uma terceira coisa também gerava ansiedade: o expediente interminável. Trabalhar aos sábados? Confere. Ignorar as férias? Confere. Envio de e-mails no meio da noite? Confere. Cavens fazia tudo isso.

Foi assim até que sua esposa resolveu dar um basta. Como escreveu na revista *Inc.*, ele finalmente percebeu que estava caminhando (e conduzindo sua equipe) para o abismo. Hoje, Cavens sai do trabalho mais cedo às sextas-feiras e no verão vai com a família para a Irlanda, terra natal de sua esposa. "Realmente passei a me sentir melhor depois que desisti de passar o fim de semana grudado no celular", contou. "Isso deixa minha mulher feliz e também foi uma coisa boa para minha equipe." Cavens prosseguiu: "Nossa responsável comercial uma vez admitiu que receber os e-mails que eu mandava no meio da noite ou no fim de semana gerava ansiedade, porque ela se sentia pressionada a responder". O esforço dele para priorizar o tempo dedicado à família não impediu o crescimento de sua empresa. A Zulily abriu o capital em 2013, com uma capitalização de mercado de US$ 5 bilhões.

Nos últimos tempos, tem crescido o debate sobre o aperfeiçoamento da relação entre a vida profissional e a vida pessoal. Por quase todos os sistemas de medição, hoje os trabalhadores valorizam as coisas que proporcionam alegria e significado. Em primeiro lugar, aparecem os amigos e a família. Especialmente os profissionais mais jovens podem gostar de estar "ligados" o tempo todo, mas também gostam de "desligar" quando querem. Dois terços dos integrantes da geração Y dizem que gostariam de ter a possibilidade de determinar seus horários de trabalho ou, ocasionalmente, trabalhar em casa. E a demanda por flexibilidade no expediente aumenta conforme as pessoas envelhecem e têm filhos. Entre os profissionais com idade entre 36 e 42 anos, 72% apontam a flexibilidade como um fator fundamental para a qualidade de vida.

Atuar em um esquema autônomo se tornou o novo símbolo de status. E isso também inclui os homens. Um estudo feito em 2013 pelo BabyCenter, principal site dedicado a quem tem ou espera um filho, descobriu que 79% dos pais estão envolvidos na rotina de colocar as crianças para dormir, 61% colocam a família antes do trabalho e 75% tentam chegar em casa para o jantar com a maior frequência possível. E esses números estão crescendo: a quantidade de homens com menos de 30 anos que dizem que ser pai é importante para eles é 20% maior do que entre os papais com mais de 40 anos.

Enquanto os pais estão saindo do armário no ambiente de trabalho e assumindo seu amor pela família, muitas vezes as mulheres ainda são obrigadas a esconder suas preocupações familiares por medo de perder espaço profissional. Em um estudo que fizemos na Endeavor, as três principais razões apontadas pelas profissionais para deixar seus cargos corporativos e iniciar suas próprias empresas eram: (1) a necessidade de mais flexibilidade; (2) as limitações "invisíveis" para sua ascensão profissional; e (3) a insatisfação com seu ambiente de trabalho. Um aspecto que elas reprovavam, acima de tudo, no emprego que estavam abandonando: as empresas faziam as profissionais que eram mães se sentir funcionárias de segunda classe.

As duas empreendedoras-gambá que fundiram suas atribuições na Clorox, Suzanne Sengelmann e Mary Jo Cook, acreditam que a disposição da empresa em oferecer horários flexíveis tem sido uma grande razão para atrair talentos do sexo feminino. "Descobrimos que tínhamos uma vantagem competitiva por permitir que as mulheres, em especial as que são mães, pudessem dar continuidade a suas carreiras, ao mesmo tempo em que passavam mais tempo com seus filhos", acredita Suzanne.

Essa conversa sobre a vantagem competitiva foi uma surpresa para mim, considerando a localização geográfica da Clorox, na *Bay Area* de São Francisco, o que a coloca em situação de competição com as empresas da internet mais badaladas. Mas Suzanne explicou que "as mulheres estavam sendo recrutadas para trabalhar nas ponto.com, consideradas opções de emprego mais criativas, atraentes, progressistas e empreendedoras, mas que insistiam em uma carga de trabalho de seis dias por semana. Conseguimos atrair os talentos ao priorizar a qualidade de vida".

Em 2012, fiz uma apresentação em uma prestigiada empresa de Wall Street. Antes da minha exposição, me pediram para moderar uma mesa redonda com 30 executivas de alta hierarquia. Essas mulheres se mostraram surpresas quando disse que, mesmo sendo empreendedora e CEO, tinha integrado totalmente a família e a agenda profissional, que minhas filhas eram presença constante no escritório da Endeavor e que com frequência fazia referência a Tybee e a Eden nos meus discursos e no comunicado anual distribuído para nossa rede. O depoimento parecia ser totalmente estranho para o cotidiano de Wall Street. A revelação mais chocante que várias dessas mulheres fizeram: não tinham coragem de expor fotografias dos filhos nos escritórios em que trabalhavam, por medo de que a medida desse a impressão de uma lealdade menor à empresa.

Colocar os colaboradores em primeiro lugar significa perceber que, acima de tudo, eles são pessoas. Esse pode ser o ponto mais importante de todos. No final da mesa redonda, uma das executivas perguntou se eu tinha algum conselho para dar. "Sim", respondi. "Coloquem as fotos dos filhos em cima da mesa!"

Até recentemente, as empresas projetavam ambientes de trabalho específicos para atender às suas necessidades e os colaboradores eram obrigados a se adaptar. Hoje, em parte por causa de uma nova geração de startups preocupada com as demandas dos colaboradores, as organizações estão começando a priorizar as necessidades de seus trabalhadores e a adaptar seus ambientes de trabalho para atendê-los. As organizações mais inteligentes estão percebendo que a liderança não é o único fator decisivo para o bom funcionamento da empresa. É preciso mais do que isso.

Estou falando do *employeeship* ("empregadorismo"). E está na hora de trazer isso para sua empresa.

CAPÍTULO 9

Cresça e apareça

Queridas Eden e Tybee,

Como vocês sabem, recentemente passei muito tempo dedicada à produção deste livro. Escrevi essa obra para qualquer pessoa que sonha em tentar algo novo. Escrevi pensando nas pessoas que estão entrando em empresas, saindo de seus empregos, tomando iniciativas ou promovendo mudanças nas organizações a partir de dentro e também para as muitas outras que nunca na vida colocarão os pés em uma organização formal. Escrevi o livro para quem quer correr riscos mas sem arriscar tudo o que tem.

Mas no fundo eu estava, secretamente, escrevendo para vocês. Queria que vocês soubessem o que tenho feito todos esses anos e o que aprendi ao longo da minha caminhada. Em especial, gostaria de prepará-las para o mundo no qual vocês logo ingressarão. E, como agora me aproximo do fim da escrita do livro, quero dedicar este capítulo final para responder diretamente a essas perguntas.

Primeiro, gostaria de contextualizar um pouco a situação. Enquanto estou sentada escrevendo essa carta em nossa casa, no Brooklyn, vocês duas estão lá embaixo, fazendo pulseiras com elásticos. Nos últimos meses, vocês duas andaram ocupadas recebendo pedidos dos amigos, organizando as peças que não foram vendidas em tubos de papel higiênico para fazê-las parecerem mais apresentáveis e tentando desenvolver um sistema promocional: uma pulseira custa US$ 1, mas quem compra duas ganha 25% de desconto. Sugeri um aumento no preço, mas vocês desaprovaram a ideia. "Nós queremos um monte de clientes", explicou Eden, "e as pessoas não vão comprar de nós se cobrarmos caro demais".

No início, vocês chamaram a "empresa" de vocês de KAO, uma abreviação de Kids Acessories Organization, mas aí decidiram que não queriam dar a ideia de que estavam interessadas no lucro e por isso mudaram o nome. Convidaram três amigas e assim nasceu a BEETS Kids Crafts (o nome BEETS nasceu na combinação das iniciais das crianças envolvidas). Em seguida, vocês desenvolveram um projeto para o site e acrescentaram uma segunda linha de produtos, marcadores de página laminados. De presente pelo nono aniversário, vocês pediram uma máquina de leitura para poderem aceitar cartões de crédito! (Aprovei a ousadia de vocês, mas quando vocês tentaram montar uma barraca para vender seus produtos no parque infantil aqui perto de casa, falei que não poderiam fazer isso sem contar com uma autorização.)

Para resumir, vocês se tornaram empreendedoras.

O timing de vocês não poderia ser melhor. Vocês estão crescendo em um mundo bastante diferente daquele em que cresceram seus avós e até mesmo seus pais. Quando seus avós tinham sua idade, em Rhode Island, Maryland e na Geórgia, o que as pessoas tinham em mente era cursar uma universidade e se manter no mesmo emprego durante os próximos cinquenta anos. Mesmo quando o pai de vocês e eu estávamos apenas começando, as pessoas falavam em seguir um plano de carreira, subir cada degrau e levar uma vida "de gado". Hoje esses caminhos não descrevem mais uma linha reta, os degraus desmoronaram e o "gado" não parece mais disposto a fazer sempre a mesma coisa. Como Tom Friedman explicou, "para minha geração foi mais fácil. Tínhamos de 'arrumar' um emprego. Nossos filhos, mais do que nunca, precisam 'inventar' um emprego". Em vez de seguir um trajeto definido pelos outros, hoje um número cada vez maior de pessoas tem a oportunidade de decidir o caminho que deseja seguir e de alterá-lo se não der certo – e voltar a mudar se achar que é o melhor a ser feito. Em vez de conceber a própria vida como uma "pista de mão única", hoje é possível encará-la como a tentativa constante de se aperfeiçoar em um conjunto de habilidades.

Ainda não temos um bom nome para essas habilidades, mas sabemos de onde elas vêm. A origem está no grupo de outsiders que se comprometem a observar o mundo de um jeito um pouco diferente e a revolucionar as formas tradicionais de fazer as coisas. Surgem de uma coleção de "Davis", para usar o termo disseminado pelo escritor Malcolm Gladwell, que conseguem derrotar alguns "Golias" em situação de fragilidade. Também vêm de pessoas que não estão vinculadas por convenções, antecedentes ou hábitos, mas se sentem unidas pelos ideais da ruptura, da adaptabilidade e da reinvenção.

Em outras palavras, surgem dos empreendedores.

O que quero dizer acima de tudo é que essas habilidades formarão a base de qualquer caminho que vocês escolham para seguir em suas vidas. Não importa se a ideia é fundar uma empresa, trabalhar para outra pessoa, entrar para o serviço público ou se engajar em uma causa (ou, como é mais provável, investir em uma combinação dessas possibilidades). Na condição de mãe de vocês, vou apoiá-las em qualquer direção que escolherem (dentro dos limites, é claro). O que importa é que vocês entendam que aceitar o mundo como ele é provavelmente levará a uma vida, digamos, bastante aceitável. Se vocês quiserem ter uma existência mais gratificante, olharão para o mundo que as cerca não como ele é, mas como ele poderia ser. E então vocês darão um ou dois passos para transformar essa imagem em realidade.

Durante a maior parte da minha vida adulta, o que equivale a mais de duas décadas, tenho ajudado alguns sonhadores a fazer exatamente isso. E consegui incorporar algumas ideias sobre como é possível aumentar as chances de sucesso. Nas próximas páginas, gostaria de compartilhar com vocês o que considero as três coisas essenciais que precisam saber para ajudar seus sonhos a virarem realidade. E, como sou a mãe de vocês, também vou lembrá-las de algo que muitos empreendedores que conheço parecem ter esquecido: encontrem tempo para desfrutar daquilo que vocês construírem com alguém que amam.

— *Primeiro passo: olhe para o mundo com lentes de arco-íris* —

Um grande número de pessoas dirá que o primeiro passo para começar algo novo consiste em ter uma ideia, mas não concordo. Para mim, o movimento inicial ocorre bem antes. Começa com a decisão de olhar para o mundo com lentes de cores do arco-íris. O arco-íris, como sabemos, é uma refração da luz solar por meio da chuva. Quando a luz vem do Sol ela é branca, mas ao encontrar os pingos da chuva ela se dispersa em um espectro. Você lembra quais são as cores que formam o arco-íris? Vermelho, laranja, amarelo, verde, azul, anil e violeta (em inglês, vale a sigla mnemônica ROY G. BIV, formada pelas iniciais das palavras *red*, *orange*, *yellow*, *green*, *blue*, *indigo* e *violet*).

Um empreendedor pode ser comparado à gota de chuva submetida a um feixe de luz: recebe algo que parece ser de uma maneira e a transforma em alguma coisa totalmente nova, algo que torna o mundo ao seu redor bem mais belo e que causa a admiração das pessoas.

Ultimamente, minha história favorita é uma que vocês me mostraram — e que, claro, inclui um arco-íris.

Durante o dia, Cheong Choon Ng se dedicava a bater carros. Engenheiro de testes da Nissan, Ng passava horas arremessando os veículos contra superfícies duras: paredes, barreiras de concreto, outros carros. À noite, o imigrante da Malásia formado em engenharia mecânica tentava se relacionar com suas duas filhas adolescentes, uma tarefa difícil para ele. Uma noite, as meninas estavam fazendo pulseiras com pequenos elásticos e Ng pensou que poderia usar sua experiência em design para impressionar as duas, mas seus dedos eram muito rechonchudos. Então, ele pegou uma placa de madeira no porão de sua casa em Detroit, fixou alguns pregos bem finos e usou um "gancho" de dentista para entrelaçar os elásticos. O resultado foi uma sequência longa e colorida, parecida com uma corrente de bicicleta, só que mais fina e mais flexível. Para transformar a fileira entrelaçada em pulseiras, Ng criou uns prendedores recortando cartões plásticos, como os de crédito.

Suas filhas ficaram impressionadas e logo as filhas dos vizinhos também. As meninas pediram para começar a vender a criação, mas a esposa de Ng decretou: "De jeito nenhum!". O casal havia poupado a quantia de US$ 11 mil para garantir a educação das filhas e ela queria preservar as economias. Mas Ng usou seu invento para confeccionar um anel (lindo!) para sua esposa e ela acabou concordando. Ng gastou US$ 1 mil para patentear a invenção, US$ 5 mil para bancar a produção na China e US$ 5 mil para comprar um estoque de elásticos coloridos. Chamou sua criação de Rainbow Loom.

Mas, no verão de 2011, assim que os pedidos começaram a chegar, o especialista em acidente deu de cara com seu próprio muro. Os elásticos vieram cobertos de poeira e Ng precisou lavá-los, primeiro em sua banheira e depois na máquina de lavar roupas. Os instrumentos dentários em forma de gancho vieram com a curva errada e ele passou horas consertando um por um com um martelo. Houve dias bons e dias ruins, falou ele à revista *Entrepreneur*. "Mas, na maioria das vezes, eram dias ruins." Não demorou para que as coisas piorassem. Os varejistas não demonstraram interesse em comprar aquele tear de aparência esquisita e as vendas pela internet foram um fracasso. Então, o empreendedor descobriu o motivo: ninguém sabia como usar aquilo. Para resolver o problema, Ng e suas filhas postaram no YouTube uma série de vídeos explicativos.

Finalmente, o telefone tocou: a proprietária de uma franquia da Learning Express de Alpharetta, na Geórgia, queria 24 teares. Dois dias depois, ela voltou a ligar e encomendou mais 48 unidades. Uma semana depois, fez um pedido no valor de US$ 10 mil. Ng disse: "Minha esposa e eu ficamos olhando para o computador quando os pedidos chegaram. Ficamos observando imóveis por uns três minutos". Um ano depois que ele confeccionou o anel para a esposa, o casal havia recuperado o valor da poupança destinada à educação de suas filhas.

A proprietária da Learning Express contou a novidade para 130 colegas franqueados. A loja de artesanato Michaels logo entrou na onda e, no verão de 2012, o Rainbow Loom tinha se tornado uma febre entre as meninas nos acampamentos de férias. Um varejista comentou que "a última vez que os pais ficaram tão desesperados por um brinquedo foi na época dos Beanie Babies". Ng pediu demissão de seu emprego como testador de carros e passou a trabalhar em tempo integral na Rainbow Loom, assim como sua esposa. Finalmente, alugaram um galpão com uma área de quase sete mil metros quadrados. Em 2013, a empresa vendeu 3,5 milhões de unidades a um preço de varejo de US$ 16,99. E vocês, meninas, contribuíram para isso: cada uma de vocês tem seu tear, além de terem dado e recebido mais de uma dúzia deles de presente. O pai de vocês e eu gostamos da ideia porque as pulseiras de elástico são criativas e facilitam a socialização, além de ajudar a manter vocês duas longe dos equipamentos eletrônicos. E, o que é melhor ainda, a visão empreendedora da família Ng inspirou o espírito empreendedor de vocês duas.

De sua parte, Ng disse que estava impressionado com o fato de sua criação ter conquistado toda uma geração. "Ainda acordo todas as manhãs e me pergunto se tudo isso é real." A resposta do empreendedor: "É real e também um sonho que se transformou em realidade".

Algumas vezes, ver as coisas de forma diferente conduz à criação de um empreendimento, como foi o caso de Ng. Outras vezes, a postura ajuda a identificar algo que já vem sendo feito do mesmo jeito há muito tempo e modificá-lo radicalmente.

Uma das cantoras favoritas de vocês, Beyoncé, é um grande exemplo de como todos, mesmo aqueles que já estão no topo, precisam correr riscos nos dias atuais. As estrelas pop em geral lançam discos com *playbooks* padrão. Inundam as rádios com um hit, posam para capas de revistas, aparecem em programas de entrevista na televisão e fazem parcerias com grandes varejistas. Esse movimento previsível também vem acompanhado de um lado negativo: vazamentos, cópias ilegais e pirataria digital. Beyoncé não fez nenhuma dessas coisas óbvias (e não precisou enfrentar nenhuma dessas desvantagens). Em vez disso, dez dias antes do Natal, um pouco antes da meia-noite, ela simplesmente escreveu "Surpresa!" em uma mensagem para seus mais de oito milhões de seguidores no

Instagram. Na mesma hora, todo o seu "disco visual", com 14 músicas e 17 vídeos, foi disponibilizado no iTunes para quem quisesse comprar.

    A manobra transformou o lançamento em um evento. A notícia gerou 1,2 milhões de *tweets* em 12 horas, graças à ajuda de artistas que, como Lady Gaga, estavam ansiosos para minar ainda mais a mídia convencional. Katy Perry tuitou: "Não converse comigo hoje, a menos que o assunto seja @Beyoncé". Ter o disco virou um símbolo de status. Um jornalista escreveu: "Eu gosto da Beyoncé, mas ela não é minha artista favorita. Provavelmente, poderia ter feito outro uso dos US$ 15 que gastei nisso, mas como a disponibilidade do disco foi uma surpresa, acabou se tornando uma compra por impulso". E a jogada publicitária garantia que não haveria mais nenhuma propaganda sobre o disco. Como um fã tuitou, "Beyoncé não precisa de publicidade. A publicidade é que precisa dela".

    A iniciativa não daria certo para todos os artistas, mas a questão não é essa. A questão é que, ao abraçar o risco avaliado, a cantora inverteu o longo declínio nas vendas de discos (incluindo os dela) e criou uma coisa rara: um momento da cultura pop. Sua criação empreendedora foi uma nova maneira de fazer as coisas. "Eu não queria apresentar minha música do jeito como já havia feito", falou ela. "Isso já cansou."

    E ela conseguiu, com grande sucesso. O disco ficou em primeiro lugar nas vendas em 90 países. Nas primeiras três horas, foram vendidos 80 mil exemplares, o suficiente para superar o iTunes. No primeiro dia, foram vendidas 430 mil cópias, mais do que as vendas da primeira semana, dois anos antes. Em uma semana, o total de vendas chegou a um milhão. Um DJ disse: "É um clássico instantâneo, um divisor de águas". Ele estava certo. Os empreendedores não refletem o mundo, mas o transformam de acordo com sua imagem.

    Essa é a mensagem que quero deixar para vocês. O primeiro passo para agir como um empreendedor é não olhar para o que está escrito na parede, mas para os espaços entre as palavras. O sucesso do empreendedor está no vazio que existe entre o que se diz (ou se realiza) e o que não é dito nem feito por ninguém. Costica Bradatan, filósofo e autor do livro *Dying for Ideas*, escreveu que há sempre um vazio entre o que somos e o que podemos ser. "Sejam quais forem as realizações humanas ocorridas na história, elas têm sido possíveis justamente por causa desse espaço vazio", garante.

Desejo que vocês, minhas meninas, tenham a capacidade de enxergar essas brechas e o desejo de preencher os espaços vazios.

Mas também preciso avisá-las: isso trará consequências, pois muitas pessoas não conseguem entender isso. Algumas podem até chamá-las de loucas. E vocês sabem o que quero dizer: se *ninguém* disser que enlouqueceram, não estão pensando grande o bastante.

Se vocês não querem ouvir essa lição contada por mim, então escutem a experiência de Katrina Markoff. Depois de se formar em psicologia e em química na Vanderbilt University, Markoff viajou para a Europa com a finalidade de concretizar seu amor pela culinária. Estudou na escola Le Cordon Bleu e trabalhou com gastronomia molecular no restaurante El Bulli, de Ferran Adrià. O famoso chef a estimulou a pegar uma mochila e descobrir o mundo. Durante as viagens de Markoff, duas coisas aconteceram. Em primeiro lugar, ela comeu uma *beignet* recheada de *ganache* de chocolate. "A experiência de saborear aquela casca consistente, tipo um *donut*, e depois de morder sentir a explosão de chocolate derretido, começou a despertar minha curiosidade sobre o chocolate", contou ela. Outra consequência foi que Katrina encheu a mala de especiarias exóticas.

De volta aos Estados Unidos, Markoff se mudou para Dallas e foi trabalhar no catálogo de pedidos por correspondência de seu tio. O tio pediu que Katrina encontrasse uma barra de chocolate diferenciada, e ela percebeu que havia pouca inovação acontecendo no mundo do chocolate. O mercado mundial era enorme: US$ 100 bilhões, com 20% das vendas ocorridas nos Estados Unidos e, em geral, por mulheres (e, se o assunto for chocolate meio amargo, eu me incluo entre as consumidoras!). Mas Markoff achou que "tudo era uma combinação de açúcares, aromatizantes artificiais, extratos e cera, sem nenhuma história".

Uma noite, ela voltou para casa com um colar da tribo *naga*, da Índia. "Eu estava pesquisando um pouco sobre a cultura deles", contou. "Aí, por algum motivo, fui para minha cozinha e preparei um *curry* e um chocolate trufado com leite de coco, que chamei de Naga. Foi quando tive a ideia de que era possível usar o chocolate para contar histórias sobre culturas, arte, pessoas e o mundo."

Naquela noite, Markoff preparou 20 combinações diferentes, todas baseadas em reminiscências de suas viagens: açafrão com chocolate branco e cristais de açúcar, em referência à obra-prima arquitetônica de Gaudí, em Barcelona; uma páprica húngara e gengibre com chocolate... Mas Katrina não conseguia encontrar quem partilhasse desse seu gosto peculiar. "Em 1997, Dallas ainda era uma cidade de preferências culinárias básicas", falou, "e as pessoas costumavam dizer 'não gosto dessas coisas como *curry*'." Mas um dia ela encontrou uma mulher disposta a provar sua variedade inspirada nos sushis: chocolate com *wasabi*. "Ela deu uma mordida e a expressão dela passou de desgosto e preocupação para espanto e surpresa, antes de dizer 'meu Deus, como isso é bom!'."

Aquele sinal de incentivo valeu seu peso em cacau. Markoff inaugurou a primeira loja em Chicago em 1998 e hoje comercializa seus chocolates em dois mil pontos de venda em todo o mundo. A marca fatura mais de US$ 35 milhões por ano. Além dos sabores iniciais de *curry*, açafrão, páprica e *wasabi*, a seleta marca Vosges Haut-Chocolat inclui ainda ingredientes inesperados, como azeitonas, *wattleseed* (*Acacia victoriae*), sal do Himalaia e bacon. Katrina lançou uma linha chamada Groove Collection, com influências da música afro-americana, e outra inspirada no filme *Jogos Vorazes*. Também desenvolveu uma marca com sabores genuinamente americanos, mais voltada para o mercado de massa e chamada de Wild Ophelia, com barras de chocolates vendidas a US$ 4. Com sabores clássicos do país, como *beef jerky* (carne seca), batata frita sabor churrasco e manteiga de amendoim com banana, essa linha pode ser encontrada nas prateleiras de estabelecimentos como o Target e o Walgreens.

Para mim, o que Markoff representa é a ousadia de quem empreende. Sobre suas combinações de sabores excêntricos e a busca de bons ingredientes, ela explicou: "Nada é totalmente sagrado para mim. Se encontrar um fornecedor de *wattleseed* com qualidade superior à que consigo obter na Austrália, compro dele com prazer. Eu tento inovar o tempo todo. Quero evoluir. A receita que preparo hoje provavelmente não será a mesma daqui a uma década".

Esta determinação é importante sobretudo para as mulheres, acredita Markoff. "Acho que é muito importante que as mulheres confiem em sua individualidade e não se conformem em ser alguém que acham que precisam ser". Meninas, eu adoraria que vocês seguissem esse conselho.

Mas, acima de tudo, o que quero que aprendam é a coragem de tirar os sonhos de vocês de dentro da cabeça e colocá-los à prova no mundo real. Não se limitem a imaginar, mas partam para a ação. Essa ideia pode ser traduzida melhor com uma canção que nós costumávamos cantar na nossa casa. Vem da história definitiva sobre o chocolate: *A Fantástica Fábrica de Chocolate*. Trata-se do tema de Willy Wonka, *Pure Imagination*. "Venha comigo", canta ele, para a terra da pura imaginação. Não existe vida melhor do que a que você pode imaginar. "Quer mudar o mundo?", pergunta ele. "Nada o impede." Basta olhar ao redor e imaginar uma vida melhor.

Como disse Willy Wonka, "seja o que for que você queira fazer, faça".

— *Segundo passo: seguir em frente* —

A segunda habilidade essencial para promover a mudança no mundo vai testar a criatividade – além da sanidade, paciência e determinação – de vocês. Está relacionada com a forma como as pessoas tratam seu sonho para torná-lo o mais real possível. Isso pode significar transformar uma pequena produção de acessórios em uma plataforma de venda presente em todo o mundo ou se dedicar ao cultivo de aspargos orgânicos (se você gosta de comer aspargos), ou reformar a associação de pais e mestres, compor música experimental ou ainda desenvolver um medicamento contra o câncer. Seja qual for o seu sonho, "investir para valer" significa ir até o fim.

Para fazer isso, você precisa de uma coisa: de outros sonhadores com quem compartir seu projeto.

Passei anos ajudando gente disposta a correr risco de pensar grande e, pelo que vi, o maior erro que cometem é não aprender como trabalhar com os outros de maneira eficaz, a fim de refinar suas ideias, adaptá-las, recuperá-las depois que elas despencam no chão, erguê-las bem alto para que possam se elevar novamente e então deixar que o sucesso ilumine todos os que se aproximam.

Os sonhadores são bons para se automotivar, mas nem sempre tão eficientes na hora de incentivar os outros. Sei disso porque tive de aprender essa lição. E o que acabei acreditando é que, no tempo em que vivemos, em que o empreendedorismo está por toda parte, começa a surgir um novo tipo de liderança. Quando comecei, tinha interiorizado uma noção antiquada do que significava estar no comando: os líderes são pessoas fortes, estáveis e dominantes. Hoje, minha percepção mudou. Em vez de serem invencíveis, os líderes são pessoas abertas e às vezes até vulneráveis. Em vez de rígidos, são ágeis. Em vez de comandar a partir do alto, os líderes incentivam a criatividade e influenciam os fluxos no sentido de baixo para cima.

Vocês já viram os frutos dessa mudança em sua vida. Quando vocês nasceram, ganharam de presente um carrinho de puxar da Radio Flyer. No primeiro aniversário, colocamos o brinquedo no meio da mesa da sala de jantar e enchemos de flores, fraldas, livros infantis e fotos. Mais tarde, vocês descobriram a alça dele e começaram a puxar o carrinho pela casa. Vocês adoravam aquele brinquedo incrivelmente durável, mas a empresa que o fabricou quase não resistiu. A sobrevivência da marca constitui um exemplo maravilhoso de como prosperar na era da reinvenção: transformando seu sonho em um esforço de equipe.

Antonio Pasin tinha 16 anos quando se mudou da Itália para os Estados Unidos, em 1914. Filho de marceneiro, o jovem montou um negócio semelhante em Chicago, mas os clientes demonstravam mais interesse pelos carrinhos de madeira que ele tinha construído para transportar suas ferramentas. As pessoas queriam modelos como aquele para oferecer como brinquedo para seus filhos. Assim, como todo bom empreendedor, Pasin soube se adaptar. A atividade automobilística estava crescendo naquele momento e ele aproveitou algumas sucatas de metal, então bastante abundantes, para construir um carrinho metálico. Deu à marca o nome Radio Flyer, por causa de duas invenções então recentes, o rádio e os aviões. Impulsionada pela Exposição Universal de Chicago, em 1933, a Radio Flyers se tornou uma presença obrigatória nos lares americanos. Quando Robert, neto de Pasin, assumiu a empresa em 1997, a venda dos carrinhos se aproximava da marca dos cem milhões de unidades.

Mas a empresa também enfrentou um momento de séria ameaça quando modelos similares feitos de plástico (e mais baratos) começaram a dominar o mercado, substituindo os antepassados confeccionados com metal. A Radio Flyers tinha se tornado um item de saudade, tanto quanto as radionovelas transmitidas aos sábados à tarde e as asas da Pan Am. Robert disse: "Éramos fabricantes, carimbadores do aço, era nisso que éramos bons. Nós não perguntávamos para as mamães o que elas achavam que poderia ser mudado nos carrinhos".

Esse foi o teste de liderança que Robert precisou enfrentar: ele poderia reorganizar a empresa e sobreviver ou permanecer no passado e desaparecer. A escolha dele foi instrutiva. Em primeiro lugar, reuniu toda a equipe e explicou a situação. Deixou clara a gravidade dos fatos, mas também ofereceu tranquilidade, dizendo: "Vamos continuar tratando as pessoas da melhor maneira possível". Em seguida, todos na empresa participaram de uma avaliação que se prolongou por um ano. O processo resultou na decisão de fabricar carrinhos de plástico e, finalmente, descontinuar a produção dos modelos metálicos. E, o que foi ainda mais vital, levou à reavaliação da cultura da empresa.

Quando conheci Robert quase uma década depois, a Radio Flyer estava prosperando. Robert era conhecido como *"chief wagon officer"* e havia criado "esquadrões de sorriso" para organizar eventos, envolvendo esforços voluntários por toda a empresa. Os colaboradores podiam indicar colegas para o Little Red Rule Awards por defenderem o lema da empresa: "Toda vez que afetamos a vida das pessoas, elas passam a adorar a Radio Flyer". Aulas internas, chamadas de Wagon U, informavam sobre o mundo dos negócios. O próprio Robert ministrava um curso chamado "reinventando a Radio Flyer por meio dos erros, do crescimento e da gratidão".

Ao decidir se aproximar dos outros, ao invés de recuar, Robert recuperou a centenária empresa. As vendas quintuplicaram e chegaram a US$ 100 milhões, e a Radio Flyer foi apontada em décimo terceiro lugar no ranking "As 50 melhores empresas de pequeno porte para trabalhar", elaborado pela revista *Fortune*. (Ele também começou a ouvir as mamães. Sabem o carrinho que usamos na festa de aniversário de vocês? Robert mandou a pergunta para mim e pediu feedback. Sugeri um modelo que pudesse acomodar mais de uma criança, para que não precisassem se revezar nos passeios pela casa. No ano seguinte, ele enviou um carrinho para gêmeos chamado Double Love.)

A lição da Radio Flyer sobre a necessidade de envolver ativamente os colaboradores e os clientes vale para todos os empreendedores, não importa se você está administrando uma pequena empresa, reformando um abrigo para moradores de rua ou imprimindo convites no porão de sua casa. E também se aplica para quem atua em uma grande organização, já que algumas das ideias empreendedoras mais ousadas da atualidade vieram de dentro das corporações. E, para obter sucesso, elas também precisam conquistar a adesão do grupo.

Em 2009, três anos antes das comemorações dos cinquenta anos de atividade da Taco Bell, o CEO Greg Creed estava preocupado. "Nosso público-alvo está na faixa dos 20 anos", relatou à revista *Fast Company*. "Fazer 50 anos nos faz parecer velhos e não queremos essa imagem". Ele não desejava festa ou um bolo, explicou para a equipe. Ele queria um taco novo.

Os tacos, especialidade da cozinha mexicana feitos com uma "casca" de milho recheada com carne moída, alface, tomate e queijo, eram simples, porém ultrapassados. Creed falou: "Se você observar todos os pães que os caras do hambúrguer vendem e o pão do Subway, vai ver que toda hora aparecem com algo novo. Mas o taco crocante era sempre amarelo e feito de milho. Nós vendemos alguns bilhões de unidades, mas nunca houve inovação".

O desafio de Creed era parecido com o de Robert Pasin: reinventar algo que a maioria das pessoas achava que não precisava de renovação. E ele seguiu o mesmo caminho: reuniu sua equipe e pediu uma abordagem coletiva. Creed deu aos colaboradores um prazo de pouco menos de 36 meses para reinventar o taco. O grupo começou com uma sessão de brainstorming de um dia de duração na sede da empresa em Irvine, na Califórnia. Entre as ideias, surgiu a proposta de importação de ingredientes para burritos e nachos. Mas a sugestão mais estranha foi a que causou a mudança: fazer uma "casca" de taco com Doritos. O diretor de marketing da empresa contou que "Foi algo do tipo, 'Caramba!' Ninguém fez isso antes: transformar um Dorito em uma casca de taco".

Só que colocar essa ideia na prática se revelou um pesadelo. Problema número um: chegar ao sabor da nova casca. A primeira coisa que os integrantes da equipe fizeram foi ir até a loja Home Depot e comprar um compressor de tinta, usado para pulverizar o corante laranja sobre o tom amarelo característico dos tacos. Logo notaram que não iria funcionar, porque o resultado seria uma nuvem de queijo e nachos por toda a fábrica. O sabor teria de estar presente durante a produção do taco. Problema número dois: os Doritos são feitos para serem crocantes e os tacos para serem maleáveis. Os primeiros protótipos eram muito frágeis, encharcados e com sabor heterogêneo. Problema número três: o que o público iria achar? O primeiro teste de degustação com os consumidores fracassou. A equipe voltou ao trabalho e, em seguida, promoveu outra rodada para a qual convidou apreciadores e blogueiros, entre eles um homem do Arkansas que havia começado uma campanha on-line pedindo tacos feitos de Doritos. Dessa vez, a reação foi mais animadora. Finalmente, depois de 40 receitas, a empresa lançou um protótipo. Os clientes adoraram. Um viciado em Taco Bell dirigiu quase 1.500 quilômetros entre Nova York e Toledo, em Ohio, para provar a novidade.

A empresa estava ansiosa para lançar a inovação, não fosse o problema número quatro: não havia nenhum contrato formal com a detentora da marca Doritos, a Frito-Lay. A negociação levaria meses, mas aí Creed convidou o CEO da empresa para vir ao seu escritório.

O líder da Taco Bell disse: "Nós dois percebemos que, se deixássemos os advogados se envolverem, esse processo iria patinar e demorar muito. Então fizemos um acordo de cavalheiros. Todo mundo dizia, 'Você não pode lançar o produto sem um contrato'. E nós dizíamos, 'Esperem e verão'".

O Doritos Locos Tacos chegou às prateleiras dos supermercados no início de 2012. A empresa vendeu 100 milhões de unidades antes da assinatura do contrato com a Frito-Lay. O produto deu tão certo que a Taco Bell teve de contratar 15 mil colaboradores novos para atender a demanda – duas ou três pessoas adicionais por loja. No ano seguinte, a empresa lançou um segundo sabor, o Cool Ranch. Naquele ano, a receita da linha Doritos chegou a US$ 1 bilhão, com mais produtos no caminho, incluindo um burrito com Fritos. Como a Taco Bell mostrou, às vezes o segredo para fazer um grande avanço não está em pensar "fora da caixa", mas sim em trazer mais gente para "dentro da caixa" e deixá-las pensar e resolver os problemas em conjunto.

Na escola, vocês aprenderam sobre a segurança proporcionada pelo grupo. Quando eu perguntei o que isso significava para vocês, Tybee respondeu: "Quando você tem mais pessoas ao seu lado, como uma revolução ou uma ideia nova como a BEETS Kids Crafts, você tem mais chances de acertar". Boa definição.

Querem acertar? Não façam as coisas sozinhas, mas com outras pessoas.

– *Terceiro passo: volte para casa* –

Agora, a lição mais importante de todas: vão para casa. Arrumem tempo para aqueles que vocês amam.

A coisa mais fácil de pensar sobre a vida de empreendedor é que essas habilidades se aplicam apenas a um aspecto da sua vida: o seu trabalho. Isso é um erro. Da mesma forma como os empreendedores estão redefinindo muitas das regras tradicionais vigentes nos locais de trabalho, também estão ajudando a demolir uma das fronteiras mais difíceis: a relação entre o trabalho e a família. Embora seja comum ouvir que é preciso escolher entre uma carreira de sucesso ou uma vida pessoal equilibrada, gostaria de sugerir que vocês almejem as duas coisas.

Nem sempre acreditei nisso, mas vocês, meninas, me ensinaram essa lição. Hoje, esse é um dos aspectos que mais enfatizo para nossos empreendedores. Para defender meu ponto de vista, costumo usar uma adaptação de uma frase conhecida.

No início de 1990, uma pequena empresa no sul da Califórnia especializada em peças de motocicleta começou a fazer escapamentos de grandes dimensões chamados Porkers Pipes. Para enfatizar a potência do produto, o criador da embalagem sugeriu o slogan "Tudo ou nada". Mais tarde, ele escreveu: "Todo mundo, a começar pelo dono da empresa, fazia a mesma pergunta, 'O que isso significa?' E minha resposta era: 'Não significa nada'". Mas a frase sem sentido entrou na cultura dos carros modificados da Califórnia e depois saltou para o universo dos esportes radicais. Em seguida, passou a simbolizar a empáfia de uma nova geração. (O trabalho do designer, a propósito, foi como o da mulher que ganhou apenas US$ 35 para projetar o símbolo da Nike. O criador recebeu meros US$ 50 pela criação de um slogan que representaria toda uma cultura.)

Durante anos, transmiti essa mensagem para os empresários e tentei adotá-la também. Não importava o que acontecia, forçava a barra e ia com mais velocidade e mais barulho. "Tudo ou nada!", bradava. Eu parecia um skatista de *X Games*, viciado na emoção da aventura. De vez em quando hesitava, como aconteceu quando a Endeavor tentou se expandir para a Índia e encontramos resistência. Aí recorri à filosofia do "tudo ou nada" e desistimos. Mas, em geral, só conhecia uma direção: rumo ao céu.

Até que, uma vez, estava em uma viagem de trabalho para Austin, no Texas, e telefonei para o pai de vocês. "Acho que comi uma guacamole estragada", contei. "Vomitei duas vezes esta noite." Bem, a causa dos enjoos não era a guacamole, mas vocês duas! Algumas semanas depois, o pai de vocês e eu fomos a uma consulta com um médico e ficamos sabendo que seríamos pais de gêmeos idênticos. Ficamos emocionados, mas tivemos pouco tempo para reagir. No dia seguinte, embarquei em um voo com 17 horas de duração rumo à África do Sul. Alguns meses depois, meu médico me mandou fazer repouso absoluto. "Nem pense em levantar daí!", berrava o pai de vocês enquanto eu me acomodava na nossa sala de estar, com dois bebês na minha barriga e dois telefones nos ouvidos. Fiquei assim até que vocês chegaram, com 38 semanas e mais de 2,7 quilos cada uma.

Foi quando comecei a perceber que precisaria de um novo lema. Não podia escolher entre meu trabalho e minha família, mas também não podia desistir de nenhum deles. Precisava encontrar uma maneira de fazer as duas coisas.

No livro *Empresas Feitas para Vencer*, Jim Collins e Jerry Porras dizem que as organizações bem-sucedidas não se deixam oprimir pelo que a dupla chama de "tirania do OU". Collins e Porras dão alguns exemplos dessa tirania:

Você pode ter mudança OU estabilidade.
Você pode ter baixo custo OU alta qualidade.
Você pode investir para o futuro OU aproveitar a curto prazo.
Você pode gerar riqueza para os acionistas OU fazer o bem para o mundo.

Em vez disso, as empresas altamente visionárias se libertam com o "Gênio do E", ou a capacidade de abraçar dois extremos ao mesmo tempo. "Em vez de escolher entre A ou B", explicam Collins e Porras, "elas acham um caminho para ficar com os dois".

Acredito que os empreendedores têm capacidade de fazer a mesma coisa em sua vida como um todo. É uma das maneiras pelas quais acabam orientando a sociedade em geral. Em vez de escolher entre a carreira OU a família, podem escolher a carreira E a família. Em vez de almejar o equilíbrio entre trabalho e vida pessoal, podem lutar pela integração entre as duas esferas.

Em vez de escolher entre seguir em frente OU ir para casa, podem escolher ficar com as duas coisas.

Só que não estou me iludindo. Sei que a vida é cheia de *trade-offs*.

Sei que tenho faltado a eventos profissionais importantes para estar em casa, ajudando vocês com a lição de casa. Também sei que há momentos em que queria ter certeza de que vocês estavam escovando os dentes, mas fiquei entretida com o *smartphone*. (E vocês também sabem disso, pois uma de suas provocações favoritas é cantar uma música que diz "Mamãe! Mamãe! Mamãe e seus e-mails!".) E também sei que tenho muita sorte sempre que saio para uma viagem que leva um dia e meio só para chegar em Dubai e lembro que o pai de vocês trabalha em casa.

Não sou perfeita, mas acredito que um dos benefícios de ser um empreendedor é que isso força as pessoas a olharem para todos os aspectos de sua vida como laboratórios para uma possível reinvenção. É preciso tentar o tempo todo. E, se cometer um erro, será preciso tentar com mais dedicação ainda.

Isso é ainda mais verdadeiro nos dias de hoje, quando a tecnologia abriu formas novas e inimagináveis de utilizar o tempo, delegar, compartilhar e reordenar as coisas. Cada vez mais, vejo mães e pais agendando reuniões para o início da manhã ou trabalhando tarde da noite para poder estar mais presentes com seus filhos durante o dia. Acho que a flexibilidade de horário, o trabalho em casa e os períodos sabáticos são meios para que as pessoas sigam suas carreiras, ao mesmo tempo em que passam mais horas com seus filhos. Vejo pessoas desistindo de empregos confortáveis nas corporações para começar empreendimentos arriscados, porque já não estão dispostas a trabalhar com base nos relógios de ponto. Vejo o "gênio do E" ganhando força por todos os lados.

Algumas pessoas vão dizer que você não pode ir muito longe porque é mulher, mas preciso dizer que estão erradas. As mulheres sempre foram empreendedoras – e sempre serão. Elas também são filhas, irmãs, esposas, tias, mães e avós. Esqueçam essa noção de que vocês têm de "equilibrar" esses aspectos concorrentes, pois essa abordagem sugere um arranjo baseado na divisão meio a meio, na qual, inevitavelmente, vocês não fazem nada direito.

No mundo do "Seguir em frente E voltar para casa", vocês têm a oportunidade de gerenciar as duas partes da melhor maneira possível.

Felizmente, algumas pessoas já abriram alguns caminhos. Tina Fey, atriz, comediante, autora, produtora e mãe, escreveu um livro chamado *A Poderosa Chefona*, no qual explora a questão de como as mães que trabalham podem sobreviver em um local de trabalho dominado pela cultura machista. Ela defende com garra a ideia de que as mulheres podem ocupar papéis importantes. Quando se tornou produtora executiva da série *30 Rock*, Fey escreveu, as pessoas costumavam perguntar para ela, "É difícil para você ser a líder?" e "Você acha desconfortável ser a responsável por tudo?". Fey acrescentou, com honestidade: "Sabe, da mesma maneira como eles dizem, 'Meu Deus, senhor Trump, é estranho ser o líder de todas essas pessoas?'". A resposta de Fey: "Eu não posso responder pelo senhor Trump, mas no que se refere a mim, não acho nada estranho".

O segredo para ser um bom gestor, continuou, está em contratar as melhores pessoas e sair do caminho. "Ao contrário do que acreditava quando era uma garotinha, ser o gestor quase nunca envolve ficar dando voltas, movendo os braços e gritando: "Eu sou o líder! Eu sou o líder!".

Mas o que mais me tocou naquilo que Fey compartilhou foram os esforços imensos que fez para ser bem-sucedida no trabalho e em sua vida pessoal. Quando o programa dela estreou, enfrentou muitas dúvidas. "Eu tinha uma criança de oito meses em casa", contou, "e não tinha certeza de que o novo emprego de 70 horas por semana seria, como dizem alguns políticos infelizes, 'pelo melhor interesse da minha família na conjuntura atual e neste momento'." Então ela fez alguns ajustes. Tomava o café da manhã com a filha, gravava durante o dia, passava a noite com ela e, em seguida, convidava a equipe de redação para ir até sua casa e trabalhar até às duas da manhã, enquanto o marido ficava por perto escrevendo o roteiro do programa. Algumas vezes, Fey desaparecia na cozinha e desabava.

Ela escreveu: "É claro que não tenho de admitir que existem crises periódicas no meu escritório, porque seria ruim para a causa feminista. Isso tornaria ainda mais difícil fazer com que as mulheres sejam levadas a sério no trabalho. Dificultaria ainda mais para as outras mães que trabalham, na hora de justificar sua escolha". Mas ela também tinha amigas que ficavam em casa com seus filhos – e que também viviam crises periódicas. "Então, acho que dá para dizer que há um empate." A conclusão da artista: ela não quer desistir de seu trabalho e não quer abrir mão de sua família; precisa encontrar uma maneira de ter os dois (uma coisa E outra).

Nos dias atuais, um número crescente de homens começa a perceber que eles também querem os dois mundos. O estilista Kenneth Cole é casado com a cineasta Maria Cuomo e o casal tem três filhas. Um dia, Cole estava trabalhando no escritório de sua casa quando sua filha mais nova, então com 8 anos, chegou da escola.

"O que você está fazendo", a menina perguntou.

"Estou trabalhando", ele respondeu.

"Quem manda você trabalhar?"

"Bem, eu mesmo faço isso, porque tenho de terminar o trabalho."

"Mas você não é o chefe?", ela quis saber.

"Sim, e é por isso que eu dou o trabalho para mim mesmo e é por isso que tenho de me certificar de que ele foi feito."

A menina foi brincar, mas no dia seguinte, exatamente na mesma hora, entrou novamente no escritório do pai. "O que você está fazendo?", perguntou. "Quem manda você trabalhar?." Os dois tiveram a mesma conversa, repetida outra vez dois dias depois.

Após um tempo não muito longo, Cole contou o episódio para um amigo. "Ela é uma menina inteligente, mas simplesmente não entende", explicou.

O amigo corrigiu: "Ou quem não entende é *você*. Ela passou uma semana tentando ensinar uma lição e, está claro, você ainda não conseguiu aprender".

Quando você é um empreendedor, Cole concluiu, é especialmente importante fugir da tentação de trabalhar o tempo todo. "Aprendi que não posso vencer durante as 24 horas do dia", revelou. "Aprendi que a vida consiste em encontrar um meio-termo em relação às demandas do trabalho." Acima de tudo, aprendeu a não valorizar o trabalho mais do que a família. E é disso que quero que vocês duas se lembrem.

Felizmente, foram vocês que me ensinaram isso. Um dia, quando vocês tinham 5 anos, eu tinha acabado de arrumar a mala e me preparava para partir em uma viagem de trabalho. Quando o táxi chegou, Eden puxou minha perna e disse: "Lembre-se, você pode ser uma empreendedora por um tempo, mas será *mãe* para sempre".

Eu não poderia dizer nada melhor. Invistam para valer se vocês escolherem viver assim, meninas. Mas não se esqueçam de voltar para casa (e de virem visitar seus pais de vez em quando).

— *Basta querer* —

Há quase duas décadas eu me aventurei pelo mundo em busca de sonhadores que precisassem de ajuda para fazer seus sonhos se tornarem realidade. No meio do caminho, conheci uma mulher chamada Leila. Ela havia sido preparada para vender hambúrgueres em um McDonald's no Brasil, mas queria ajudar seus vizinhos da favela carioca onde havia nascido. Queria que se sentissem melhor com o cabelo que tinham.

A primeira vez que a encontrei, ela falava com suavidade e era tímida e insegura em relação ao mundo ao seu redor. Parecia que ia desmontar. Mas, depois de todos os obstáculos que venceu, de tantas pessoas que empregou e de cada etapa que superou, Leila acumulou força. Hoje, ela comanda uma empresa de atuação internacional que produz uma receita anual de quase US$ 100 milhões, gera empregos para mais de 230 pessoas e funciona como um modelo para muitos outros empreendedores.

Vi Leila há pouco tempo. Estava bonita e parecia confiante e cheia de ideias novas. Já escolheu o endereço para o seu primeiro salão de beleza nos Estados Unidos, no Harlem. Dessa vez, quando olhei para ela, pensei em vocês, garotas. Pensei em todas as oportunidades que as pessoas da geração de vocês terão – oportunidades que tantas outras gerações, em tantos lugares do mundo, nunca tiveram.

Se Leila conseguiu, vocês também podem conseguir.

Walt Disney, dono de uma das mentes mais criativas do século passado, escolheu como sua música tema "When You Wish upon a Star" (algo como "Quando você faz um pedido a uma estrela"). O título captura a essência do que é ser um empreendedor, alimentado pela fantasia: viver dentro de seus sonhos e se esforçar para torná-las realidade. Qualquer pessoa pode enxergar coisas que ninguém mais vê. O empreendedor faz isso e muito mais, dando o salto final entre a concepção da ideia, a criação de algo e a transformação de vidas. E, como o Grilo Falante falou para o Pinóquio, nos dias de hoje "não faz nenhuma diferença quem você é".

Aproveitem as oportunidades, meninas. Sigam o caminho ao lado de outras pessoas. E não se esqueçam de reservar tempo para apreciar o que construírem com aqueles que amam.

Mas, acima de tudo, acreditem que o que vocês imaginarem pode se tornar realidade, porque isso é possível mesmo.

Mas nada vai acontecer se vocês não tentarem. Então, quando estiverem prontas, sigam o conselho do Willy Wonka e prendam a respiração. Façam um desejo. Contem até três.

Deem um pulo.

Vou estar torcendo por vocês.

Com amor,
Mamãe

UMA EQUIPE MALUCA

Quero começar agradecendo aos mil empreendedores de todo o mundo que formam a rede da Endeavor. A paixão, o entusiasmo e a dedicação de vocês me inspiram todos os dias. Meu objetivo tem sido construir um movimento de, por e para os empreendedores – e nós conseguimos alcançá-lo. Quero deixar um agradecimento especial aos vários empreendedores (além dos integrantes dos conselhos de administração das empresas, mentores e outros apoiadores) citados nas páginas deste livro por terem dividido comigo suas experiências, erros e acertos.

Peter Kellner é um pioneiro, parceiro e amigo, e sua visão até hoje continua a moldar os rumos da Endeavor. Bill Drayton me proporcionou o conhecimento e o impulso para começar algo novo por mim mesma. George e Bicky Kellner nunca deixaram de acreditar no sonho. Stephan Schmidheiny, Peter Brooke, Bill Sahlman, Eduardo Elsztain, Beto Sicupira e Jorge Paulo Lemann me ofereceram apoio antes que a ideia se tornasse realidade ou até mesmo uma possibilidade racional. Jason Green e Gary Mueller fizeram parte do primeiro conselho e atuaram como guias constantes. Durante muitos anos, Kimberly Braswell foi minha aliada e parceira em inúmeras "conspirações".

Costumo dividir a Endeavor em duas eras: "antes de Edgar" e "depois de Edgar". Desde que Edgar Bronfman Jr. assumiu a presidência mundial de nossa organização em 2004, pude crescer muito graças à sua orientação, avaliações e amizade. Mando um abraço afetuoso também para Clarissa, a incomparável esposa de Edgar.

Simplesmente não poderia ter montado a Endeavor (ou escrito este livro) sem a incansável dedicação de um extraordinário grupo de integrantes do conselho de administração. Vocês me orientaram, me provocaram, me estimularam, me deixaram chorar na frente de vocês, se dedicaram sem limites aos nossos empreendedores e adotaram nosso projeto para valer. Além das pessoas que já mencionei, quero agradecer a Michael Ahearn, Matt Bannick, Nick Beim, Matt Brown, Wences Casares, Michael Cline, Paul Fribourg, Fadi Ghandour, Bill McGlashan, Arif Naqvi, Joanna Rees, Nicolás Szekasy e a Elliot Weissbluth. Envio um agradecimento especial a Reid Hoffman, que me conduziu de maneira incansável durante toda a odisseia de publicação deste livro.

Agradeço profundamente aos parceiros da Endeavor: Bain, Barclays, Dell, EY, GE, SAP, Knight Foundation, World Economic Forum, Harvard Business School e a Stanford Graduate School of Business. Registro um agradecimento pessoal a Pierre Omidyar e à incomparável Omidyar Network, e também ao estrelado time da ABRAAJ Capital. Sem vocês, meu sonho não sairia do lugar.

O coração pulsante da Endeavor é formado pelos mais de mil integrantes distribuídos por mais de 20 países que se dedicam a disseminar o espírito do empreendedorismo. Comandados por um incrível batalhão de diretores administrativos, esses abridores de caminhos atuam em nossos conselhos, participam de nossos painéis de seleção, dedicam inúmeras horas à orientação dos empreendedores e se devotam de coração à ideia de que a atividade empreendedora pode ser uma força valiosa e positiva. Embora seja impossível agradecer cada um pelos nomes, a paixão de vocês está registrada nessas páginas.

Adoro chegar para trabalhar todos os dias e receber a energia que vibra dos 350 profissionais que integram nossas equipes. Todas pessoas inteligentes, talentosas, informadas e incrivelmente dedicadas, são comandadas por um líder que não precisa fazer esforço para liderar, o incrível Fernando Fabre, que em 2011 assumiu os riscos de mudar com sua família da Cidade do México para Nova York (em pleno mês de fevereiro, para piorar!). Vários desses integrantes de equipes trabalhavam também para um Laboratório de Empreendedorismo que criei quando iniciei este livro. Meus sinceros agradecimentos a Larry Brooks, Brian Chen, Joanna Harries, Julia Kaplan, Lucy Minott, Meghan Murphy, Beth Robertson, Todd Stone e Tanvi Vattikuti. Teo Soares contribuiu em todos os capítulos e Tyler Gwinn atuou como um líder de equipe incansável e inspirador. Sou muito grata pela pesquisa original Endeavor Insight, comandada por Rhett Morris e Michael Goodwin. Um imenso agradecimento aos nossos parceiros da Bain & Company, em especial para Chris Bierly, Vikki Tam, Eric Almquist, Chris Zook, Paul Judge, Paul Markowitz, Ned Shell e Lily West.

Outras pessoas que ajudaram a trazer esse livro ao mundo são Bianca Martinelli, Walt Mayo, Dustin Poh, Alphonse Tam, Allen Taylor, Daniela Terminel e, com especial dedicação, David Wachtel.

David Black é um amigo inabalável e um agente sem igual. Todas as conversas com ele nos enchem de motivação para intentar uma sequência interminável de diálogos. Muito obrigada a Sarah Smith e ao pessoal da David Black Literary Agency.

Quando conheci Adrian Zackheim, soube na hora que meu livro tinha caído nas mãos certas. Adrian comanda uma operação criativa e empreendedora (!) na Portfolio e em todas as ocasiões ele aperfeiçoou este projeto com seu imenso conhecimento e ideias certeiras. Maria Gagliano editou este livro com precisão e inteligência emocional. Ela me estimulou a ser mais reveladora e sou muito grata pelo fato de sua voz ter ajudado a moldar minha história. Com entusiasmo e determinação, Will Weisser trouxe todas as pessoas que pôde para ampliar as fileiras da Equipe Maluca. Allison McClean se tornou nosso líder espiritual e nos ajudou a sermos mais firmes. Expresso ainda meu agradecimento a Justin Hargett, Elizabeth Hazelton e Rachel Moore.

Meus agradecimentos a Goulston & Storrs, Royce Carlton, Tim Hawkins, Laura Norwalk, Chadwick Moore e a Natalia Sborovsky.

Além das muitas personalidade citadas aqui, procurei orientação de várias pessoas experientes para conseguir navegar no processo às vezes sombrio de redigir o conteúdo deste livro. Agradeço pelo companheirismo e apoio de Bill Ackman, Marc Benioff, Tory Burch, Ben Casnocha, Joshua Cooper Ramo, Tom Friedman, Seth Godin, John Griffin, John Hamm, Mellody Hobson, Adi Ignatius, Van Jones, Jodi Kantor, Ron Lieber, Rob Reid, Sheryl Sandberg, Chris Schroeder, Dov Seidman, Pattie Sellers, Dan Senor e Whitney Tilson. Michael Dell atendeu a todas as minhas ligações, com ajuda tanto na hora de orientar nossos empreendedores como quando precisei de apoio durante o período de repouso da minha gravidez. Durante vários anos, Ben Sherwood deu total apoio a esse projeto. Karen Kehela Sherwood emprestou seu olhar afiado e seu coração generoso ao aperfeiçoamento destas páginas.

Em inúmeras ocasiões ao longo dos anos, consegui reunir grupos maravilhosos de colegas dispostos a me aconselhar. Meus agradecimentos a Jennifer Aaker, Chris Anderson, Sunny Bates, Gina Bianchini, Matthew Bishop, Adriana Cisneros, Beth Comstock, Jonathan Cranin, Caterina Fake, Andy Freire, Wes Gardenswartz, Sal Giambanco, Deb Goldfarb, Taddy Hall, Matt Harris, Richard Hamermesh, Pamela Hartigan, Joi Ito, Dena Jones-Trujillo, David Kidder, Wendy Kopp, Cindi Leive, Simon Levene, Nancy Lublin, Sheila Marcelo, Jacqueline Novogratz, Paul Parker, Alan Patricof, Diego Piacentini, Maria Pinelli, Diana Powell, Gabby Rozman, Kevin Ryan, Garth Saloner, Lauren Schneider, Klaus Schwab, Susan Segal, Veronica Serra, Tina Seelig, Fred Sicre e a Tom Speechley.

Durante toda minha vida, pude contar com amigos que me proporcionaram acolhimento, risadas e muito amor. Os calorosos telefonemas de Andrea Mail iluminaram todas as minhas semanas. Faço questão de mandar abraços e sinceros agradecimentos a Nora Abousteit, Jeanne Ackman, Karen Ackman, Jenny Lyn Bader, Jonathan Baron, Piraye Beim, Karen Bloch, Carolina Brause, Campbell Brown, Marisa Brown, Belle Casares, June Cohen, David e Tracey Frankel, Melissa Glass, Mareva

Grabowski, Amy Griffin, Paul Hilal, Dave Levin, Miriam Longchamp, Evie Lovett, Dani Lubetsky, Steven Mail, Rafael Mayer, aos integrantes da família Mitchell, Kyriakos Mitsotakis, Lia Oppenheimer, Florence Pan, Diego Panama, Rebecca Plofker, Marília Rocca, David Saltzman, Daniel Schwartz, Chip Seelig, Ken Shubin Stein, Jeff Shumlin, Devon Spurgeon, David Stemerman, Max Stier, Susan Tilson, Martin e Nina Varsavsky, Inci Yalman, Michelle Yee e a Joy Covey.

Quero registrar um agradecimento entusiasmado à equipe do Brooklyn: Nuar Alsadir, Nils Anderson, Steve Bodow, Alison Carnduff, Nina Collins, Greg Dillon, Felicia Kang, David e Stacy Kramer, Liz Luckett, Andrew e Cindy McLaughlin, Alex Posen, Katherine Profeta, J. J. Ramberg, Samantha Skey e Vince Tompkins.

Jane e Ed Feiler me acolheram como nora e me contaminaram com o amor por Savannah, além de me apresentar às maravilhas dos finais de semana repletos de mistério e aos verões que passamos em Tybee Island. Andrew Feiler leu os originais deste livro ainda na versão inicial e encontrou todas as falhas na lógica, além de emprestar seu talento extraordinário para aperfeiçoar a versão final. Cari Feiler Bender se transformou em uma irmã para mim e tenho muito orgulho de suas numerosas contribuições para a Philadelphia. Rodd, Max e Hallie Bender garantiram a diversão e o caráter inesquecível dos encontros da família.

Debbie e Alan Rottenberg me proporcionaram o amor incondicional que tornou possíveis meus sonhos malucos. Depois daquela rápida conversa na mesa da cozinha da casa deles, meus pais ofereceram seu apoio total para minhas escolhas pouco convencionais e conseguiram, finalmente, tudo o que mais desejavam: um genro, duas netas e uma vida (relativamente) estável para a filha mais velha! Rebecca Rottenberg Goldman também participou deste trajeto e sempre foi minha confidente mais próxima. Dan Rottenberg é o cara sábio, poético e generoso que toda garota sonha em ter como irmão. Meus cunhados muito queridos, Elissa Rottenberg e Mattis Goldman, encarnam o perfeito significado de seguir em frente E volte para casa. Nate e Maya Rottenberg,

Judah e Isaac Goldman garantem os desafios da Cape House e enchem de alegria as visitas à sorveteria Eulinda.

Minha tia Barbara faleceu alguns dias antes que eu terminasse de escrever este livro. Acho que ela gostaria de se inteirar das novidades envolvendo sua sobrinha, *la chica loca*. O espírito dela continua vivo.

Em 2008, meu marido, Bruce Feiler, recebeu uma notícia que mudaria sua vida: "Seu tumor não apresenta características de um tumor benigno". Durante o ano e meio que se passou em seguida, Bruce se submeteu a um árduo tratamento para salvar sua vida e ainda assim encontrou um jeito de fazer com que nossas filhas soubessem de seus valores e de sua voz. Depois, assim que ouviu dos médicos que estava livre da doença, meu marido tomou outra decisão extraordinária: resolveu me ajudar a *encontrar minha* expressão. Antes de ser meu, este sonho já era dele. Amo você.

Acima de tudo, escrevi este livro para minhas filhas, Eden e Tybee. Elas me impulsionam, me motivam, me testam e me enchem de orgulho todas as horas do meu dia. Já começam a parecer mocinhas e não vejo a hora de acompanhar as loucas aventuras desta dupla no decorrer de muitas e muitas décadas.

E, meninas, sempre vou me lembrar da lição que vocês me ensinaram: eu posso ser uma empreendedora por um tempo, mas serei mãe para sempre.

FONTES

O livro *De Empreendedor e Louco Todo Mundo tem um Pouco* se baseia sobretudo nas conversas, bate-papos em refeições, entrevistas e sessões de mentoria que vivenciei em primeira mão, desde 1997, com os quase mil empreendedores da rede da Endeavor. Também consultei os detalhados registros que temos sobre nossos empreendedores, suas trajetórias, desafios e mudanças de estratégia. Antes de ingressar na nossa rede, os empreendedores precisam passar por uma pesquisa e um processo de seleção que se prolonga por um ano. Nosso conselho de administração de cada unidade realiza entrevistas minuciosas com cada um deles e nosso time mundial redige perfis detalhados. Em seguida, os candidatos são convidados a participar de um painel internacional de seleção no qual, ao longo de três dias, vários CEOs, investidores e estudiosos sobre o mundo dos negócios os avaliam e discutem se devem incorporá-los à rede de empreendedores da Endeavor. Os registros dessas discussões, várias delas moderadas por mim, me proporcionaram um profundo conhecimento sobre o processo de quem decide empreender.

Além disso, nosso braço dedicado à pesquisa, a Endeavor Insight, e nossos parceiros da Bain & Company se incumbiram de várias pesquisas e entrevistas de acompanhamento com os nossos empresários. Todos esses relatórios me ajudaram imensamente e os estudos publicados estão disponíveis para consulta no endereço: <www.endeavor.org/blog/category/ research>.

Para quem deseja conhecer mais detalhes sobre o processo adotado pela Endeavor, sugiro ler os três cases da Harvard Business School que registraram nossa trajetória, nossas dores de crescimento e nosso impacto, disponíveis em: <www.hbsp.harvard.edu/product/cases>. A Graduate School of Business da Stanford University também pesquisou nosso modelo e o estudo de caso pode ser consultado em: <gsbapps.stanford.edu/cases>.

Um grande número de conhecidos empreendedores e líderes empresariais citados nestas páginas também fazem parte da rede da Endeavor, prestigiaram nossos eventos e ofereceram orientação pessoal para mim quando mais precisei. Sempre generosas, essas pessoas compartilharam suas percepções em inúmeras conversas, telefonemas e momentos de desespero. Uma tentativa incompleta de dar o devido reconhecimento a todos pode ser conferida na parte deste livro dedicada aos agradecimentos.

Finalmente, me beneficiei imensamente do florescimento da literatura sobre empreendedorismo nos últimos anos e de um amplo corpo de fontes secundárias. Para explorar essa literatura, e também conseguir um conhecimento mais profundo da rede da Endeavor, ao mesmo tempo em que comecei a escrever *De Empreendedor e Louco Todo Mundo tem um Pouco*, implantei um laboratório de empreendedorismo dos integrantes da equipe da Endeavor. Juntos, passamos mais de um ano vasculhando mais de uma centena de livros, além de inúmeros trabalhos acadêmicos, pesquisas e material publicado na imprensa. A seguir, apresento um detalhamento das fontes mais úteis citadas em cada capítulo.

— **Introdução: por que todas as pessoas deveriam agir como empreendedores** —
As dez regras para criar um negócio de sucesso, de Sam Walton, são detalhadas no livro *Made in America* (1992), escrito pelo empreendedor em parceria com John Huey. A história de Earle Dickson e da criação dos Band-Aids foi extraída do livro de Anthony Rubino, *Why Didn't I Think of That?* (2010). Para falar sobre a relação entre Steve Jobs e Bob Noyce consultei a obra *Steve Jobs – As Verdadeiras Lições de sua Liderança*, de Walter Isaacson (2011), e a biografia de Noyce escrita por Leslie Berlin, *The Man Behind the Microchip* (2005).

O empreendedorismo não é mais exclusividade de poucas pessoas
A citação de Alexis Ohanian, "Dizer que eu tenho uma startup equivale à antiga afirmação 'eu entrei para uma banda'" foi tirada de uma entrevista feita por Christine Lagorio-Chafkin na edição de outubro de 2013 da revista *Inc. Gazelas*. O termo apareceu pela primeira vez no capítulo "Gazelle", escrito por David Birch e James Medoff para o livro *Labor Markets, Employment Policy and Job Creation*, de Lewis C. Solmon e Alec R. Levenson (1994). Para um estudo mais recente, consulte o artigo de Zoltan Acs, William Parsons e Spencer Tracy, "High-impact firms: gazelles revisited" (2008), disponível no endereço <http://archive.sba.gov/advo/research/rs328tot.pdf>★. O relato sobre o retorno de Michael Dell para sua empresa é baseado nas conversas que tive com Michael e com a diretora de marketing da Dell, Karen Quintos. Sobre o *topple rate* das grandes empresas, consulte o Shif Index de 2013 da Deloitte, disponível na internet. Para conferir o tempo médio que as empresas permanecem no índice S&P 500, veja o relatório 2012 Innosight "Creative Destruction Whips Through Corporate America".

Gambás. Para contar a história dos "skunk works" da Lockheed Corporation, me baseei no livro *Skunk Works*, de Ben Rich e Leo Janos (1996). Outros exemplos de empreendedores do grupo dos gambás podem ser encontrados nos artigos "The new corporate garage", de Scott D. Anthony, publicado na *Harvard Business Review* (edição de setembro de 2012), e "The case of stealth innovation", de Paddy Miller e Thomas Wedell-Wedellsborg, reproduzido na *Harvard Business Review* de março de 2013. Golfinhos. Comecei a conversar com Wendy Kopp em 1989 e faço isso até hoje. O discurso que ela fez em 2012 aos formandos da Dartmouth College, disponível no YouTube, constitui uma boa fonte para conhecer a história da fundação do projeto "Teach For America". Bill Drayton já foi meu gestor na Ashoka e até hoje é um grande amigo. A citação dele que reproduzi neste capítulo foi extraída de uma entrevista dada a Gregory Lamb, na Christian Science Monitor de 16 de maio de 2011. Borboletas. As estatísticas mais recentes sobre as empresas com poucos ou nenhum trabalhador registrado estão disponíveis na internet, no site do U.S. Census Bureau. Os dados sobre profissionais que atuam como autônomos foram tirados da pesquisa "The State of Independence in America", realizada em setembro de 2013 pela MBO Partners. A estimativa sobre o total de profissionais de atuação autônoma em 2020 vem da pesquisa realizada pela International Data Corporation, citada por Daniel Pink no livro *Saber Vender é da Natureza Humana* (2013). A frase "eu não sou um homem de negócios: eu sou um negócio, cara" vem de um verso cantado por Jay-Z na música "Diamonds from Sierra Leone", de Kanye West.

Para chegar ao número citado de espécies de borboletas, eu consultei a *Encyclopedia Smithsonian*. O termo "efeito borboleta" vem da palestra "Predictability: Does the Flap of a Butterfly's Wings in Brazil Set Off a Tornado in Texas?", proferida por Edward Lorenz na American Association for the Advancement of Science, em Washington, DC, em 29 de dezembro de 1972.

A fórmula secreta dos empreendedores
Além dos livros mencionados nesta parte, gostaria de destacar três obras contemporâneas sobre empreendedorismo que já estão se tornando clássicas: *A Startup Enxuta* (2011), de Eric Ries,

A Startup de $100 (2012), de Chris Guillebeau, e *Comece por Você* (2012), de Reid Hoffman e Ben Casnocha. Sobre o significado de ser uma mulher no mundo dos negócios, recomendo a leitura dos livros *Personal History* (1998), de Katherine Graham, *A Poderosa Chefona* (2013), de Tina Fey, e *Faça Acontecer – Mulheres, Trabalho e a Vontade de Liderar* (2013), de Sheryl Sandberg.

Você não precisa ser um *hoodie* para empreender
Quando concebi este livro, também busquei inspiração no livro *Dominando a Arte da Culinária Francesa*, de Julia Child, Simone Beck e Louisette Bertholle.

– **Capítulo 1: O primeiro dia** –
Ao longo dos anos, conversei com Wences Casares durante vários dias, em geral enriquecidos pelos saborosos e lendários churrascos em que ele sempre me oferecia uma opção vegetariana! Com o tempo, ele ganhou generosa atenção da mídia e as frases que reproduzi neste capítulo foram tiradas da entrevista que Wences deu ao *Wall Street Journal* em 14 de junho de 2013, chamada "Teach your children to be doers". Também consultei o livro de Sara Lacy chamado *Brilliant, Crazy, Cocky* (2011).

A trajetória de Jeff Bezos, que aparece em vários trechos do livro, foi baseada em várias fontes, incluindo os livros *A Loja de Tudo* (2013), de Brad Stone, e *Amazon – O Jeito Jeff Bezos de Revolucionar Mercados com Apenas um Clique* (2011), de Richard Brandt; no artigo de Alan Deutschman "Inside the mind of Jeff Bezos", publicado na revista *Fast Company* em agosto de 2004, e na entrevista à Academy of Achievement of Washington, DC, de 4 de maio de 2001, disponível na internet em <www.achievement.org/autodoc/page/bez0int-1>.

A distância entre os ouvidos
Para reproduzir a história do Green Works da Clorox, fiz entrevistas inéditas com Mary Jo Cook e Suzanne Sengelmann e consultei diversas fontes secundárias. Algumas referências valiosas foram o artigo de Leonard Schlesinger, Charles Kiefer e Paul Brown, "New project? Don't analyze – act", publicado na *Harvard Business Review* em março de 2012; o livro de Danna Greenberg, Kate McKone-Sweet e H. James Wilson, *The New Entrepreneurial Leader* (2011); e a reportagem de Felicity Barringer "Clorox courts Sierra Club and a product is endorsed", publicada no *New York Times* em 26 de março de 2008.

A história de Amr Shady vem em grande parte de um painel que compartilhamos em 2012, na Conferência Mundial do Milken Institute.

O que tenho de ser
Quero fazer alguns esclarecimentos sobre a palavra "empreendedorismo". Na década de 1990, quando cheguei na América Latina, não existia nenhum termo conhecido em espanhol ou em português que traduzisse a expressão *entrepreneur*, usada tanto em inglês como em francês. A realização de extensas entrevistas com centenas de empreendedores da rede da Endeavor pela consultoria Bain e pelo setor de pesquisas de nossa organização confirmou que poucos dos que haviam iniciado seus projetos antes de 1999 identificavam o que estavam fazendo como empreendedorismo ou se definiam como empreendedores. Parte da missão da Endeavor consistia em apresentar e popularizar este termo.

No início da década de 2000, recebemos um telefonema do editor de um importante dicionário de português falado no Brasil dizendo que, inspirado pelo nosso trabalho, havia acrescentado as palavras "empreendedor" e "empreendedorismo" na obra de referência. Mais ou menos na mesma época, as palavras em espanhol *empreendedor* e *emprendedurismo* também ficaram mais comuns, em parte por causa da atenção que a mídia dedicava aos empreendedores da rede da Endeavor. Antes disso, o termo *emprendedor* era usado para designar exploradores como Cristóvão Colombo, forma utilizada por vários blogueiros mexicanos.

Ar para a combustão da loucura
As principais fontes que consultei para recriar a história de Thomas Edison foram os livros *They All Laughed* (1993), de Ira Flatow; *The Age of Edison* (2013), de Ernest Freeberg; *The Wizard of Menlo Park* (2008), de Randall Stross; e *Empires of Light* (2003), de Jill Jones. Aqui, como em outros lugares, também consultei o brilhante título *They Made America*, de Harold Evans em coautoria com Gail Buckland e David Lefer. A citação prevendo o "fracasso completo, merecido e vergonhoso" de Edison foi extraída do *New York Herald* de 27 de abril de 1879. A suspeita da luz elétrica como "possível causadora de sardas" aparece no *Gaillard's Medical Journal*, vol. 36, em 1883.

As opiniões iniciais sobre a ideia de Sam Walton para o Wal-Mart foram extraídas do livro *Made in America*, do próprio Walton e de John Huey. A história do Xbox foi baseada nas matérias de Jeffrey O'Brien, "The making of the Xbox", publicada na revista *Wired* em novembro de 2001, e "The Xbox story", de Patrick Garrat, publicada no site VG247.com em agosto de 2011. O colega que definiu o projeto proposto por Raymond Damadian como "totalmente descabido" foi Donald Hollis, um especialista em ressonância magnética do Johns Hopkins University Hospital. Ele é citado no livro *They Made America*, de John Evans. A história de Jeffrey Braverman, do site Nuts.com, foi baseada na reportagem de Ian Mount, "Forsaking investment banking to turn around a family business", publicada no *New York Times* em 18 de abril de 2012.

A frase de Nicolau Maquiavel foi extraída do livro *The Business of Changing the World*, escrito por David Bornstein e considerado a "bíblia" dos empreendedores sociais.

Menos planejamento e mais ação
A Endeavor promoveu uma pesquisa detalhada sobre os planos de negócios. Também consultei a palestra de Julian Lange et al., "Do Business Plans Make No Difference in the Real World?", proferida em 2005 na Entrepreneurship Research Conference da Babson College, na qual cita a pesquisa Inc. 2002. O business plan original da Intel está disponível no site: <www.businessinsider.com/intel-business-plan-from-1968-2012-12>.

Para contar a história de Jordan Cohen e de sua atuação na Pfizer, consultei o artigo de Arianne Cohen chamado "Scuttling scut work", publicado na *Fast Company* em fevereiro de 2008; o artigo de Jena Mc-Gregor, "Outsourcing tasks instead of jobs", publicado na *Bloomberg Businessweek*, em março de 2009; o estudo de Ron Ahskenas intitulado "How to Give Time Back to Your Team", divulgado no site HBR.org, em julho de 2010; e no artigo "The case for stealth innovation", de Paddy Miller e Thomas Wedell-Wedellsborg, reproduzido na *Harvard Business Review* em março de 2013, além de relatos do próprio Jordan Cohen disponíveis no site: <www.managementexchange.com/story/getting-rid-busy-work-so-you-can-get-work>.

A história de Margaret Rudkin foi extraída do livro *O Século da Inovação e sua Crise* (2005), de Anthony Mayo e Nitin Nohria. Por último, recomendo a leitura do divertido artigo de Bill Sahlman "How to write a great business plan", publicado na *Harvard Business Review* em julho de 1997.

Capítulo 2: Os mitos sobre riscos

Para contar a história de Sara Blakely, consultei duas reportagens da jornalista da revista *Forbes*, Clare O'Connor: "Undercover billionaire", de 7 de março de 2012, e "How spanx became a billion-dollar business without advertising", de 12 de março de 2012. Também considerei bastante úteis a matéria de Stacy Perman chamada "How failure molded spanx's founder", publicada na *Bloomberg Businessweek* em 21 de novembro de 2007, a participação de Sara Blakely na Women's Summit promovida pela revista *Inc.* em janeiro de 2012 (disponível em vídeos no site da publicação) e o relato da empreendedora sobre sua trajetória em entrevista a Liz Welch, da *Inc.*, em fevereiro de 2014.

Não aposte sua fazenda

A teoria de Ray Kroc sobre a necessidade de correr riscos foi bastante documentada, aparecendo inclusive no filme *The Reluctant Entrepreneur*, de Michael Masterson, de 2012.

Além da pesquisa realizada pela Endeavor sobre os riscos, eu me apoiei em insights extraídos da lista Inc. 500 de 2013 (<www.inc.com/magazine/201309/numbers-from-inc.500-companies-first-year.html0>), além dos livros *A Startup Enxuta* (2011), de Eric Ries, e *Comece por Você* (2012), de Reid Hoffman e Ben Casnocha. A história de Nick Swinmurn, fundador da Zappos, foi baseada em uma entrevista dada à BBC em junho de 2010 e na matéria de Dinah Eng chamada "Zappo's silent founder", publicada na revista *Fortune* em 5 de setembro de 2012.

A história da MTV Top Selection foi baseada no artigo "The case of stealth innovation", de Paddy Miller e Thomas Wedell-Wedellsborg, reproduzido na *Harvard Business Review* de março de 2013.

A principal fonte para contar a trajetória da CakeLove foi o relato do próprio Warren Brown, presente no site da CakeLove, e nos *podcasts* de vídeo da marca. Outras fontes foram o artigo de Patrick Cliff chamado "Warren Brown, Cake Love e Love Café", publicado na revista *Inc.* em abril de 2005; a matéria assinada por Mike DeBonis, "The Butter business bureau", publicada no *Washington City Paper* em novembro de 2005, e na matéria "From lawyer to baker", veiculada na publicação *Cubicle Nation* (2011).

Amigos não permitem que os amigos testem suas ideias

As histórias de Mel e de Patricia Ziegler foram baseadas no livro da dupla, *Wild Company*, de 2012, e na matéria de Adam Wren chamada "How one couple turned $1,500 into a billion-dollar global brand", veiculada na *Forbes* em 24 de junho de 2013. O relato sobre a Maiden Preserves se apoiou na reportagem "The twee party", de Benjamin Wallace, publicada na *New York* em 15 de abril de 2012. O estudo realizado pelos pesquisadores da Babson College e da IPADE Business School foi discutido por Vincent Onyemah, Martha Rivera Pesquera e Abdul Ali no artigo "What entrepreneurs get wrong", veiculado na *Harvard Business Review* em maio de 2013.

Siga a multidão

A história do Kickstarter foi baseada na entrevista "In conversation", com Perry Chen e Theaster Gates, publicada no *New York Times* em 30 de maio de 2013; na matéria de Om Malik, chamada "Kickstarted", veiculada no site GigaOm.com em 22 de maio de 2012; no artigo "True to its roots", de Max Chafkin, veiculado na *Fast Company* em abril de 2013; na reportagem de Rob Walker, "The trivialities and transcendence of Kickstarter", veiculada no *New York Times* em 5 de agosto de 2011; na matéria de Beth Teitell chamada "Kickstarter boosts funding and angst", veiculada no *Boston Globe*, em 9 de abril de 2013, além das declarações de Chen na

TEDxTripoli e Do Lectures, no YouTube. A citação de Anindya Ghose foi extraída da matéria "The crowdfunding caveat", publicada na *PC World* de 26 de setembro de 2013.

Para saber mais sobre o Do Good Bus, recorri ao site StartSomeGood.com. Para conhecer melhor a parceria da GE com a Quirky, falei com a diretora de marketing da GE, Beth Comstock, e consultei o artigo de Joshua Brustein intitulado "Why GE sees big things in Quirky's little inventions", veiculado na *Bloomberg Businessweek* em novembro de 2013. Outras discussões sobre *crowdsourcing* dentro das empresas incluem o estudo de Victor Luckerson, "This New Kind of Kickstarter Could Change Everything", publicado na *Time* em janeiro de 2014, "Crowdsourcing Happiness", disponível em: <www.coca-colacompany.com/coca-cola-unbottled/crowdsourcing-happiness-to-transform-the-world-in-5-seconds> e o artigo "Crowdsourcing beer – the Samuel Adams crowd craft project", de Daniel Neville, veiculado no site IdeaBounty.com.

A esquecida arte de "ir atrás"
O relato sobre como Sam Walton "vigiava" a concorrência foi extraído do livro escrito pelo empreendedor em parceria com John Huey, *Made in America*. Os conselhos sobre perseguir os concorrentes no LinkedIn vêm da reportagem de Meghan Casserly, "Stalking competitors (and nine more things entrepreneurs screw up on LinkedIn)", publicada na revista *Forbes* em 22 de janeiro de 2013. A história sobre a criação do Post-it foi retirada do livro *3M, A Century of Innovation* (2002) e da matéria de Nick Glass e de Tim Hume chamada "The 'Hallelujah Moment' behind the invention of the Post-it note", veiculada na CNN.com em 4 de abril de 2013.

A trajetória de Estée Lauder é contada no livro de memórias da empreendedora, *Estée* (1985), e também aparece na obra *They Made America*, de Evans, e na matéria de Nancy Koehn, "Building a powerful prestige brand", publicada na *HBS Working, Knowledge,* em 30 de outubro de 2000.

– Capítulo 3: O caos joga a seu favor –
Para contar a história de Walt Disney, minha fonte principal foi o livro *Walt Disney* (2006), escrito por Neal Gabler. Também foram bastante úteis as obras *Walt Before Mickey* (2011), de Timothy S. Susanin, e *Forbes Greatest Business Stories of All Time* (1997), de Daniel Gross.

Champanhe para os inimigos
A história de Cari Lightner é contada no site da MADD. Para falar sobre Michael J. Fox, consultei as duas autobiografias do ator, *Lucky Man* (2011) e *Always Looking Up* (2011). A história de Petra Nemcova pode ser conhecida com mais detalhes na matéria "Petra's story", de Leslie Bennetts, publicada na *Vanity Fair*, em maio de 2005.

Os dados sobre o trânsito na cidade do Cairo foram extraídos do documentário *Cairo Drive*. O correspondente da CNN que tuitou foi Ben Wedeman. Além dos materiais pertencentes à Endeavor sobre o Bey2ollak, consultei o excelente livro de Chris Schroeder chamado *Startup Rising* (2013).

O exemplo de Marian Croak foi extraído da matéria de Sarah Kessler chamada "The surprising link between 'American Idol' and text-to-donate fundraising", veiculada na revista *Fast Company* em outubro de 2013, e da entrevista com a executiva, "Helping disaster victims with one simple text", veiculada no site TheDailyBeast.com, em 28 de outubro de 2013.

Para reproduzir a história da Veuve Clicquot, consultei a maravilhosa biografia de Tilar Mazzeo, *The Widow Clicquot* (2008). Para entender como um contexto de incertezas e adversidades pode estimular o empreendedorismo, recomendo a leitura do livro *Nação Empreendedora* (2009), de Dan Senor e Saul Singer.

"Abrace o urso"
A declaração de Warren Buffett sobre a ousadia necessária para atuar em períodos de crise aparece no artigo opinativo "Buy american. I am", publicado no *New York Times* em 16 de outubro de 2008. O estudo da Fundação Kauffman foi feito por Dane Stangler e chama-se "The Economic Futur Just Happened", veiculado em 9 de junho de 2009. Os dados sobre os empreendimentos fundados recentemente foram tirados do Kauffman Index of Entrepreneurial Activity, disponível no site <www.kauffman.org/what-we-do/research/kauffman-index-of-entrepreneurial-activity>.

Foi de grande utilidade a consulta que fiz nos livros de Jim Collis, *Feita para Durar* (1994), escrito em coautoria com Jerry Porras; *Empresas Feitas para Vencer* (2001); e *Vencedoras por Opção* (2011), em coautoria com Morten Hansen. A frase transcrita neste capítulo aparece na reportagem de Allan Cohen, "Forget the recession. The right time to start a business is anytime you have a great idea", publicada no site CNN.com em 4 de fevereiro de 2002.

Para falar sobre a situação na Grécia, eu me baseei nos dados do excelente relatório publicado pela Endeavor da Grécia por Haris Makryniotis, "Entrepreneurship and Investment Opportunities in Greece Today", de outubro de 2013. Eu também consultei o artigo "With start-ups, greeks make recovery their own business", de Niki Kitsantonis, publicado no *New York Times* em 24 de março de 2014.

O estudo da Johns Hopkins University é de Lester Salamon, S. Wojciech Sokolowski e Stephanie Geller e se chama "Holding the Fort", publicado em janeiro de 2012. Diana Aviv é a presidente e CEO da Independent Sectos e sua declaração foi extraída da matéria "More college graduates take public service jobs", de Catherine Rampell, publicada no *New York Times* em 1º de março de 2011. Esse artigo também serviu de fonte para as estatísticas sobre as adesões à AmeriCorps e ao projeto "Teatch for America".

A história de JK Rowling já foi relatada em várias ocasiões, mas considero a fonte mais reveladora o discurso feito pela autora em 2008 para os alunos da Harvard University, disponível no site HarvardMagazine.com. Outras fontes são a matéria "Mugglemarch", de Ian Parker, veiculada na *New Yorker* em 1º de outubro de 2012, e o site da escritora, que inclui diversos posts sobre as origens da série Harry Potter.

Admita seus erros
A história de L. L. Bean pode ser conferida no livro *100 People Who Changed 20th Century America*, de Pat Taub, ed. Mary Cross (2013); na matéria de M. R. Montgomery chamada "The magic of L.L. Bean", veiculada na publicação *Boston Globe Magazine* em 27 de dezembro de 1981; e na reportagem "Leon L. Bean", veiculada na revista *Entrepreneur* em 10 de outubro de 2008.

O caso da crise da Cyber Monday enfrentada pela Bonobos foi extraído de várias fontes: as matérias "Bonobos founder", de Andy Dunn, veiculada na revista *Inc.* em 28 de junho de 2012; "Bonobos caught with pants down on top shopping day", de Alystair Barr, veiculada pela Reuters em 21 de dezembro; além do comentário de Jon Schlossberg no site Quora, com a manchete "Why did bonobos have such an epic fail on cyber monday 2011?", veiculado em

29 de novembro de 2011. O comentário elogioso feito no Facebook foi postado na página de perfil da empresa em 30 de novembro de 2011.

Para contar a história de Reed Hastings e da Netflix, recorri sobretudo a fontes primárias no blog da empresa, entre eles os posts "Netflix introduces new plans and announces price changes", publicado em 12 de julho de 2011, "An explanation and some reflections", de 18 de setembro de 2011, e "DVDs will be staying at Netflix.com", de 10 de outubro de 2011. As declarações de James Stewart foram extraídas de duas colunas publicadas no *New York Times*: "In 2013: rebounds, traders and rights", de 17 de dezembro de 2013, e "Netflix looks back on its near-death spiral", de 26 de abril de 2013.

Fiquei sabendo do "medidor de desculpas" de Dov Seidman no início 2014. A iniciativa foi tema de dois artigos publicados no *New York Times*, em 3 de fevereiro de 2014: "Too many sorry excuses for apology", de Andrew Ross Sorkin, e "Calling for an apology cease-fire", assinado pelo próprio Dov Seidman. Também consultei o livro *Como – Por Que e Como Fazer Algo Significa Tudo* (2007), de Dov Seidman.

Era uma vez
A frase de Alfred Chandler foi extraída da matéria de John Seaman Jr. e George David Smith chamada "Your company's history as a leadership tool", publicada na *Harvard Business Review* em dezembro de 2012. Para recriar a volta de Howard Schultz ao comando da Starbucks, consultei os livros do próprio empreendedor, *Pour Your Heart Into It* (1997) e *Onward* (2011), além do artigo de Adi Ignatius chamado "Howard Schultz on Starbucks' turnaround", veiculado no site HBR.org em junho de 2010. A famosa orientação de Schultz para o dia dos namorados está disponível no site do *Wall Street Journal*: <www.online.wsj.com/news/articles/SB117234084129218452>*. Pessoalmente, ouvi a entrevista feita por Adi Ignatius com Howard Schultz e Angela Ahrendts na comemoração do nonagésimo aniversário da *Harvard Business Review*, em novembro de 2012.

Outras fontes consultadas para abordar a trajetória de Angela Ahrendts incluem a matéria da própria executiva, "Burberry's CEO on turning an aging british icon into a global luxury", veiculada na *Harvard Business Review* em janeiro-fevereiro de 2013; a reportagem de Rupert Neate chamada "How an american woman rescued Burberry, a classic british label", publicada no jornal *Guardian* em 15 de junho de 2013; na matéria assinada por Jeff Chu com o título "Can Apple's Angela Ahrendts spark a retail revolution?", publicada na revista *Fast Company* em fevereiro 2014; além da matéria "Why Apple poached Burberry's CEO", de Jill Krasny, publicada na revista *Inc.* em 16 de outubro de 2013.

Sem crise
O estudo sobre negócios nos mercados emergentes foi realizado por Mauro Guillén e Esteban García-Canal e se tornou objeto de discussão no artigo "Execution as strategy", publicado na *Harvard Business Review* em outubro de 2012, e *The New Multinationals* (2011).

— **Capítulo 4: A personalidade do empreendedor** —
O material que serviu de base para esse capítulo resulta de uma década de esforços feitos pela Endeavor para definir esses perfis. Agradeço profundamente aos nossos parceiros da Bain & Company, especialmente a Chris Bierly, Vikki Tam, Eric Almquist e Paul Markowitz, que trabalharam incansavelmente ao longo de vários anos para testar e refinar nosso processo exclusivo de diagnóstico. Enquanto centenas de empreendedores da Endeavor fizeram nossa autoavaliação para identificar a qual dos grupos pertencem, as personalidades conhecidas que cito como exemplos

ao longo desse capítulo não fizeram o teste. A classificação foi baseada na avaliação que fiz a partir das carreiras e da imagem pública dessas pessoas.

Para explicar o Myers-Briggs Type Indicator, consultei a matéria "Does it pay to know your type?", de Lillian Cunningham, veiculada no *Washington Post* em 14 de dezembro de 2012; os sites da Myers Briggs & Foundation (<www.myersbriggs.org>) e da CPP, empresa que hoje administra o MBTI (<www.cpp.com>), além do artigo de Mary McCaulley chamado "The story of Isabel Briggs Myers", publicado em julho de 1980 no site <www.capt.org/mbti-assessment/isabel-myers.htm>. Também gostei muito do livro best-seller de Gary Chapman, *As Cinco Linguagens do Amor* (2008), e da obra de Anthony Tjan, *Coração, Inteligência, Coragem e Sorte* (2012).

Diamantes
A história da Tesla Motors é uma adaptação feita a partir dos artigos "Plugged in", de Tad Friend, publicado na *New Yorker* em agosto de 2009, e "Elon Musk, the 21st century industrialist", de Ashlee Vance, veiculado no site Businessweek.com em 13 de setembro de 2012. O embate com o jornal *New York Times* teve início a partir da reportagem de John Broder chamada "Stalled out on Tesla's electric highway", publicada em 8 de fevereiro de 2013. Eu também recomendo o artigo de Chris Anderson chamado "The shared genius of Elon Musk e Steve Jobs", publicado na revista *Fortune* em dezembro de 2013. O caso do campo de distorção da realidade de Jobs é relatado pelo ex-engenheiro da Apple, Andy Hertzfeld, no site: <www.folklore.org/StoryView.py?story=Reality_Distortion_Field.txt>. A frase de Jony Ive aparece no livro *Steve Jobs*, de Isaacson.

Estrelas
A principal fonte para o relato sobre Wolfgang Puck foi o livro *100 Great Businesses and the Minds Behind Them* (2004), de Emily Ross e Angus Holland. Outros materiais de referências foram a matéria de Dinah Eng, "Wolfgang Puck's dining revolution", publicada na revista *Fortune* em 20 de novembro de 2013; o relato de Puck feito a Liz Welch e publicado na revista *Inc.* em outubro de 2009; a matéria "Meet the chef", veiculada na publicação *JustLuxe* em fevereiro de 2012; e a matéria "Wolfgang Puck: recipe for success", de Randall Frost, veiculada no site Brandchannel.com em 3 de fevereiro de 2003.

O episódio envolvendo Lance Armstrong recebeu ampla cobertura da imprensa e não faltam fontes sobre o assunto. A queda nas doações e a frase do responsável pelos assuntos externos da Livestrong foram tiradas da matéria de Eriq Gardner, "Livestrong struggles after Lance Armstrong fall", publicada em *Hollywood Reporter* em 25 de julho de 2013.

Transformadores
Consultei uma série de fontes para compor a história de Herb Kelleher, com destaque para o livro de Kevin Freiberg e Jacquelyn Freiberg, *Nuts!* (1996). Outras fontes de pesquisa foram as matérias "Southwest's Herb Kelleher", de Jennifer Reingold, publicada na revista *Fortune* em 14 de janeiro de 2013; "Southwest Airlines' seven secrets for success", de Joe Brancatelli, veiculada na *Wired* em julho de 2008; "'Never say never' on bags fees", publicada no site CNBC.com em 24 de janeiro de 2013; e "Is Southwest Airlines always the least expensive?", estudo realizado pela Topaz International.

A história da Burt's Bees foi inspirada na matéria de Louise Story chamada "Can Burt's Bees turn Clorox green", publicada no *New York Times* em 6 de janeiro de 2008; na reportagem de Jonathan Evans chamada "Burt of Burt's Bees is living in a Turkey Coop", veiculada na *Esquire* em 13 de setembro de 2013; na matéria "How I did it", de Roxanne Quimby e Susan Donovan, publicada na revista *Inc* em 1º de janeiro de 2004; e em um estudo de caso da Brigham Young University, disponível no site: <www.emp.byui.edu/nygrenm/B283/Roxanne%20Quimby%20 Case.pdf>★. A petição no Change.org condenando a aquisição da Burt's Bees pela Clorox foi criada por Danise Lepard e exibe o título "Clorox, Make Burt's Bees Products Like They Were! Keep it HONEST!".

O reconhecimento feito por Ben & Jerry de que eles estavam "começando a parecer com o resto das empresas que existem nos Estados Unidos" foi feito em 2004, no Social and Environmental Assessment, disponível no site: <www.lickglobalwarming.org/company/ sear/2004 / sea_2004.pdf>★.

Foguetes
Para uma lista completa das fontes sobre Jeff Bezos, consulte as obras relacionadas no capítulo 1. A citação sobre Bill Gates foi extraída do livro *They Made America*, de Evans. Os relatórios anuais e as políticas de doação da Bill and Melinda Gates Foundation são divulgados no site: <www. gatesfoundation.org/How-We-Work/General-Information/Our-Approach-to-Measurement-and-Evaluation/Evaluation-Policy>★.

Capítulo 5: O quadro branco
As lições desse capítulo foram extraídas de anos de painéis de seleção e de serviços prestados aos empreendedores. Nos últimos anos, estudos realizados pelo setor de pesquisa da Endeavor identificaram comprovações quantitativas e qualitativas que sustentam muitas das conclusões apresentadas aqui.

Para contar a história de Henry Ford, consultei os livros *Wheels for the World* (2004), de Douglas Brinkley; *Turnaround Challenge* (2013), de Michael Blowfield e Leo Johnsone; e *American Genesis* (2004), de Thomas P. Hughes; além da matéria de Lindsay Brook, "Top 10 Ford Model T tech innovations that matter 100 years later", veiculada na publicação *Popular Mechanics* em 25 de setembro de 2008.

Feche as portas
Para recriar a invenção do Liquid Paper, pesquisei os livros *Girls Think of Everything* (2000), de Catherine Thimmesh, e *100 Great Businesses and the Minds Behind Them*, de Ross e Holland. Para saber mais sobre Phil Knight e a Nike, sugiro ler o livro *Swoosh* (1993), de J. B. Strasser; as matérias "Innovation: Phil Knight's 'not exactly textbook' moves", de Chuck Salter, publicada na revista *Fast Company* em 18 de julho de 2007; e "High-performance marketing: an interview with Nike's Phil Knight", de Geraldine Willigan, publicada na *Harvard Business Review* em julho de 1992. A referência à criação do "swoosh" foi extraída da matéria de Brian Clarke Howard chamada "I never get tired of looking at it", publicada no *Daily Mail* em 16 de junho de 2011.

Demita sua sogra
Para redigir essa parte, eu me apoiei sobretudo nas pesquisas feitas pela Endeavor, além das estatísticas sobre empreendimentos administrados por famílias levantadas pela University of Vermont (<www.uvm.edu/business/vfbi/?Page=facts.html>) e pelo Family Firm Institute (disponível no site: <www.ffi.org/?page=globaldatapoints>).

A entrevista de Oprah Winfrey com Usher está disponível no YouTube. A principal fonte sobre Lucille Ball e Desi Arnaz foi o livro *Radicals and Visionaries* (2000), de Thaddeus Wawro. Além disso, também consultei os livros *Lucille* (2001), de Kathleen Brady, e *The Great Clowns of American Television* (2002), de Karin Adir, além da matéria de Susan Schindehette, "The real story of Desi and Lucy", publicada na revista *People* em 18 de fevereiro de 1991.

Inove nas pequenas coisas
O termo "mini-inovar" foi cunhado por Dan Isenberg e é citado no livro *Worthless, Impossible, and Stupid* (2013).

Para obter mais informações sobre Gore, sugiro ler a matéria "The unmanager", de Lucien Rhodes, publicada na revista *Inc.* em 10 de agosto de 1982; o livro de Richard Daft, *Organization Theory and Design* (2007); as matérias "Terri Kelly, the 'un-CEO of W. L. Gore, on how to deal with chaos", de Robert Safian, publicada na revista *Fast Company* de 29 de outubro de 2012; "The fabric of creativity", de Alan Deutschman, veiculada na *Fast Company* em dezembro de 2004; e "Gore: success with simplicity", publicada na *HR Insights* em julho-agosto de 2012. O próprio site da Gore tem ótimas histórias sobre a empresa: <www.gore.com/en_xx/aboutus/timeline/index.html>.

A trajetória da Kleenex foi baseada no livro *Shared Values* (1997), de Robert Spector e William Wicks, e na matéria "From Kleenex to Zippers", de Burton Folsom, publicada na revista *Freeman* em 1º de dezembro de 2005.

Para escrever sobre a trajetória da boneca Barbie, consultei os livros *100 People Who Changed 20th-Century America* (2013), de Mary Cross, e *Forever Babie* (2004), de M. G. Lord.

Largue as canetas
O incubador de negócios da Califórnia mencionado aqui é o Blackbox. A instituição divulgou dois relatórios em 2011: o "Startup Genome Report" e o "Startup Genome Report Extra on Premature Scaling", de Max Marmer, Bjoern Herrmann, Ertan Dogrultan e Ron Berman. Também consultei a matéria "Blackbox's startup henome compass uses science to crack the 'Innovation Code'", de Austin Carr, publicada na revista *Fast Company* em 29 de agosto de 2011.

As fontes para falar sobre Steve Jobs foram o livro *Steve Jobs*, de Isaacson, e uma matéria do mesmo autor chamada "The real leadership lessons of Steve Jobs", publicada na *Harvard Business Review* em abril de 2012. A frase sobre a Sony foi extraída da matéria de Hiroko Tabuchi chamada "How the tech parade passed Sony by", publicada no *New York Times* em 14 de abril de 2012.

A história da LEGO foi inspirada nas matérias "How LEGO revived its brand", de Jay Greene, publicada na *Bloomberg Businessweek* em 23 de julho de 2010; "Lego builds an empire, brick by brick", de Gregory Schmidt, veiculada no *New York Times* em 14 de fevereiro de 2004, e "Innovation almost bankrupted LEGO", Wharton School, disponível no site: <www.knowledge.wharton.upenn.edu>★.

Pense alto, mas execute com cuidado
Os dados sobre a trajetória da American Giant foram tirados das reportagens de Farhad Manjoo, "This is the greatest hoodie ever made", publicada no site Slate.com em 4 de dezembro de 2012, e "The only problem with the greatest hoodie ever made", veiculada no mesmo site em 21 de março de 2013. Outras fontes de consulta foram as matérias "Could being named the 'Best Ever' be bad?", de Kai Ryssdal, veiculada em *Marketplace* em 26 de março de 2013; e "American giant", de Kate Dailey, publicada no site BBC.co.uk em 10 de março de 2013.

Para mais detalhes sobre o projeto Startup Genome do Blackbox, ver as fontes mencionadas no item "Largue as canetas". A referência ao búfalo citado por Mark Chang foi feita em uma entrevista para a *Digital News Asia* em maio de 2013. O relato sobre Miguel Dávila foi baseado no meu contato com o empreendedor, assim como na obra *Worthless, Impossible ans Stupid*, de Dan Isenberg.

Antes de devorar o elefante, divida-o em pedaços mastigáveis
Para quem tiver interesse por relatos e dicas sobre sobrevivência, recomendo intensamente a leitura do livro *Clube dos Sobreviventes* (2009).

– *Capítulo 6: Liderança 3.0* –

Agilidade
Os dados sobre a agilidade foram extraídos da pesquisa realizada pelo meu marido, Bruce Feiler, para o livro *The Secrets of Happy Families* (2013), que reúne numerosos exemplos de como nós usamos essas técnicas em nossa casa, para o bem e para o mal. É possível assistir à conversa do TED na qual Bruce fala sobre estes temas (eu apareço na plateia) no site <www.ted.com/talks/bruce_feiler_agile_programming _for_your_family.html>.

A experiência sobre a máquina de descascar batatas da Heier foi extraída do livro *Jugaad Innovation* (2012), de Navi Radjou, Jaideep Prabhu e Simone Ahuja. Os insights de George Lois sobre o poder das pequenas equipes foram tirados do artigo de Justin Rocket Silverman chamado "Quit your 'Group Grope' now", publicado na revista *Fast Company* em 12 de agosto de 2013. Para saber mais sobre Jeff Bezos, veja as obras relacionadas no Capítulo 1. Bezos também compartilhou suas ideias sobre liderança ágil em uma conversa com meu marido no final de 2013.

A pesquisa de 2013 sobre o medo que as pessoas têm de fracassar foi realizada pela American Management Association: <www.amanet.org/news/9206.aspx>.

Consultei em diversas fontes a trajetória da WD-40, entre elas os artigos "Leadership lessons from WD-40's CEO, Garry Ridge", de Nicole Skibola, publicado na revista *Forbes* em 27 de junho de 2011; "To encourage innovation, eradicate blame", de Ken Blanchard e Scott Blanchard, publicado na *Fast Company* de 20 de agosto de 2012; e "Three innovation lessons from WD-40", de Helen Walters, publicado no site ThoughtYouShouldSeeThis.com em 22 de setembro de 2011.

Scott Cook fala sobre o nascimento da SnapTax em sua palestra "Leadership in the Agile Age", disponível no site: <www.network.intuit.com/2011/04/20/leadership-in-the-agile-age>★. Também foi o perfil de Scott Cook feito por Michael Hopkins e publicado na revista *Inc.* em abril de 2004, como parte da série "America's 25 Most Fascinating Entrepreneurs".

Para falar sobre o prêmio para a melhor ideia fracassada criado por Ratan Tata, baseei minha pesquisa no artigo de Rita McGrath, chamado "Failure is a gold mine for India's Tata", veiculado no blog HBR.org em 11 de abril de 2011.

Acessibilidade
O painel Dreamforce 2012, que contou com a participação de Jeff Immelt e de Colin Powell, está disponível em: <blogs.salesforce.com/company/2012/09/gen-powell-and-ges-jeff-immelt-talk-about-leadership-and-the-economy.html>★. A pesquisa feita pela empresa Weber

Shandwick sobre a sociabilidade entre os executivos está em "The Social CEO: Executives Tell All" (15 de janeiro de 2013).

Para o relato sobre Barack Obama, consultei a matéria "Barack Obama to use BlackBerry as president, according to reports", escrita por Bobbie Johnson para o *The Guardian* e publicada em 21 de janeiro de 2009; "The prayers inside the president´s BlackBerry", de Joshua DuBois, veiculada no site CNN.com em 22 de outubro de 2013; "How Obama won the internet", de Michael Hastings, publicada no site BuzzFeed.com em 8 de janeiro de 2013; "President Obama's reddit AMA reaches over 5 million pageviews", de Laura June, veiculado no site TheVerge.com em 31 de agosto de 2012; além do próprio vídeo da interação de Obama com os internautas, disponível no site: <www.reddit.com>.

Consciência (*Aware*)
As melhores fontes sobre o poder da comunicação "desprovida de poder" são os livros *Dar e Receber* (2013), de Adam Grant, e *O Poder dos Quietos* (2012), de Susan Cain. Encontrei o termo "*flawsome*" na conferência Fortune Most Powerful Women de 2012, em uma palestra de Wendy Clark, da Coca-Cola. A Trendwatching.com reúne mais material sobre o termo no site: <www.trendwatch ing.com/trends/flawsome/>★.

Embora o vídeo que começou a controvérsia sobre a Domino tenha sido retirado, o site de relançamento da marca ainda pode ser acessado em Pizza-Turnaround.com. A repercussão também recebeu ampla cobertura da mídia, como as matérias "Video prank at Domino's taints brand", de Stephanie Clifford, publicada no *New York Times* em 15 de abril de 2009; "Domino's Pizza reborn?", de Bruce Watson, veiculada no site DailyFinance.com em 5 de março de 2010; e "Domino's Pizza delivers change in its core pizza recipe", de Bruce Horovitz, publicada no *USA Today* em 16 de dezembro de 2009.

Para assistir aos vídeos sobre o Spoleto, acesse <www.youtube.com/watch?v=Un4r52t-cuk> e <www.youtube.com/watch?v=ebe-3s4TLfQ>. Minha amizade com Danny Meyer e a aproximação com sua filosofia sobre a hospitalidade começou quando meu marido trabalhava como *maître* no Union Square Café. Você pode ler o artigo (que foi premiado com o James Beard) de Bruce no site <www.gourmet.com/magazine/2000s/2002/10/therapistatthetable>★. As citações em meu livro aparecem no livro best-seller de Danny, *Setting the Table* (2006).

Autenticidade
Extraía a tocante experiência pessoal de Tony Dungy do memoir do esportista, *Fora do Comum* (2008). Outras fontes consultadas foram: a matéria de Matthew Kaminski chamada "A coach's faith", publicada no *Wall Street Journal* em 12 de setembro de 2009; a reportagem "A dungy story you may not have heard", de Pat Yasinskas, veiculada no site ESPN.com em 12 de janeiro de 2009; e "Dungy delivers profound message in son's eulogy", de Gene Wojciechowski, publicada no mesmo site em 28 de dezembro de 2005.

Brené Brown, autora do livro *A Coragem de Ser Imperfeito* (2012), hoje é a voz mais importante quando o assunto é a vulnerabilidade humana. Um trecho da palestra proferida no Leadership Forum, promovido pela revista *Inc.*, está disponível no site: <www.inc.com/kimberly-weisul/leadership-why-the-best-leaders-are-vulnerable.html>.

Finalmente, meu marido tem escrito muito (e de uma forma maravilhosa) sobre como o câncer afetou a vida dele, a minha e de toda nossa família. Eu recomendo seu inspirador livro de memórias chamado *The Council of Dads* (2010), além das matérias "You look great and other lies", publicada no *New York Times* em 10 de junho de 2011, e "Cancer survivors celebrate their cancerversary", veiculado no mesmo jornal em 6 de dezembro de 2013, que marca o momento em que, após cinco anos, Bruce foi declarado livre da doença.

– **Capítulo 7: Círculo de mentores** –

O acompanhamento de um mentor constitui uma parte crucial do modelo da Endeavor e passamos anos tentando nos certificar de que nosso processo era o mais eficaz possível. Tom Friedman nos definiu como "capitalistas de mentores" em um trecho em que fala de mim e da Endeavor em seu livro *O mundo é Plano* (2006). Sempre serei grata por seu apoio.

O termo "mentoria de 360°" apareceu no título de um artigo escrito por Elizabeth Collins e publicado na edição de março de 2008 da *Management Update*, boletim informativo da *Harvard Business School Publishing*. Este artigo é também a fonte da citação de Kathy Kram sobre mentoria em rede. Consultei igualmente o importante livro *Mentoring at Work* (1985), também de Kathy Kram.

Para contar a história de Bill Campbell, recorri à matéria de Jennifer Reingold, "The secret coach", publicada na revista *Fortune* em 21 de julho de 2008; um artigo de duas partes escrito por Carlos Watson e publicado no site Ozy.com com o título "Guru of the valley" (18 e 19 de dezembro de 2013); as matérias de Miguel Helft, "Bill Campbell on coaching RockMelt e Google vs. Apple" e "Coaching Silicon Valley", publicadas no *New York Times* em 8 e 15 de novembro de 2010.

Arranje alguém como Simon Cowell

O livro de Nick Bilton, *Hatching Twitter* (2013), inclui um relato emocionante sobre os primeiros anos do Twitter. As citações referentes ao *American Idol* e ao *The Voice* foram extraídas das matérias "'X Factor' USA's Simon Cowell on judges' role", de Lara Martin, veiculada no site DigitalSpy.com em 14 de setembro de 2011; "'X Factor' finalistas Alex & Sierra Notch iTunes No. 1, show sales potential", de Cortney Wills, publicada em *Hollywood Reporter* em 12 de dezembro de 2013; e "Christina Aguilera, Adam Levine take aim at Simon Cowell and 'The X Factor'", de Carla Hay, veiculada no site Examiner.com em 27 de outubro de 2012.

Corte o cordão umbilical

Além das muitas conversas que tive com Ala 'Alsallal, da Jamalon, Fadi Ghandour, e Diego Piacentini, da Amazon, também busquei informações no excelente relato sobre a trajetória de Ala' feito por Christopher Schroeder no livro *Startup Rising*.

A experiência de Gerry e Melissa Owen foi extraída das matérias "Fourteen eighteen coffeehouse in downtown plano has already become a neighborhood favorite", de Carol Shih, publicada na *D Magazine* em 30 de setembro de 2013; "3 Start-up tips from 'Yale's professor of coffee shops'", de Peter Cohen, veiculada na revista *Inc.* de 17 de setembro de 2013; e "Taste-testing a second career, with a mentor", de Mark Oppenheimer, veiculada no *New York Times* em 15 de setembro de 2013; além do perfil de Duncan Goodall em PivotPlanet.com: <www.pivotplanet.com/advisers/486>★.

Ligue para um amigo-inimigo

O estudo de Kram e Isabella mencionado nesta seção exibe o título "Mentoring Alternatives" e foi publicado no *Academy of Management Journal* em março de 1985. A piada sobre a British Telecom foi tirada da matéria "Mentoring millennials", de Jeanne Meister e Karie Willyerd, publicada na *Harvard Business Review* em maio de 2010. O relato de Larry Page sobre sua última visita a Steve Jobs foi extraído da matéria de Brad Stone chamada "Google's page: Apple's Android pique 'for show'" e publicada na *Bloomberg Businessweek* em 4 de abril de 2012. O relato de Walter Isaacson sobre o encontro faz parte da biografia de Jobs escrita pelo autor, bem como de seu artigo publicado na *Harvard Business Review*, chamado "The real leadership lessons of Steve Jobs".

Nem todos os mentores têm cabelos grisalhos

John Donahoe me contou sobre seu relacionamento com Brian Chesky em 2012, durante um jantar. Depois, voltou a abordar a experiência na Brainstorm Conference realizada pela revista *Fortune* em julho de 2013: <www.tech.fortune.cnn.com/2013/07/23/ brian-chesky-John-Donahoe>★. Outra fonte foi o artigo de Mike Isaac, "eBay CEO John Donahoe on the importance of design", veiculado no site AllThingsD.com em 29 de julho de 2013.

Uma boa visão geral sobre este assunto é a matéria de Leslie Kwo chamada "Reverse mentoring cracks workplace", veiculada no *Wall Street Journal* em 28 de novembro de 2011. O artigo de Chaudhuri e Ghosh sobre mentoria reversa chama-se "Reverse mentoring", e foi publicado no *Human Resource Development Review*, vol. 11, nº 1, em fevereiro de 2015. Para conhecer o programa Mentor Up da P&G, consultei o artigo de Tara Parker-Pope chamado "P&G makes pitch to keep women, and so far the strategy is working", veiculado na publicação *Toledo Blade* em 10 de setembro de 1998. Além do livro de Sheryl Sandberg, *Faça Acontecer* (2013), essa nova concepção de planos de carreira pode ser encontrada na reportagem de Patricia Sellers chamada "Power Point: get used to the jungle gym", publicada na revista *Fortune* em 6 de agosto de 2009.

— *Capítulo 8: Ambiente de trabalho voltado para os objetivos* —

A história da sede da Globant foi recriada a partir de várias de minhas conversas com dois dos fundadores, Martin Migoya e Guibert Englebienne. Também foram valiosos a matéria de Ken Stier chamada "IT outsourcer Globant sells innovation, wows Google, LinkedIn", publicada na *Bloomberg Businessweek* em 8 de abril de 2011, e um caso da Harvard Business School estudado por Mukti Khaire, Gustavo Herrero e Cintra Scott (2011).

Patrimônio psíquico

Além da pesquisa da Endeavor sobre a cultura dos locais de trabalho, recorri a diversas fontes. No que se refere à WL Gore, por favor, consultar as obras relacionadas no Capítulo 5. Também utilizei dados disponíveis no site da Gallup; a matéria "Creating the best workplace on earth", de Rob Goffee e Gareth Jones, publicada na *Harvard Business Review* em maio de 2013, que cita os dados do Hay Group; e a matéria de Shawn Achor intitulada "Positive intelligence", veiculada na *Harvard Business Review* em janeiro-fevereiro de 2012.

Para a pesquisa de Dan Ariely, consultei o livro *Previsivelmente Irracional* (2010) e o artigo "What's the value of a big bonus?", publicado no *New York Times* em 19 de novembro de 2008. Nancy Lublin discute cargos em seu livro *Zilch* (2010). Também foram importantes a matéria de Ashley Ross "Job titles retailored to fit", veiculada no *New York Times* em 30 de agosto de 2013; e "Sugar high", do ABC News, apresentado no *Nightline* em 30 de setembro de 2013.

Diversas estratégias para promover o patrimônio psíquico são discutidas no artigo de Paul Kretkowski, "The 15 percent solution", veiculado na *Wired* em 23 de janeiro de 1998; nas matérias de Ryan Tate, "Google couldn't kill 20 percent time even if it wanted to", veiculada na *Wired* em 21 de agosto de 2013; "Facebook's Wi-Fi spreads in the wild", que saiu na mesma revista em 18 de junho de 2013, e "LinkedIn gone wild: '20 percent time' to tinker spreads beyond Google", veiculada na mesma publicação em 12 de junho de 2012; na matéria de Amanda Lewan, "Quicken loans innovates with a 'small business' culture", veiculada no site Michipreneur.com em 5 de março de 2013; na reportagem "Apple gives in to employee perks", de Jessica Lessin, publicada no *Wall Street Journal* em 12 de novembro de 2012; e no livro de Bo Burlingham, *Pequenos Gigantes* (2006), no qual um dos abordados é o empreendedor Jay Goltz. O livro *Motivação 3.0* (2011), de Daniel Pink, também contém bons insights sobre a ciência da motivação.

O papel da cultura
Muitas das estratégias que Jenn Lim discutiu com nossos empreendedores também aparecem no livro *Satisfação Garantida – No Caminho do Lucro e da Paixão* (2010), de Tony Hsieh. A história de Debbi Campos pode ser conferida nos livros *The Kindness Revolution* (2006), de Edward Horrell, e *100 Great Businesses and the Minds Behind Them*, de Ross e Holanda. A obra de Jim Collins, *Empresas Feitas para Vencer*, constitui um recurso valioso para se conhecer a importância da montagem de uma equipe forte. Eu também recomendo a matéria "Tours of Duty", de Reid Hoffman, Ben Casnocha e Chris Yeh, publicada na *Harvard Business Review* de junho de 2013, que reúne pistas interessantes sobre contratação e demissão na era do empreendedorismo.

Kevin Ryan tem sido um bom amigo há muitos anos e, em diversas ocasiões, dividiu comigo muito do que sabe sobre contratação e demissão. Suas teorias estão bastante claras no artigo "Gilt Groupe CEO on building a team of a players", veiculado na *Harvard Business Review* de janeiro-fevereiro de 2012.

Se você não pode vencê-los, talvez seja o caso de... juntar-se a eles
Eu aprendi muitas coisas sobre a geração Y (*millennials*) a partir da experiência de vários talentosos representantes desse grupo que trabalharam na Endeavor e com o contato com centenas de jovens empreendedores que apoiei em todo o mundo.

No que se refere à maioria das pesquisas mais recentes, devo muito a Lynne Lancaster e David Stillman, autores de *O Y da Questão* (2010), bem como a obra *O Ambiente de Trabalho 2020* (2010), de Jeanne Meister, ambas fontes de várias de minhas ideias. Do primeiro também tirei os exemplos da FAA e da Thomson Reuters. Para falar sobre o FAA, também consultei a matéria "FAA kids are in 'control'", de Chuck Bennett, publicada no *New York Post* em 14 de julho de 2008.

O que escrevi sobre a Warby Parker foi baseado nas seguintes fontes: a matéria "20/30 vision", de Jessica Pressler, veiculada na *New York Magazine* em 11 de agosto de 2013; na entrevista de Neil Blumenthal concedida a Adam Bryant chamada "Corner office", publicada no *New York Times* em 24 de outubro de 2013; no artigo de Neil Blumenthal "Give me more millennials", veiculado na revista *Inc.* em 15 de julho de 2013; e na matéria "Warby Parker CEO", de Leigh Buchanan, veiculada na mesma revista em junho de 2013.

Os dados sobre a geração Y no mercado de trabalho foram extraídos do estudo de 2012 de Jessica Brack, "Maximizing Millennials in the Workplace", disponível no site <www.kenan-flagler.unc.edu>. Também consultei o relatório de 2013 da Pricewaterhouse Coopers chamado "PwC NextGen", que pode ser conferido no site <www.pwc.com>. O estudo Net Impact, "Talent Report", foi realizado por Cliff Zukin e Mark Szeltner e está disponível em <https://netimpact.org/docs/publications-doc/talent-report-what-workers-want-in-2012-full-report>★. Também utilizei dados levantados por Marcie Pitt-Catsouphes, Christina Matz-Costa e Elyssa Bensen e consolidados no estudo "Workplace Flexibility", de 2009, editado pelo Boston College Sloan Center on Aging and Work, disponível no site: <www.bc.edu>.

Para saber mais sobre os *hackathons*, consultei as matérias "Facebook shares the history of its 'hackathon'", de Drew Olanoff, publicada no site TheNextWeb.com em 23 de maio de 2012; "Hackathons aren't just for hacking", de Alyson Krueger, veiculada na *Wired* em 6 de junho de 2012; e "Stay focused and keep hacking", de Pedram Keyani, veiculada em Facebook.com/Engineering em 23 de maio de 2012. As referências para falar do *hackathon* promovido pela British Airways eu encontrei na matéria de Zoe Fox "The hottest spot for hackathons? 30,000 feet in the air", publicada no site Mashable.com em 13 de junho de 2013. Para obter informações sobre o *hackathon* especial sobre inovações no setor de pediatria organizado pelo Boston Children's Hospital, consultei o site do evento: <www.hackingpediatrics.com>.

As referências sobre a DreamWorks foram tiradas das matérias "The animated workplace", de Jessica Grose, publicada na revista *Fast Company* de 15 de Março de 2013; "Millennials: the me me me generation", de Joel Stein, veiculada na *Time* em 20 de maio de 2013; "DreamWorks animation cultivates a culture of creativity", de Todd Henneman, publicada no site Force.com em 4 de agosto de 2012; e "DreamWorks fosters creativity, collaboration and engagement", de Nancy Davis, veiculada no site SHRM.org em 5 de julho de 2012.

Coloque as fotos dos filhos em cima da mesa

Há mais de 25 anos, conheço e admiro a executiva Sheryl Sandberg. O livro revolucionário que escreveu, *Faça Acontecer* (2013), gerou discussões decisivas em meu escritório e em outros locais de trabalho em todo mundo. Em 30 de abril de 2013, a revista *Inc.* publicou um artigo de Darrell Cavens da Zulily chamado "The way I work". Os resultados do estudo realizado pelo BabyCenter.com estão disponíveis no site: <www.babycenter.com/100_press-release-dad-survey_10383601.bc>.

— *Capítulo 9: Cresça e apareça* —

A frase de Tom Friedman foi tirada do artigo "Need a job? Invent it", publicado no *New York Times* em 30 de março de 2013.

Primeiro passo: olhe para o mundo com lentes de arco-íris

A história do Rainbow Loom foi baseada em uma série de fontes, entre elas as matérias "Inventor of the wildly popular 'rainbow loom' weaves the american dream with Rubber Bands in a Detroit basement", de Catherine Clifford, publicada na *Entrepreneur* em 26 de agosto de 2013; "How a DIY dad took the toy world by storm with rainbow loom", de Camille Sweeney e Josh Gosfield, publicada na revista *Fast Company* em 21 de agosto de 2013; "Rainbow loom's creator weaves success from playtime inspiration", de Catherine Kavanaugh, veiculada na publicação *Crain's Detroit Business* em 15 de dezembro de 2013; e "Rainbow loom's success, from 2,000 pounds of rubber bands", de Claire Martin, que saiu no *New York Times* em 31 de agosto de 2013.

A discrição do lançamento do disco de Beyoncé recebeu considerável atenção da mídia, como as matérias "How Beyoncé got us to pay for music", de Matthew Yglesias, publicada no site Slate.com em 13 de dezembro de 2013; "A December surprise, without whispers (or leaks)", de Jon Pareles, publicada no *New York Times* em 13 de dezembro de 2013; "Beyoncé rejects tradition for social media's power", de Ben Sisario, veiculada no mesmo jornal em 15 de dezembro de 2013; "Beyoncé sold nearly a million copies of her new album in three days", de Matthew Perpetua, veiculada no site Buzzfeed.com em 16 de dezembro de 2013.

A declaração de Costica Bradatan foi extraída de seu artigo "In praise of failure", publicado no *New York Times* em 15 de dezembro de 2013.

A trajetória de Katrina Markoff foi baseada nas seguintes fontes: a matéria de David Burstein, "Vosges unwraps chocolate's wild side", publicada na *Fast Company* em 9 de fevereiro de 2012; "Chicago chocolate artisan known for vosges preps wild Ophelia for mass market", de Emily Bryson York, veiculada no *Chicago Tribune* em 14 de março de 2013; no perfil da empreendedora publicada pela revista *Fortune* na edição de 2011 da série "40 Under 40", e na matéria de Becky Anderson, "Sweet success", veiculada no site CNN.com em 10 de julho de 2012.

Segundo passo: seguir em frente
Agradeço muito a Robert Pasin por compartilhar comigo a história da Radio Flyer e por nos enviar aqueles carrinhos de criança! Outras fontes de pesquisa foram as matérias "Backstory: Radio Flyer", de Reshma Memon Yaqub, publicada na revista *Inc.* de 30 de outubro de 2012; "Office space: Robert Pasin, Radio Flyer", de Kristin Samuelson, publicado no *Chicago Tribune*, em 23 de julho de 2012, "How Robert Pasin dug deep to help Radio Flyer evolve its brand and its products", reproduzida na *Smart Business* em janeiro de 2013, e "Radio Flyer toys bring smiles, create memories", publicada na *Business Ledger* em 10 de junho de 2010.

A história do Doritos Locos Taco foi baseada sobretudo em dois artigos da *Fast Company*: Deep inside Taco Bell's Doritos Locos Tacos", de Austin Carr, publicado em 1º de maio de 2013, e "Taco Bell, the late todd mills, and the actual invention of the Doritos Locos Taco", de Anya Kamenetz, publicado em 5 de dezembro de 2013. A matéria "Taco Bell sells $1B in Doritos Locos Tacos because 'I worked late, I deserve a treat'", de Courtney Subramanian, publicada na *Time* em 16 de outubro de 2013, também foi importante.

Terceiro passo: volte para casa
A expressão "o gênio do E" é explicada em detalhes no livro *Feitas para Durar*, de Jim Collins Jerry e Porras. Minhas teorias sobre a importância de "ir para casa" foram inspiradas no belo e comovente relato de Clay Christensen no livro *How Will You Measure Your Life?* (2012).

A origem da expressão em inglês "go big ou go home" é contada de forma anônima pelo designer de embalagens no site Answers.com, disponível em: <www.wiki.answers.com/Q/Who_coined_the_phrase_'go_big_or_go_home'>.

A trajetória de Tina Fey foi baseada no divertido e provocador livro escrito pela artista, *A Poderosa Chefona* (2013). Kenneth Cole conta o episódio do incidente com sua filha na matéria "Life's work: Kenneth Cole", de Alison Beard, publicada na *Harvard Business Review* em dezembro de 2011.

Uma Equipe Maluca
Por fim, se depois de ler este livro nada o intrigou sobre nosso trabalho na Endeavor, convido o leitor a fazer uma visitar ao nosso site: <www.endeavor.org>. Você encontrará exemplos abundantes de nossas pesquisas, vídeos e estudos que estamos fazendo sobre o impacto que causamos com nossa atuação, links para os escritórios em outros países nos quais atuamos e perfis de todos os empreendedores com os quais trabalhamos desde 1997. Para mais informações sobre quem eu sou, este livro e minha programação de palestras, ou para entrar em contato comigo diretamente, visite o site: <www.lindarottenberg.com> ou <www.crazyisacompliment.com>. Também é possível estabelecer uma conversa direta em: <www.facebook.com/LindaRottenbergAuthor> ou <www.twitter.com/lindarottenberg>. Ficarei muito contente em saber qual é seu sonho maluco e como você conseguiu começar, crescer e voltar para casa.

[★ Sites fora do ar no momento da edição brasileira.]

ÍNDICE REMISSIVO

acessibilidade, 166
adaptações, 140, 146, 161
Adrià, Ferran, 243
Advenio, 217
Afra, Sina, 196
agilidade, 11, 79, 160, 166
Ahrendts, Angela, 93, 95
Airbnb, 200
Al-Masri, Tamer, 64
Alsallal, Ala', 192
alto impacto, 4
Amazon, 23-95, 122, 123, 162, 163, 184, 193, 194
American Giant, 151
American Idol, 80, 191
AmeriCorps, 84
Amigos e familiares:
   Nos negócios, 74, 82, 138
   Testar uma ideia, 30, 53, 65, 132
Amin, Amin, 189
Andreessen, Marc, 200
Android, 165, 198, 199
Apple, 30, 95, 107, 124, 140, 148, 183, 184, 198, 199
Ariely, Dan, 217
Armani, Giorgio, 108
Armstrong, Lance, 111, 112
Arnaz, Desi, 139
Artists Frame Service, 219
Ashoka, 12, 31, 132
ASK, 189
Aspe, Pedro, 203
At7addak, 105
AT&T, 80
Atlee, Simon, 78

autenticidade, 178
Aviv, Diana, 84
Aycardi, Gigliola, 119
Aydin, Nevzat, 196, 197
Badine, Nemr, 216
Bailey, Christopher, 94
Bain & Company, 6, 102, 260, 264
Ball, Lucille, 139
Banana Republic, 59-61, 89
Band-Aids, 3
Bannister, Roger, 29
Barbie, 7, 145, 150
Baş, Hakan, 197
Baydöner, 187
Bean, Leon Leonwood, 88
Beleza Natural, 2, 5, 138
Ben & Jerry's, 118
Benioff, Marc, 166, 261
Bey2ollak, 79
Beyoncé, 138, 225, 241, 242
Bezos, Jeff, 23, 30, 119, 121, 162, 184
Bien Cuit, 14
Bilton, Nick, 190
Birch, David, 9
Blackbox, 152
Blakely, Sara, 47, 48, 57, 64, 70, 87, 131
Blank, Arthur, 86
Bloomberg, Michael, 86
Blumenthal, Neil, 224
Body Shop, The, 113, 114, 118
Bodytech, 120
Bonobos, 89, 90
borboleta, 13-15, 36, 37, 43, 44, 54, 57, 62, 63, 72, 87, 103, 116, 133, 159, 194, 219
Borboletas, empreendedores, 13, 15, 116,

133, 159, 194
Boston Children's Hospital, 230
Bradatan, Costica, 242
Branson, Richard, 15, 50, 61, 108, 167
Braverman, Jeffrey, 37
Briggs, Isabel, 101, 102
Briggs, Katherine, 101
Brin, Sergey, 30, 104, 198
British Airways, 229
Bronfman, Edgar, Jr., 76, 181, 259
Brooke, Peter, 66, 258
Brown, Brené, 180
Brown, Warren, 54, 56, 57, 63, 64
Brush, Charles, 35
Buffett, Warren, 83
Burberry, 93-95
Burberry, Thomas, 94, 95
Burch, Tory, 72, 261
Burt's Bees, 117, 118
Caco, o sapo, 27, 34
CakeLove, 56, 63
Campbell, Bill, 183, 190, 198, 200
caos, 14, 16, 18, 73, 75, 76, 82, 87, 95, 96, 98, 161
Casares, Belle, 261
Casares, Wences, 21, 23, 33, 41, 46, 74, 137, 161, 204, 259
Cavens, Darrell, 232
Chady, Mario, 97, 174
Chandler, Alfred, Jr., 92
Chang, Mark, 153
Chaudhuri, Sanghamitra, 201
Chen, Perry, 62
Chesky, Brian, 200
Child, Julia, 18
Chouity, Brahms, 104
Christiansen, Ole Kirk, 149
Chrousos, Phaedra, 85
Cinemex, 154
Clicquot, Veuve, 81, 82
Clorox, 24-27, 41, 117, 118, 234
Coca-Cola, 47, 50, 64, 135, 213
Cohen, Jordan, 42, 45
Cole, Kenneth, 225
Collins, Jim, 83, 222, 252
consciência, 118, 136, 172, 173, 178
contratação de colaboradores, 4, 168, 176, 184, 220, 228
contágio social, 205
Cook, Mary Jo, 25, 41, 234

Cook, Scott, 165
Costolo, Dick, 190
Cowell, Simon, 186, 191, 192
Creed, Greg, 248
crescimento, 3-7, 9, 13, 31, 32, 56, 73, 83, 85, 95, 103, 104, 107, 113, 114, 119, 120, 132, 137, 141, 142, 147, 149, 151-154, 158, 159, 181, 184, 190, 191, 193, 195, 197, 198, 204-206, 213, 216, 226, 233, 248, 265
criação, 4, 12, 21, 22, 42-44, 73, 74, 94, 98, 107, 112, 129, 134, 144, 152, 162, 167, 168, 202, 212, 213, 240-242, 251, 257
Croak, Marian, 80
crowdfunding, 62-64
cultura, 13, 73, 75, 91, 94, 97, 113, 164, 166, 168, 169, 175, 176, 182, 211, 213, 218, 220, 221, 223, 226, 230, 242, 243, 247, 251, 254
Cuomo, Maria, 255
Daily Secret, 85
Daly, Carson, 54
Damadian, Raymond, 37
Dare 2 Share, 198
Dávila, Ángel, 153
Davis, John, 138
Delivering Happiness, 220
Dell, Michael, 10, 30, 119, 261
Dell World, 10
demissões, 223
Desilu Productions, 139
Diamante, personalidade, 103-108
Dickson, Earle, 2
Dickson, Josephine, 2
Disney, Lillian, 74, 75
Disney, Roy, 74
Disney, Walt, 73, 256
Doc Solutions, 136
Do Good Bus, 63
Domino's, 173, 174
Donahoe, John, 199
döner, 187, 188
Doriot, Georges, 103
Do Something, 187-188
DoubleClick, 222
Doyle, Patrick, 173
Drayton, Bill, 12, 132, 258
DreamWorks, 30, 199, 200
DuBois, Joshua, 170
Dungy, Jamie, 178

Dungy, Tony, 178
Dunn, Andy, 89
DuPont, 141, 142, 214
eBay, 30, 140, 200
Edison, Thomas, 34, 61, 139, 140
Elsztain, Eduardo, 38, 65, 258
Endeavor, 4, 6, 9, 17, 24, 28, 35, 38, 41, 50-52, 65-67, 75-77, 79, 84-86, 96, 97, 102, 104, 107, 113, 119, 130, 131, 135-137, 140, 141, 143, 147, 156, 157, 159, 161, 168-170, 172, 174, 181, 182, 185, 188, 189, 193, 204, 205, 216, 217, 220, 228, 229, 231, 234, 235, 258, 259, 264, 265
Endeavor Argentina, 39
Endeavor Brasil, 96, 232
Endeavor Grécia, 86
Endeavor Malásia, 153
Endeavor México, 154, 168, 204
empreendedores, 4–6, 15, 158, 159
empreendedorismo, 5-8, 12, 15-18, 21, 24, 25, 30, 39, 40, 42, 50, 65, 67, 76, 79, 80, 83, 85, 103, 140, 155, 180, 186, 200, 203, 204, 206, 211, 212, 214, 246, 259, 260, 265
escargot, 4, 143, 144
estrelas, 103, 108, 110, 111
Etsy, 14
Fabre, Fernando, 168, 260
Facebook, 9, 65, 90, 105, 140, 161, 166, 219, 223, 229
Fast Company, 216, 248
Federal Aviation Administration (FAA), 227
Feiler, Bruce, 76, 263
Fey, Tina, 254
Fields, Randy, 221
filantropia, *ver* organizações sem fins lucrativos
Fiske, Robert, 71
flawsome, 172, 176
foguetes, 103, 119, 121, 124, 125
Forbes, 48, 68, 215
Ford, Henry, 127-129, 131, 146, 156
Fortune, 90, 184, 203, 248
Fourteen Eighteen Coffeehouse, 195
Fox, Michael J., 77
fracasso, 7, 25, 34, 47, 73, 152, 160, 161, 163, 165, 166, 183, 211, 221, 240, 249
Fragale, Alison, 172
Freudenberg, René, 113
Friedman, Tom, 185, 237, 261
Fry, Art, 69
Furacão Katrina, 80
Galperin, Marcos, 140
gambás, 10, 11, 15, 24, 27, 36, 41, 53, 54, 61, 69, 80, 93, 95, 103, 128, 145, 159, 160, 163, 165, 202, 203, 230, 234
Garza, Luis, 217
Gates, Bill, 30, 36, 119, 123, 124
Gates Foundation, 124
Gazelas, empreendedores, 9, 13, 15, 41, 107
GE, 64, 166, 167
Geffen, David, 30, 199
General Dynamics, 163, 164
Gevelber, Lisa, 202
Ghandour, Fadi, 193, 259
Ghose, Anindya, 64
Ghosh, Rajarshi, 201
Gibson, Ventris, 227
Gladwell, Malcolm, 238
Glassdoor, 223
Globant, 213, 214, 218
GM, 106, 201
golfinhos, 12, 13, 15, 63, 107, 132, 159
Golfinhos, empreendedores, 11-13, 15, 32, 37, 62, 63, 77, 84, 103, 107, 124, 132, 159, 218
Goltz, Jay, 219
Goodall, Duncan, 195
Goods Group, 109
Google, 40, 68, 95, 140, 161, 167, 183, 184, 190, 191, 198, 199, 218, 223
Gore, Adrian, 144
Gore, Bob, 142
Gore, Genevieve "Vieve," 142, 143
Gore-Tex, 143
Gore, Wilbert "Bill," 141
Gore & Associates, 214
Graham, Bette, 132
Grant, Adam, 172
Green, Jason, 66, 258
Green Works, 27, 118
Gyft, 40
hackathons, 229, 230
Haier, 161, 162
Halaby, Ramzi, 131
Happy Hearts Fund, 78
Harvard Business School, 44, 65, 66, 157, 259, 265

Hastings, Reed, 90, 91
Hayek, Friedrich, 185
Henretta, Deborah, 202
Hewlett, Bill, 199
Hoffman, Reid, 52, 156, 259
Home Depot, 9, 86, 249
Homero, 160
Hsieh, Tony, 15, 220
Hurley, Chad, 184
Hutcheson, Chris, 138
IBM, 64, 83
Ikea, 113, 138
Immelt, Jeffrey, 166
Inc., 90, 180, 233
Indianapolis Colts, 152, 153
Intel, 36, 41
Interlub, 113, 114
Internet, 7, 22, 30, 39, 40, 53, 61, 66, 68, 89, 121-124, 140, 152, 153, 188, 192, 195-197, 201, 204, 219, 225, 234, 240
intraempreendedores, 8, 10, 159
Intuit, 165, 184
iPhone, 170, 198
Isaacson, Walter, 15, 198
Isabella, Lynn, 197
Isenberg, Dan, 140
Ive, Jony, 107
Iwerks, Ub, 74
Jamalon, 193, 194
Jay-Z, 13, 108
Jo Bedu, 64, 65
Jobs, Steve, 3, 15, 30, 104, 107, 108, 124, 148, 183, 198, 199
JobStreet, 153
Jones, Bob, 29
Jordan, Rodrigo, 50
Jung, Carl, 101
Kakavoulis, Nikos, 85
Kamprad, Ingvar, 113, 138
Katzenberg, Jeffrey, 30, 199
Kazah, Hernán, 140
Kearley, Eric, 53
Kelleher, Herb, 115
Kellner, Peter, 32, 258
Kelly, Gary, 116
Kelly, Terri, 215
Kerrey, Bob, 177
Khouri, Sami, 188
Kickstarter, 62, 63
Kimberley-Clark, 144, 145

Kleenex, 145
Knight, Phil, 134
Kopp, Wendy, 12
Kram, Kathy, 197
Kroc, Ray, 50, 113
Lâmpada elétrica, 34, 35, 139
Lankenau, René, 217
Larsen, Norm, 163
Lauder, Estée, 71, 108
Learning Express, 240
Lego, 149, 150
Lemann, Jorge Paulo, 96, 258
Levine, Adam, 191, 192
liderança, 11, 51, 103, 104, 116, 123, 158, 159, 161, 165, 166, 176, 178, 180, 182, 186, 198, 200, 212, 235, 246, 247
Lightner, Candace, 77
Lightner, Cari, 77
Lim, Jenn, 220
Lingham, Vinny, 40, 41, 45, 229
LinkedIn, 52, 68, 218
Liquid Paper, 133
Livestrong, 112
L. L. Bean, 88, 89
Loaiza, Nicolás, 119
Local de trabalho voltado para os objetivos, 209
Lockheed, 11, 201
Lois, George, 162
Lublin, Nancy, 218, 261
Lucas, George, 104
Maidenform, 211, 212
Maiden Preserves, 60, 61
Makdah, Michael, 64
Mallory, George, 95
Manjoo, Farhad, 151
Maquiavel, Nicolau, 37
Marcus, Bernie, 86
Markoff, Katrina, 243, 244
Markrich, Mikayla, 225
Marriott, 167
Mattel, 7, 145, 150
Mayer, Kathryn, 198
Mayer, Marissa, 167
Mendes, João, 68
mentores, 5, 16, 72, 104, 106, 108, 172, 183, 185, 186, 188, 189, 192, 193, 196, 197, 199, 201, 203, 205, 206, 258
MercadoLibre, 140, 141
Merrill Lynch, 201

ÍNDICE REMISSIVO

Meyer, Danny, 176
Microsoft, 36, 41, 83, 124, 191, 199
mídias sociais, 90, 131, 159, 169, 173, 176, 180, 201
millennials, 226, 228, 231
mini-inovação, 140-144, 146, 154
Mintz, Charles, 74
MIT, 135
Mothers Against Drunk Driving, 77
Mrs. Fields, 221
MTV, 53, 54, 83, 109, 162
Mueller, Gary, 66, 258
Muppet, o filme, 34
Murdoch, Rupert, 138, 167
Musk, Elon, 104, 106
Mycoskie, Blake, 113
Myers-Briggs Type Indicator, 102
Myers, Clarence, 101
Nemcova, Petra, 78
Netflix, 90, 91
Newark Nut Company, 37
New York Times, 35, 76, 106, 149, 184
Ng, Cheong Choon, 239
Nike, 134, 213, 251
Noyce, Robert, 3
Nuts.com, 37
Obama, Barack, 170, 171
Ohanian, Alexis, 7
Omidyar, Pierre, 30
Online Project, The, 131
Organizações sem fins lucrativos, 12, 63, 124
ver também empreendedores golfinho
Oropeza, Gabriel, 135, 136
Oropeza, Guillermo, 135, 136
Ourivio, Eduardo, 97, 174
Owen, Gerry, 194, 195
Owen, Melissa, 194, 195
Page, Larry, 30, 104, 198
Pasin, Antonio, 246
Pasin, Robert, 249
Patrimônio psíquico, 213, 216, 219
PayPal, 106
People, 63, 56
Pepperidge Farm, 44
Pepper, John, 202
Personalidades dos empreendedores, 101, 102, 112, 126
Personalidades, tipos, 101, 103, 125
Pfizer, 42, 45

Piacentini, Diego, 193, 261
Pink, Dan, 219
PivotPlanet, 195
Planos de negócio, 41, 44, 45, 128
Ponsardin, Barbe-Nicole, 80, 81
Porras, Jerry, 252
Porta dos Fundos, 174, 175
Post-it, bloco de anotações, 70
Powell, Colin, 166
Price Club, 67
Price, Robert, 67
Primeiro Dia, 21-46
Procter & Gamble, 83, 201, 202
Produtos de limpeza, 24, 26
profissionais autônomos, 13
Proteus, 68, 69
Puck, Barbara, 110, 111
Puck, Wolfgang, 110
Quadro branco, 130, 131, 137, 154
Quicken Loans, 219
Quimby, Roxanne, 116
Quirky, 64
Radio Flyer, 246-248
Rainbow Loom, 240, 241
Ramsay, Gordon, 138
Rand, Ayn, 185
Reader's Digest, 44, 101
recessões, 84
Reddit, 7, 170
redução dos riscos, 49
Rees, Joanna, 147, 259
Ridge, Garry, 164, 167
Ries, Eric, 52
risco, 3, 7, 8, 10, 11, 15, 16, 24, 26, 27, 29, 34, 45-47, 49-54, 56, 57, 61, 63-66, 71, 75, 76, 79, 86, 106, 108, 111, 119, 125, 129, 132, 134, 140, 146, 152, 155, 158, 159, 166, 180, 182, 206, 214, 223, 236, 241, 242, 246, 260
Rocket Chemical Company, 163
Roddick, Anita, 113
Roman, Alison, 59
Romcy, Marcelo, 68
Rosenthal, Ida, 211
Rosenthal, William, 210
rotatividade de colaboradores, 215
Rowling, J. K., 87
Rudkin, Margaret, 43, 44
Rudkin, Mark, 43
Ruiming, Zhang, 161

Ryan, Kevin, 188, 222, 261
Sahlman, Bill, 44, 45, 65, 66, 258
Saks Fifth Avenue, 71
Sam Adams, 64
Sandberg, Sheryl, 261
Schmidt, Eric, 183
Schultz, Howard, 15, 30, 92, 113
Scofield, Eva, 59
Seidman, Dov, 91, 261
Sellers, Pattie, 203, 261
Sengelmann, Suzanne, 25, 234
Shackleton, Ernest, 95
Shader, Danny, 183
Shady, Amr, 28, 33
Shavitz, Burt, 116
Sherwood, Ben, 155, 261
Sicupira, Beto, 96, 258
Silver, Spencer, 69
Sivyer, Debra Jane, 221
Skunk Works, 11
Slate, 151
Slim, Carlos, 203
Smith, Fred, 119
Sony, 36, 149
Sorkin, Andrew Ross, 86, 91
Soros, George, 38
Southwest Airlines, 115
SpaceX, 106
Spago, 110, 111
Spanx, 48, 49, 56, 61, 70
Spielberg, Steven, 30, 199
Spoleto, 97, 98, 174, 175
Squawk Box, 86
Starbucks, 41, 92, 93
Steele, Rob, 202
Stewart, James, 91
Stewart, Martha, 108, 111
Superfuracão Sandy, 14
Sutherland, Jeff, 160
Swinmurn, Nick, 52
Taco Bell, 248-250
Tandio, Sugianto, 147
Tata, Ratan, 165
Teach for America, 12, 84
TED, 161
Tesla Motors, 106
testar ideias, 41, 56, 61
Thomson Reuters, 229
Thoreau, Henry David, 32
3G Capital, 96

3M, 69, 70, 147, 218
Tirta Marta, 147, 148
Today, 39, 56, 63
Tom's of Maine, 118
Toms Shoes, 113, 114
Top Selection, 57
Total Request Live, 54
Transformadores, personalidades, 103, 113, 114, 117, 118
Trump, Donald, 111
Tunçer, Feridun, 187
TurboTax, 165
Turner, Ted, 104
Twitter, 8, 78, 90, 140, 167, 170, 174, 190, 197, 223
Tyson, Mike, 167
uma milha em quatro minutos, 28
Usher, 138
Velez, Leila, 1
Vida pessoal, 161, 182, 186, 197, 232, 233, 251, 252, 254
Virgin Cola, 50
Vlachou, Maria, 143
Vlachou, Penny, 143
Voice, The, 191,192
Vosges Haut-Chocolat, 244
Walton, Sam, 2, 36, 67
Wang, Vera, 30
Warby Parker, 224-226, 228
Washington Post, 55
WD-40, 164, 167
Welch, Jack, 158, 201
Werdelin, Henrik, 53
Williams, Evan "Ev," 190
Winfrey, Oprah, 49, 108, 131, 138, 180, 184
Winkler, Margaret, 74
Winthrop, Bayard, 151
Wirjono, Anton, 109
Woods, Tiger, 111
Wozniak, Steve, 30
Xbox, 36, 105
Yilmaz, Levent, 187
Yola, 40
Younis, Zafer, 131
Zappos, 53, 167, 220, 221
Ziegler, Mel, 58, 59
Ziegler, Patricia, 58
Zuckerberg, Mark, 104, 105
Zulily, 232, 233